渭南统计年鉴 2017

渭南市统计局 编

中国统计出版社
China Statistics Press

图书在版编目（CIP）数据

渭南统计年鉴. 2017 / 渭南市统计局编. -- 北京 : 中国统计出版社, 2017.9
ISBN 978-7-5037-8336-4

Ⅰ. ①渭… Ⅱ. ①渭… Ⅲ. ①统计资料－渭南－2017－年鉴 Ⅳ. ①C832.413-54

中国版本图书馆 CIP 数据核字(2017)第 217634 号

渭南统计年鉴-2017

作　　者/ 渭南市统计局
责任编辑/ 陈越月
出版发行/ 中国统计出版社
地　　址/ 北京市丰台区西三环南路甲 6 号　邮政编码/100073
电　　话/ 邮购（010）63376909　书店（010）68783171
网　　址/ http://csp.stats.gov.cn
印　　刷/ 临渭区壹加壹快印部分店
经　　销/ 新华书店
开　　本/ 890mm×1240mm　1/16
字　　数/ 295 千字
印　　张/ 371 页
版　　别/ 2017 年 9 月第 1 版
版　　次/ 2016 年 9 月第 1 次印刷
定　　价/ 298.00 元

如有印装差错，由本社发行部调换。

编 辑 说 明

一、为了及时提供2016年全市国民经济和社会发展的全面情况，我们根据统计年报和有关部门提供的资料，整理汇编了《渭南统计年鉴-2017》，供各级领导和有关部门参考使用。

二、本年鉴内容分为14部分：1、综合；2、农业；3、工业；4、能源；5、建筑业；6、交通运输、邮政电信和服务业；7、批发、零售贸易和餐饮业；8、固定资产投资和房地产；9、劳动工资；10、财政金融；11、文教、卫生、广电和科技；12、居民生活；13、价格指数；14、县域监测。

三、本年鉴数据以2016年为主，主要指标列示了“十二五”时期各年份的数据。本年鉴中临渭辖区的数据包含临渭区、高新区和经开区。

四、本年鉴表中的符号使用说明：“---”表示数据不足本表最小单位，“空格”表示该项指标数据不详或无该项数据或数据为零，“#”表示其中项。

五、由于资料涉及面广，整理编辑时间仓促，难免有差错，如果在使用中发现问题，请及时与我局综合科联系，以便更正。

滑南市统计局

二〇一七年七月

《渭南统计年鉴-2017》编委会

《渭南统计年鉴-2017》编辑部

目　录

一、综　合

二、农　业

三、工 业

四、能　源

五、建筑业

六、交通运输、邮政电信和服务业

七、批发、零售贸易和餐饮业

八、固定资产投资和房地产

九、劳动工资

十、财政金融

十一、文教、卫生、广电和科技

十二、居民生活

十三、价格指数

十四、县域监测

一、综　合

资料整理：原亚红　杨会芳　门旭阳　程维军　张虎成

资料校对：原亚红　杨会芳　门旭阳　程维军　张虎成

1.综　合

2016 年全市				
生产总值	1488.62	亿元	比上年增长	7.5%
全社会固定资产投资	2289.52	亿元	比上年增长	10.6%
社会消费品零售总额	574.01	亿元	比上年增长	14.1%
地方财政收入	65.59	亿元	比上年增长	-8.8%
居民人均可支配收入	16265	元	比上年增长	8.7%
城镇居民人均可支配收入	27485	元	比上年增长	7.9%
农村居民人均可支配收入	9415	元	比上年增长	8.2%

1-1 渭南行政区划

单位：个

县市区	镇名	镇数	办事处名称	办事处数	镇办数合计	社区居委会数	村委会数	村民小组数	土地面积（平方公里）
渭南市		110		21	131	204	2168	17793	13030.56
临渭辖区		16		9	25	60	341	2662	1263.76
临渭区	下邽、故市、桥南、阳郭、蔺店、孝义、交斜、三张、崇凝、官路、官底、阎村、丰原、官道	14	向阳、人民、解放、站南、杜桥、双王	6	20	54	289	2394	
高新区			良田、崇业路、白杨	3	3	5	15	79	
经开区	辛市、龙背	2			2	1	37	189	
华州区	金堆、杏林、赤水、瓜坡、柳枝、高塘、大明、下庙、莲花寺	9	华州	1	10	14	135	1358	1132.46
潼关县	太要、桐峪、秦东、代字营	4	城关	1	5	10	18	513	427.35
大荔县	冯村、下寨、范家、许庄、朝邑、安仁、两宜、羌白、官池、双泉、韦林、赵渡、苏村、埝桥、段家	15	城关	1	16	26	272	2241	1690.59
蒲城县	永丰、罕井、党睦、孙镇、高阳、龙阳、苏坊、兴镇、荆姚、陈庄、桥陵、洛滨、椿林、龙池、尧山	15	城关	1	16	14	275	2940	1317.15
澄城县	韦庄、王庄、寺前、冯原、交道、尧头、赵庄、安里、庄头	9	城关	1	10	12	163	1234	1121.64
富平县	庄里、张桥、美原、流曲、薛镇、老庙、宫里、淡村、曹村、到贤、留古、刘集、齐村、梅家坪	14	城关	1	15	11	268	2109	1579.81
白水县	尧禾、杜康、西固、林皋、史官、雷牙、北塬	7	城关	1	8	8	124	1024	983.95
合阳县	王村、路井、黑池、坊镇、百良、甘井、新池、洽川、和家庄、金峪镇、同家庄	11	城关	1	12	8	215	1706	1245.99
韩城市	龙门、西庄、芝川、芝阳、板桥、桑树坪	6	金城、新城	2	8	26	243	1251	1591.60
华阴市	罗敷、孟塬、华西、华山	4	太华路、岳庙	2	6	15	114	755	676.26

注：基层组织数据为民政数据；土地面积为2009年第二次全国土地调查数据。

1-2 全市常住人口数据（2010-2016 年）

年 份	总人口（万人）	出生率（‰）	死亡率（‰）	自增率（‰）	城镇化率（%）
2010	528.99	9.19	5.93	3.26	31.58
2011	530.49	9.26	5.97	3.29	33.12
2012	532.10	9.62	6.17	3.45	36.45
2013	533.17	9.82	6.21	3.61	38.13
2014	534.30	9.74	6.28	3.46	39.64
2015	535.99	9.73	6.30	3.43	41.84
2016	537.16	9.98	6.32	3.66	44.07

1-3 分县市区常住人口（2016 年）

县市区	总人口（万人）	出生率（‰）	死亡率（‰）	自增率（‰）	城镇化率（%）
渭南市	537.16	9.98	6.32	3.66	44.07
临渭辖区	89.82	9.96	6.37	3.59	49.38
华州区	32.73	10.36	6.49	3.87	44.95
潼关县	15.91	9.98	6.54	3.44	44.94
大荔县	70.29	9.96	6.16	3.80	36.95
合阳县	44.32	10.47	6.82	3.65	40.12
澄城县	39.24	9.40	6.01	3.39	40.80
蒲城县	75.04	9.83	6.45	3.38	39.02
白水县	28.34	9.12	5.16	3.96	43.72
富平县	75.21	10.27	6.26	4.01	38.19
韩城市	39.98	9.88	6.60	3.28	64.50
华阴市	26.28	10.35	6.47	3.88	55.43

1-4　全市计生抽样调查总人口与变动情况（2016 年）

县市区	期末总人口（人）	出生率（‰）	死亡率（‰）	自增率（‰）
渭南市	5646312	9.34	5.10	4.24
临渭区	814899	9.58	5.48	4.09
高新区	56745	8.85	5.37	3.48
经开区	94900	6.17	3.55	2.62
华州区	359348	8.70	4.72	3.98
潼关县	160680	9.44	4.90	4.53
大荔县	736352	10.10	5.61	4.49
合阳县	458990	9.50	5.50	4.00
澄城县	397234	9.05	4.80	4.26
蒲城县	786224	9.23	5.38	3.85
白水县	296615	8.68	3.28	5.39
富平县	793836	9.73	5.14	4.60
韩城市	417739	9.70	5.09	4.61
华阴市	272750	8.10	4.51	3.59

注：本表系计生委 2016 年报数。

1-5　全市总户数与总人口（2016 年）

县市区	总户数（户）	总人口（人）			非农业人口（人）	农业人口（人）	城镇化率（%）
		合计	男	女			
渭南市	1724823	5570900	2832171	2738729	2185516	3385384	39.23
临渭辖区	317395	961983	486232	475751	459353	502630	47.75
华州区	109383	341000	173808	167192	75217	265783	22.06
潼关县	52521	155202	79321	75881	87230	67972	56.20
大荔县	209331	731394	369089	362305	318986	412408	43.61
合阳县	140705	452941	229549	223392	108923	344018	24.05
澄城县	130475	393413	200546	192867	124197	269216	31.57
蒲城县	216016	792073	401807	390266	296203	495870	37.40
白水县	98061	286558	148684	137874	136969	149589	47.80
富平县	243231	800106	406232	393874	199024	601082	24.87
韩城市	135085	401530	206685	194845	276983	124547	68.98
华阴市	82620	254700	130218	124482	102431	152269	40.22

注：本表系公安数字。

1-6 全市生产总值(1978-2016 年)

年 份	生产总值（亿元）	第一产业	第二产业	第三产业	人均生产总值（元）
1978	10.88	4.71	3.76	2.41	261
1979	11.86	5.01	4.20	2.65	288
1980	12.58	4.62	4.74	3.22	303
1981	13.02	5.22	4.45	3.35	304
1982	15.51	7.19	4.69	3.63	369
1983	16.31	6.87	5.29	4.15	377
1984	19.46	8.25	6.23	4.98	451
1985	23.22	8.80	8.78	5.64	534
1986	25.98	9.76	9.98	6.24	589
1987	29.88	11.26	10.98	7.64	671
1988	34.27	12.87	12.94	8.46	755
1989	39.05	14.62	13.27	11.16	839
1990	44.83	17.51	13.28	14.04	943
1991	49.34	18.02	15.69	15.63	1018
1992	58.20	18.15	20.58	19.47	1187
1993	77.21	24.47	26.04	26.70	1540
1994	93.10	30.16	31.62	31.32	1855
1995	107.03	33.73	36.84	36.46	2110
1996	117.90	37.00	40.64	40.26	2305
1997	130.26	36.56	46.78	46.92	2529
1998	142.23	38.37	51.88	51.98	2745
1999	153.37	38.46	56.40	58.51	2946
2000	165.47	37.43	60.42	67.62	3149
2001	181.45	39.45	64.56	77.44	3424
2002	201.53	41.55	73.93	86.05	3790
2003	230.39	44.34	91.08	94.97	4320
2004	280.71	52.96	119.81	107.94	5267
2005	330.17	58.66	148.71	122.80	6052
2006	377.40	63.13	171.83	142.44	6907
2007	456.95	80.19	206.06	170.70	8402
2008	563.09	96.26	256.22	210.61	10378
2009	636.96	100.55	294.44	241.97	12041
2010	801.42	128.94	394.55	277.93	15149
2011	1028.97	160.47	545.19	323.31	19424
2012	1157.32	171.54	610.67	375.11	21783
2013	1321.81	193.09	710.74	417.98	24816
2014	1423.75	207.16	751.34	465.25	26675
2015	1430.41	213.92	697.70	518.79	26729
2016	1488.62	224.81	685.20	578.61	27743

注：本表按当年价格计算。

1-7　全市生产总值指数(1978-2016年)

上年=100

年　份	生产总值	第一产业	第二产业	第三产业	人均生产总值
1978	110.9	103.5	115.1	110.3	109.6
1979	106.1	107.5	109.8	90.9	105.1
1980	103.5	90.4	106.1	116.8	101.7
1981	103.8	113.4	94.1	104.5	105.7
1982	118.6	138.7	103.2	108.6	118.4
1983	108.8	95.5	112.8	114.2	101.4
1984	114.4	120.5	108.9	118.2	120.3
1985	115.1	109.2	126.8	110.0	123.7
1986	107.2	103.3	111.8	108.9	106.1
1987	111.0	105.5	112.9	121.1	109.8
1988	108.7	99.6	115.3	115.2	106.8
1989	108.9	106.5	102.7	118.9	106.2
1990	108.7	106.3	108.0	112.6	107.3
1991	106.1	99.3	110.3	110.5	104.1
1992	110.5	98.9	122.3	112.3	109.1
1993	114.7	114.8	119.0	110.2	112.3
1994	109.1	99.8	116.4	110.7	109.0
1995	108.2	104.8	111.6	107.5	107.0
1996	108.9	105.3	110.4	110.5	108.1
1997	108.9	103.8	110.4	111.6	108.2
1998	109.1	109.7	107.3	110.9	108.5
1999	109.0	105.2	110.9	109.9	108.5
2000	108.2	104.3	107.5	112.0	107.2
2001	108.3	104.4	107.2	111.4	107.4
2002	110.4	104.0	113.9	110.7	110.0
2003	109.5	101.5	116.4	107.3	109.2
2004	112.6	106.3	119.1	109.2	112.2
2005	112.4	105.5	117.7	109.6	111.8
2006	112.9	107.3	114.8	113.3	112.7
2007	114.2	104.9	115.5	116.7	114.7
2008	116.3	107.6	117.3	118.7	116.6
2009	114.3	106.5	116.3	114.7	114.2
2010	115.0	107.3	120.7	110.6	115.0
2011	115.0	107.0	120.6	110.9	114.9
2012	114.5	106.1	119.6	110.3	114.1
2013	112.0	104.6	115.3	109.5	111.7
2014	110.5	104.9	112.1	109.7	110.2
2015	108.5	105.5	108.6	109.5	108.2
2016	107.5	104.1	107.5	108.7	107.2

注：本表按不变价格计算。

1-8　全市分行业增加值（1992-2016 年）

单位：亿元

年 份	生产总值	农林牧渔业	工　业	建筑业	交通运输、仓储及邮政业	批发和零售业	住宿和餐饮业	金融业	房地产业	其他服务业
1992	58.20	18.15	18.07	2.51	4.81	5.59		2.05	1.49	5.53
1993	77.21	24.47	23.06	2.98	5.52	8.15		2.73	1.85	8.45
1994	93.10	30.16	28.50	3.12	6.25	9.71		3.23	2.37	9.76
1995	107.03	33.73	32.83	4.01	7.38	10.58		3.83	2.88	11.79
1996	117.90	37.00	36.14	4.50	8.72	11.37		4.22	3.04	12.91
1997	130.26	36.56	40.27	6.51	10.89	12.71		4.96	3.68	14.68
1998	142.23	38.37	43.02	8.86	13.16	13.33		4.04	4.99	16.46
1999	153.37	38.46	48.44	7.96	15.98	14.29		3.15	5.48	19.61
2000	165.47	37.43	51.82	8.60	16.15	12.13	2.85	3.34	7.22	25.93
2001	181.45	39.45	55.80	8.76	18.32	13.39	3.00	3.80	8.37	30.56
2002	201.53	41.55	62.61	11.32	21.54	14.48	3.21	4.28	8.63	33.91
2003	230.39	44.34	77.45	13.63	22.56	15.96	3.50	5.10	9.31	38.54
2004	280.71	52.96	104.40	15.41	25.98	17.77	3.70	6.81	10.96	42.72
2005	330.17	58.66	131.28	17.43	29.75	21.96	4.35	8.24	12.02	46.48
2006	377.40	63.13	151.31	20.52	32.55	26.84	4.96	10.12	13.67	54.30
2007	456.95	80.19	181.10	24.96	35.11	31.61	6.43	12.96	15.66	68.93
2008	563.09	96.26	222.49	33.73	39.61	40.67	10.76	15.91	19.23	84.43
2009	636.96	100.55	248.78	45.66	43.60	47.54	12.85	19.20	21.25	97.53
2010	801.42	128.94	339.71	54.84	48.22	55.15	15.12	20.94	25.71	112.79
2011	1028.97	160.47	476.64	68.55	55.82	64.72	17.28	22.80	31.33	131.36
2012	1157.32	180.00	533.55	77.12	57.69	71.55	27.73	34.19	38.51	136.98
2013	1321.81	202.38	623.00	87.74	60.19	80.77	30.45	41.73	43.56	151.99
2014	1423.75	217.30	652.18	99.16	66.60	90.63	33.27	48.99	47.75	167.87
2015	1430.41	224.52	587.63	110.07	65.11	97.44	36.21	61.50	53.65	194.28
2016	1488.62	236.33	560.82	124.38	69.77	109.54	41.20	69.89	55.35	221.34

注：本表按当年价格计算。

1-9　分县市区生产总值（2010-2016年）

县市区 年　份	生产总值 （亿元）	第一产业	第二产业	第三产业	人均生产总值 （元）
临渭辖区					
2010	173.53	21.62	83.03	68.88	18887
2011	220.26	26.50	108.19	85.57	24464
2012	252.43	29.33	124.81	98.29	28528
2013	253.15	31.77	115.80	105.58	28499
2014	291.18	33.90	138.77	118.51	32726
2015	299.99	35.09	134.17	130.73	33609
2016	333.19	36.77	151.62	144.80	37172
临渭区					
2010	125.00	21.42	48.16	55.42	
2011	155.17	26.19	59.58	69.40	
2012	178.09	29.07	68.92	80.10	
2013	187.58	31.48	73.87	82.23	
2014	213.78	33.61	87.14	93.03	
2015	227.06	34.80	88.67	103.59	
2016	253.43	36.45	101.73	115.25	
高新区					
2010	48.53	0.20	34.87	13.46	
2011	65.09	0.31	48.61	16.17	
2012	74.34	0.26	55.89	18.19	
2013	65.57	0.29	41.93	23.36	
2014	77.40	0.29	51.63	25.49	
2015	72.92	0.29	45.50	27.14	
2016	79.76	0.32	49.89	29.55	
经开区					
2010					
2011					
2012					
2013					
2014					
2015					
2016					
华州区					
2010	77.01	5.84	58.30	12.87	23887
2011	92.13	7.00	70.20	14.93	28545
2012	105.01	7.94	80.65	16.42	32439
2013	105.50	8.74	78.43	18.33	32480
2014	107.56	9.40	78.44	19.72	33030
2015	100.70	9.64	68.86	22.20	30862
2016	88.20	10.05	53.61	24.54	26976

1-9 续表 1

县市区 年　份	生产总值 （亿元）	第一产业	第二产业	第三产业	人均生产总值 （元）
潼关县					
2010	20.30	1.91	9.61	8.78	13048
2011	26.80	2.61	13.97	10.22	17207
2012	31.66	2.99	17.02	11.65	20262
2013	34.66	3.24	19.11	12.31	22064
2014	37.16	3.42	19.93	13.81	23558
2015	35.76	3.52	16.42	15.82	22611
2016	37.03	3.66	15.77	17.60	23326
大荔县					
2010	63.80	18.27	12.91	32.62	9193
2011	81.23	23.68	19.44	38.11	11692
2012	93.17	26.63	21.94	44.60	13383
2013	96.96	28.78	25.67	42.51	13911
2014	102.83	31.13	25.09	46.61	14727
2015	104.54	31.96	21.15	51.43	14933
2016	115.98	33.75	25.23	57.00	16521
合阳县					
2010	40.27	9.45	11.00	19.82	9220
2011	50.69	13.15	14.55	22.99	11594
2012	56.96	15.13	15.35	26.48	13005
2013	66.98	16.07	21.02	29.89	15265
2014	71.54	17.49	20.20	33.85	16268
2015	72.64	18.20	17.82	36.62	16485
2016	78.50	19.18	17.97	41.35	17752
澄城县					
2010	50.16	12.03	23.82	14.31	12980
2011	65.49	15.28	33.26	16.95	16929
2012	69.60	17.53	32.02	20.05	17943
2013	82.89	18.87	39.38	24.64	21309
2014	85.12	19.64	38.15	27.33	21831
2015	78.30	20.21	26.29	31.80	20030
2016	79.18	21.30	22.04	35.84	20201
蒲城县					
2010	83.86	16.74	36.07	31.05	11278
2011	111.08	19.68	54.23	37.17	14920
2012	125.47	21.34	63.10	41.03	16844
2013	139.19	22.22	70.70	46.27	18673
2014	148.42	23.62	72.76	52.04	19876
2015	151.66	24.37	68.65	58.64	20258
2016	163.14	25.46	72.07	65.61	21749

1-9 续表 2

县市区 年　份	生产总值 （亿元）	第一产业	第二产业	第三产业	人均生产总值 （元）
白水县					
2010	37.85	13.19	10.40	14.26	13523
2011	47.69	16.02	15.13	16.54	17021
2012	54.65	18.10	17.50	19.05	19441
2013	53.09	20.74	14.86	17.49	18814
2014	60.96	22.79	17.95	20.22	21404
2015	60.05	23.72	13.44	22.89	21174
2016	63.12	24.98	12.47	25.67	22252
富平县					
2010	60.43	16.96	19.68	23.79	8123
2011	80.02	20.61	32.18	27.23	10739
2012	94.00	23.02	39.35	31.63	12593
2013	117.91	24.65	57.62	35.64	15778
2014	126.62	26.33	60.49	39.80	16914
2015	128.98	27.10	57.12	44.76	17184
2016	137.39	28.44	58.55	50.40	18273
韩城市					
2010	145.22	9.37	103.24	32.61	37096
2011	197.28	11.54	147.71	38.03	50325
2012	221.95	12.94	166.91	42.10	56347
2013	287.20	13.24	219.00	54.96	72561
2014	299.78	13.82	225.82	60.14	75567
2015	308.64	14.33	228.06	66.25	77577
2016	319.70	15.19	230.88	73.63	80086
华阴市					
2010	48.75	3.57	26.94	18.24	18873
2011	58.31	4.41	32.70	21.20	22548
2012	65.41	5.04	36.72	23.65	25196
2013	73.73	5.25	38.60	29.88	28271
2014	78.77	5.63	39.95	33.19	30111
2015	78.12	5.79	34.81	37.52	29788
2016	70.02	6.05	22.28	41.69	26653

注：1、本表按当年价格计算。

2、临渭区的数据包含经开区。

1-10 分县市区生产总值指数（2010-2016年）

上年=100

县市区 年份	生产总值	第一产业	第二产业	第三产业	人均生产总值
临渭辖区					
2010	118.4	107.2	122.1	116.6	118.4
2011	117.6	107.9	121.8	115.6	118.0
2012	117.4	105.9	123.4	113.4	117.4
2013	112.1	104.8	113.9	111.7	111.7
2014	111.5	104.9	114.1	110.0	111.3
2015	109.8	105.7	111.4	108.7	109.5
2016	110.0	104.2	113.2	108.4	109.6
临渭区					
2010	115.4	107.3	119.0	115.3	
2011	115.0	108.0	117.1	116.0	
2012	114.6	106.1	118.7	114.3	
2013	112.3	104.8	115.9	111.4	
2014	111.3	104.9	113.8	110.8	
2015	110.3	105.7	112.5	109.5	
2016	110.4	104.3	114.5	108.9	
高新区					
2010	125.3	100.0	126.1	123.3	
2011	128.7	110.5	124.8	142.3	
2012	124.0	81.0	129.1	109.6	
2013	81.0	105.9	68.1	124.8	
2014	112.0	100.0	114.7	107.0	
2015	108.1	97.8	109.3	105.7	
2016	108.8	99.6	110.3	106.5	
经开区					
2010					
2011					
2012					
2013					
2014					
2015					
2016					
华州区					
2010	115.7	107.8	118.4	106.8	115.6
2011	114.3	107.3	115.9	110.2	114.2
2012	125.8	106.1	131.6	107.0	125.4
2013	106.9	102.7	106.7	109.4	106.5
2014	109.2	105.4	109.8	107.5	108.9
2015	109.5	105.0	110.4	106.4	109.3
2016	103.7	104.2	102.4	107.8	103.5

1-10 续表 1

上年=100

县市区 年 份	生产总值	第一产业	第二产业	第三产业	人均生产总值
潼关县					
2010	115.1	106.4	123.5	112.1	113.9
2011	116.2	106.7	122.9	110.8	115.9
2012	115.5	105.9	120.5	111.5	115.2
2013	112.5	105.3	115.3	110.3	111.1
2014	110.4	105.1	111.8	109.6	110.0
2015	106.3	105.5	103.7	110.2	106.1
2016	106.4	103.6	105.2	108.4	106.0
大荔县					
2010	114.5	107.4	120.5	114.7	115.1
2011	114.5	108.2	131.4	111.3	115.1
2012	113.8	106.2	121.4	114.4	114.2
2013	111.9	104.8	119.8	111.7	111.6
2014	109.6	104.9	117.8	107.7	109.3
2015	108.6	105.9	109.0	109.9	108.3
2016	108.3	104.7	113.0	108.6	108.0
合阳县					
2010	114.3	107.5	122.1	113.3	114.1
2011	114.2	107.2	125.7	111.1	114.0
2012	114.0	106.0	122.6	112.2	113.8
2013	110.1	103.0	119.8	106.9	109.9
2014	108.9	104.7	108.9	110.5	108.7
2015	106.9	105.7	105.9	108.0	106.7
2016	106.3	104.4	99.7	110.6	106.0
澄城县					
2010	116.8	107.3	126.3	110.5	116.8
2011	115.8	107.2	122.2	112.5	115.7
2012	114.6	106.5	118.8	113.5	114.3
2013	113.7	104.7	120.5	108.5	113.4
2014	110.2	105.0	112.3	109.8	109.9
2015	106.0	105.3	104.2	109.7	105.7
2016	101.4	104.0	89.1	109.9	101.1
蒲城县					
2010	116.5	107.6	124.5	111.2	116.4
2011	116.2	106.0	123.0	113.7	116.1
2012	114.4	105.7	123.8	106.9	114.3
2013	111.8	104.9	117.0	107.8	111.7
2014	109.7	104.5	110.8	110.3	109.6
2015	110.5	105.6	110.9	112.0	110.2
2016	108.8	103.2	110.0	109.6	108.6

1-10 续表 2

上年=100

县市区 年　份	生产总值	第一产业	第二产业	第三产业	人均生产总值
白水县					
2010	115.0	108.2	119.5	117.3	114.7
2011	114.0	107.1	126.9	110.9	113.2
2012	114.2	106.6	123.5	113.4	114.3
2013	112.1	105.2	119.2	111.8	109.8
2014	108.6	105.5	108.7	110.6	107.9
2015	106.8	105.8	104.2	110.3	106.5
2016	106.0	104.6	101.7	109.8	106.0
富平县					
2010	114.4	107.0	122.4	112.1	114.4
2011	115.1	106.5	129.1	109.5	114.9
2012	115.4	105.9	124.4	113.2	115.2
2013	112.7	104.4	120.1	110.2	112.6
2014	111.2	104.7	115.5	110.0	111.0
2015	110.1	105.2	111.0	111.7	109.8
2016	109.2	103.8	111.3	109.7	109.0
韩城市					
2010	118.2	106.9	122.2	109.2	118.1
2011	120.6	105.6	125.3	110.5	121.4
2012	113.6	105.9	115.1	110.4	113.0
2013	113.9	104.0	116.4	107.8	113.4
2014	111.2	104.5	112.2	109.3	110.9
2015	110.4	105.3	110.8	109.8	110.0
2016	111.7	103.9	112.8	109.3	111.3
华阴市					
2010	115.2	106.3	118.1	113.6	115.2
2011	115.0	106.6	119.0	110.7	114.9
2012	115.0	106.0	120.4	108.3	114.6
2013	113.5	105.0	118.3	106.8	113.0
2014	111.6	105.5	113.7	109.2	111.3
2015	106.9	105.1	104.3	111.6	106.6
2016	110.1	103.7	90.1	108.9	100.0

注：1、本表按不变价格计算。

2、临渭区的数据包含经开区。

1-11　全市总产出（2016 年）

行　业	按当年价格计算		按不变价格计算			
	绝对额（亿元）		绝对额（亿元）		以上年为 100 的指数	
	2016 年	2015 年	2016 年	2015 年	2016 年	2015 年
总产出	4148.43	3862.23	4192.85	3862.23	108.6	108.4
第一产业	399.45	379.95	395.89	379.95	104.2	105.6
第二产业	2710.95	2550.81	2783.55	2550.81	109.1	108.3
第三产业	1038.03	931.47	1013.41	931.47	108.8	109.9
农、林、牧、渔业	418.69	397.54	414.75	397.54	104.3	105.6
农业	298.94	285.69	299.40	285.69	104.8	106.7
林业	7.16	6.86	7.94	6.86	115.7	94.8
畜牧业	87.73	82.65	83.06	82.65	100.5	100.6
渔业	5.62	4.75	5.49	4.75	115.6	151.3
农、林、牧、渔服务业	19.24	17.59	18.86	17.59	107.2	105.3
工业	2228.64	2140.80	2309.47	2140.80	107.9	108.1
采矿业	469.17	474.22	448.14	474.22	94.5	108.7
#开采辅助活动						
制造业	1579.89	1479.87	1678.17	1479.87	113.4	109.3
#金属制品、机械和设备修理业						
电力、燃气及水的生产和供应业	179.58	186.71	183.16	186.71	98.1	97.4
建筑业	482.31	410.01	474.08	410.01	115.6	109.3
房屋建筑业	306.76	260.78	301.72	260.78	115.7	109.3
土木工程建筑业	118.07	100.37	116.03	100.37	115.6	109.2
建筑安装业	29.33	24.93	28.74	24.93	115.3	109.3
建筑装饰和其他建筑业	28.15	23.93	27.59	23.93	115.3	109.1
批发和零售业	144.32	129.96	141.86	129.96	109.2	112.1
批发业	53.82	48.76	53.32	48.76	109.4	113.9
零售业	90.50	81.20	88.54	81.20	109.0	111.0
交通运输、仓储和邮政业	176.68	167.32	173.14	167.32	103.5	99.2
铁路运输业	67.43	62.52	65.35	62.52	104.5	92.5
道路运输业	56.07	53.05	54.42	53.05	102.6	105.0
水上运输业	0.01	0.01	0.01	0.01	100.0	100.0
航空运输业	0.11	0.11	0.11	0.11	100.0	88.9
管道运输业						
装卸搬运和运输代理业	3.79	3.61	3.67	3.61	101.7	100.0
仓储业	43.50	43.50	43.96	43.50	101.1	102.0
邮政业	5.77	4.52	5.62	4.52	124.3	115.1
住宿和餐饮业	102.38	90.09	97.73	90.09	108.5	108.1
住宿业	27.16	25.06	27.22	25.06	108.6	106.5
餐饮业	75.22	65.03	70.51	65.03	108.4	109.0

1-11 续表 1

行业	按当年价格计算		按不变价格计算			
	绝对额（亿元）		绝对额（亿元）		以上年为 100 的指数	
	2016 年	2015 年	2016 年	2015 年	2016 年	2015 年
信息传输、软件和信息技术服务业	56.48	43.50	55.21	43.50	126.9	116.2
电信、广播电视和卫星传输服务	54.28	41.65	53.06	41.65	127.4	116.0
互联网和相关服务	1.03	0.86	1.00	0.86	116.3	123.1
软件和信息技术服务业	1.17	0.99	1.15	0.99	116.2	120.8
金融业	94.03	83.10	92.13	83.10	110.9	115.6
货币金融服务	73.47	63.85	71.49	63.85	112.0	115.8
资本市场服务	0.50	0.87	0.49	0.87	56.3	118.3
保险业	15.28	14.22	15.50	14.22	109.0	115.4
其他金融业	4.78	4.16	4.65	4.16	111.8	113.0
房地产业	77.58	75.22	76.91	75.22	102.2	108.7
房地产开发经营业	9.37	11.29	9.12	11.29	80.8	81.0
物业管理业	7.20	6.50	7.16	6.50	110.2	107.4
房地产中介服务业	1.39	1.18	1.30	1.18	110.2	106.3
自有房地产经营活动	53.54	50.77	53.31	50.77	105.0	120.4
其他房地产业	6.08	5.48	6.02	5.48	109.9	106.9
租赁和商务服务业	22.79	18.85	22.21	18.85	117.8	119.2
租赁业	3.50	2.91	3.43	2.91	117.9	118.3
商务服务业	19.29	15.94	18.78	15.94	117.8	119.4
科学研究和技术服务业	20.28	18.29	19.84	18.29	108.5	113.0
研究和试验发展	0.43	0.39	0.42	0.39	107.7	106.1
专业技术服务业	8.85	7.96	8.68	7.96	109.0	113.2
科技推广和应用服务业	11.00	9.94	10.74	9.94	108.0	113.1
水利、环境和公共设施管理业	18.92	16.20	17.37	16.20	107.2	113.8
水利管理业	8.60	7.87	8.50	7.87	108.0	113.3
生态保护和环境治理业	1.30	1.17	1.28	1.17	109.4	113.7
公共设施管理业	9.02	7.16	7.59	7.16	106.0	114.2
居民服务、修理和其他服务业	30.88	25.64	29.95	25.64	116.8	119.6
居民服务业	16.48	13.69	15.99	13.69	116.8	119.7
机动车、电子产品和日用产品修理业	13.01	10.78	12.61	10.78	117.0	119.6
其他服务业	1.39	1.17	1.35	1.17	115.4	120.2
教育	73.48	66.21	71.87	66.21	108.5	113.2
卫生和社会工作	60.31	54.22	58.96	54.22	108.7	113.2
卫生	58.57	52.65	57.26	52.65	108.8	113.2
社会工作	1.74	1.57	1.70	1.57	108.3	115.2
文化、体育和娱乐业	11.11	9.23	10.75	9.23	116.5	120.1
新闻和出版业	0.77	0.70	0.79	0.70	112.9	124.0
广播、电视、电影和影视录音制作业	1.11	0.91	1.06	0.91	116.5	119.7
文化艺术业	2.55	2.13	2.48	2.13	116.4	118.9
体育	1.11	0.93	1.09	0.93	117.2	117.8
娱乐业	5.57	4.56	5.33	4.56	116.9	120.6
公共管理、社会保障和社会组织	129.55	116.05	126.62	116.05	109.1	113.2

1-12 按当年价格计算的全市生产总值（2016 年）

单位：亿元

	增加值	劳动者报酬	生产净税	补贴	固定资产折旧	营业盈余
生产总值	1488.62	742.26	125.19	8.64	238.91	382.26
第一产业	224.81	141.94	-8.64	8.64	21.93	69.58
第二产业	685.20	299.55	92.84		110.60	182.21
第三产业	578.61	300.77	40.99		106.38	130.47
农、林、牧、渔业	236.33	148.56	-8.64	8.64	23.45	72.96
农业	165.29	107.14	-6.65	6.65	16.02	48.78
林业	3.87	2.17	-0.41	0.41	0.37	1.74
畜牧业	52.41	30.20	-1.58	1.58	5.12	18.67
渔业	3.24	2.43			0.42	0.39
农、林、牧、渔服务业	11.52	6.62			1.52	3.38
工业	560.82	223.55	73.06		104.82	159.39
采矿业	106.41	49.16	25.84		17.76	13.65
#开采辅助活动						
制造业	395.59	160.32	33.42		66.89	134.96
#金属制品、机械和设备修理业						
电力、燃气及水的生产和供应业	58.82	14.07	13.80		20.17	10.78
建筑业	124.38	76.00	19.78		5.78	22.82
房屋建筑业	82.12	51.23	12.32		2.73	15.84
土木工程建筑业	29.09	17.26	5.59		2.55	3.69
建筑安装业	6.08	3.49	1.02		0.19	1.38
建筑装饰和其他建筑业	7.09	4.02	0.85		0.31	1.91
批发和零售业	109.54	41.75	18.37		2.55	46.87
批发业	40.86	15.77	9.45		0.50	15.14
零售业	68.68	25.98	8.92		2.05	31.73
交通运输、仓储和邮政业	69.77	32.54	4.27		22.06	10.90
铁路运输业	33.72	16.51	2.35		7.09	7.77
道路运输业	32.86	12.63	1.61		13.48	5.14
水上运输业						
航空运输业	0.07	0.02			0.04	0.01
管道运输业						
装卸搬运和运输代理业	2.73	1.57			0.33	0.83
仓储业	-0.95	0.80	0.23		0.82	-2.80
邮政业	1.34	1.01	0.08		0.30	-0.05
住宿和餐饮业	41.20	24.99	3.39		5.63	7.19
住宿业	9.60	4.69	1.08		1.83	2.00
餐饮业	31.60	20.30	2.31		3.80	5.19
信息传输、软件和信息技术服务业	26.42	4.62	1.82		8.27	11.71
电信、广播电视和卫星传输服务	25.50	4.00	1.74		8.19	11.57
互联网和相关服务	0.48	0.32	0.01		0.06	0.09
软件和信息技术服务业	0.44	0.30	0.07		0.02	0.05

1-12 续表 1

单位：亿元

行 业	增加值	劳动者报酬	生产净税	补贴	固定资产折旧	营业盈余
金融业	69.89	16.20	6.14		1.20	46.35
货币金融服务	57.88	12.27	4.78		1.02	39.81
资本市场服务	0.31	0.16	0.03		0.02	0.10
保险业	7.94	2.69	1.04		0.15	4.06
其他金融业	3.76	1.08	0.29		0.01	2.38
房地产业	55.35	7.35	3.30		41.93	2.77
房地产开发经营业	6.10	1.40	2.78		0.51	1.41
物业管理业	4.32	2.88				1.44
房地产中介服务业	0.66	0.83	0.14		0.01	-0.32
自有房地产经营活动	41.22				41.22	
其他房地产业	3.05	2.24	0.38		0.19	0.24
租赁和商务服务业	9.64	14.72	1.05		1.93	-8.06
租赁业	2.44	1.43	0.20		1.06	-0.25
商务服务业	7.20	13.29	0.85		0.87	-7.81
科学研究和技术服务业	7.39	4.74	0.65		0.68	1.32
研究和试验发展	0.22	0.12	0.01		0.01	0.08
专业技术服务业	2.87	1.66	0.37		0.15	0.69
科技推广和应用服务业	4.30	2.96	0.27		0.52	0.55
水利、环境和公共设施管理业	5.45	4.97	0.55		1.29	-1.36
水利管理业	4.38	3.12	0.24		0.70	0.32
生态保护和环境治理业	0.61	0.43	0.03		0.14	0.01
公共设施管理业	0.46	1.42	0.28		0.45	-1.69
居民服务、修理和其他服务业	15.38	12.37	0.29		0.58	2.14
居民服务业	9.27	7.81	0.15		0.31	1.00
机动车、电子产品和日用产品修理业	5.37	3.98	0.09		0.26	1.04
其他服务业	0.74	0.58	0.05		0.01	0.10
教育	48.86	41.12	0.11		6.45	1.18
卫生和社会工作	27.14	20.06	0.12		2.54	4.42
卫生	26.35	19.36	0.12		2.47	4.40
社会工作	0.79	0.70			0.07	0.02
文化、体育和娱乐业	3.64	2.85	0.39		0.75	-0.35
新闻和出版业	0.21	0.07	0.01		0.01	0.12
广播、电视、电影和影视录音制作业	0.55	0.31	0.05		0.10	0.09
文化艺术业	0.85	0.47	0.07		0.15	0.16
体育	0.49	0.22	0.01		0.28	-0.02
娱乐业	1.54	1.78	0.25		0.21	-0.70
公共管理、社会保障和社会组织	77.42	65.87	0.54		9.00	2.01

注：2016 年全市年均常住人口为 536.58 万人，人均生产总值 27743 元。

1-13　按不变价格计算的全市生产总值（2016 年）

行　业	绝对额（亿元）		以上年为 100 的指数	
	2016 年	2015 年	2016 年	2015 年
生产总值	1537.03	1430.41	107.5	108.5
第一产业	222.64	213.92	104.1	105.5
第二产业	750.32	697.70	107.5	108.6
第三产业	564.07	518.79	108.7	109.5
农、林、牧、渔业	233.93	224.52	104.2	105.4
农业	165.58	158.07	104.8	106.6
林业	4.29	3.75	114.4	92.3
畜牧业	49.61	49.34	100.5	100.5
渔业	3.16	2.76	114.5	148.3
农、林、牧、渔服务业	11.29	10.60	106.5	102.7
工业	624.94	587.63	106.3	108.0
采矿业	98.25	113.32	86.7	108.0
#开采辅助活动				
制造业	462.91	412.21	112.3	110.0
#金属制品、机械和设备修理业				
电力、燃气及水的生产和供应业	63.78	62.10	102.7	95.7
建筑业	125.38	110.07	113.9	112.8
房屋建筑业	82.81	72.67	114.0	112.8
土木工程建筑业	29.33	25.74	113.9	112.8
建筑安装业	6.12	5.39	113.5	112.9
建筑装饰和其他建筑业	7.12	6.27	113.6	112.9
批发和零售业	107.68	98.64	109.2	112.3
批发业	40.48	37.02	109.3	113.9
零售业	67.20	61.62	109.1	111.2
交通运输、仓储和邮政业	67.64	65.11	103.9	98.6
铁路运输业	32.68	31.27	104.5	92.5
道路运输业	31.90	31.09	102.6	105.0
水上运输业				
航空运输业	0.07	0.07	100.0	100.0
管道运输业				
装卸搬运和运输代理业	2.64	2.60	101.5	100.0
仓储业	-0.96	-0.97	99.0	100.0
邮政业	1.31	1.05	124.8	116.1
住宿和餐饮业	39.24	36.18	108.5	108.1
住宿业	9.62	8.86	108.6	106.3
餐饮业	29.62	27.32	108.4	109.0
信息传输、软件和信息技术服务业	26.49	20.33	130.3	116.1
电信、广播电视和卫星传输服务	25.57	19.56	130.7	116.0
互联网和相关服务	0.48	0.40	120.0	119.4
软件和信息技术服务业	0.44	0.37	118.9	120.7

1-13 续表 1

行业	绝对额（亿元）		以上年为 100 的指数	
	2016 年	2015 年	2016 年	2015 年
金融业	68.34	61.50	111.1	114.1
货币金融服务	56.32	50.30	112.0	113.9
资本市场服务	0.30	0.54	55.6	118.9
保险业	8.06	7.39	109.1	115.4
其他金融业	3.66	3.27	111.9	113.2
房地产业	54.78	53.65	102.1	100.1
房地产开发经营业	5.81	7.35	79.0	78.9
物业管理业	4.29	3.90	110.0	107.3
房地产中介服务业	0.62	0.56	110.7	106.7
自有房地产经营活动	41.04	39.09	105.0	105.0
其他房地产业	3.02	2.75	109.8	107.1
租赁和商务服务业	9.65	7.98	120.9	119.5
租赁业	2.46	2.03	121.2	119.4
商务服务业	7.19	5.95	120.8	119.6
科学研究和技术服务业	7.12	6.63	107.4	113.2
研究和试验发展	0.21	0.20	105.0	112.5
专业技术服务业	2.77	2.58	107.4	113.0
科技推广和应用服务业	4.14	3.85	107.5	113.3
水利、环境和公共设施管理业	5.23	4.88	107.2	113.3
水利管理业	4.26	3.97	107.3	113.2
生态保护和环境治理业	0.59	0.55	107.3	113.3
公共设施管理业	0.38	0.36	105.6	113.3
居民服务、修理和其他服务业	15.31	12.77	119.9	119.5
居民服务业	9.23	7.70	119.9	119.5
机动车、电子产品和日用产品修理业	5.34	4.45	120.0	119.5
其他服务业	0.74	0.62	119.4	118.8
教育	47.08	43.82	107.4	113.2
卫生和社会工作	26.14	24.33	107.4	113.2
卫生	25.38	23.62	107.5	113.2
社会工作	0.76	0.71	107.0	114.0
文化、体育和娱乐业	3.61	3.02	119.5	119.9
新闻和出版业	0.22	0.19	115.8	121.4
广播、电视、电影和影视录音制作业	0.54	0.45	120.0	120.0
文化艺术业	0.85	0.71	119.7	120.4
体育	0.49	0.41	119.5	118.8
娱乐业	1.51	1.26	119.8	119.8
公共管理、社会保障和社会组织	74.47	69.35	107.4	113.2
人均地区生产总值（元）	28645	26729	107.2	108.2

1-14 分县市区生产总值（2016 年）

县市区	生产总值		第一产业		第二产业		第三产业	
	绝对量（亿元）	同比（±%）	绝对量（亿元）	同比（±%）	绝对量（亿元）	同比（±%）	绝对量（亿元）	同比（±%）
渭南市	1488.62	7.5	224.81	4.1	685.20	7.5	578.61	8.7
临渭辖区	333.19	10.0	36.77	4.2	151.62	13.2	144.80	8.4
临渭区	253.43	10.4	36.45	4.3	101.73	14.5	115.25	8.9
高新区	79.76	8.8	0.32	-0.4	49.89	10.3	29.55	6.5
经开区								
华州区	88.20	3.7	10.05	4.2	53.61	2.4	24.54	7.8
潼关县	37.03	6.4	3.66	3.6	15.77	5.2	17.60	8.4
大荔县	115.98	8.3	33.75	4.7	25.23	13.0	57.00	8.6
合阳县	78.50	6.3	19.18	4.4	17.97	-0.3	41.35	10.6
澄城县	79.18	1.4	21.30	4.0	22.04	-10.9	35.84	9.9
蒲城县	163.14	8.8	25.46	3.2	72.07	10.0	65.61	9.6
白水县	63.12	6.0	24.98	4.6	12.47	1.7	25.67	9.8
富平县	137.39	9.2	28.44	3.8	58.55	11.3	50.40	9.7
韩城市	319.70	11.7	15.19	3.9	230.88	12.8	73.63	9.3
华阴市	70.02	0.1	6.05	3.7	22.28	-9.9	41.69	8.9

1-14 续表 1

县市区	工业		#规模以上工业		建筑业		人均生产总值（元）
	绝对量（亿元）	同比（±%）	绝对量（亿元）	同比（±%）	绝对量（亿元）	同比（±%）	
渭南市	560.82	6.3	545.45	6.4	124.38	13.9	27743
临渭辖区	86.16	9.3	83.26	9.5	65.46		37172
临渭区	36.73	7.3	35.21	7.5	65.00	19.2	
高新区	49.43	11.0	48.05	11.3	0.46	-29.9	
经开区							
华州区	52.28	3.0	51.79	3.0	1.33	-22.7	26976
潼关县	13.47	3.4	13.26	3.4	2.30	18.9	23326
大荔县	20.14	10.7	19.39	11.0	5.09	23.1	16521
合阳县	12.63	-6.0	11.97	-6.5	5.34	17.4	17752
澄城县	20.38	-12.5	19.12	-13.4	1.66	18.1	20201
蒲城县	62.60	10.7	59.75	11.1	9.47	5.2	21749
白水县	12.36	1.7	11.59	1.6	0.11	1.3	22252
富平县	53.53	10.9	51.61	11.2	5.02	17.1	18273
韩城市	205.92	11.5	203.53	11.6	24.96	27.3	80086
华阴市	20.89	-10.9	19.72	-11.5	1.39	19.1	26653

注：临渭区的数据包含经开区。

1-15 分县市区非公有制经济增加值（2010-2016 年）

单位：亿元

县市区	2010 年	2011 年	2012 年	2013 年	2014 年	2015 年	2016 年
渭南市	350.19	459.63	526.83	610.81	676.85	695.19	736.92
临渭辖区	76.33	99.50	118.63	118.90	140.67	148.29	166.46
临渭区		71.19	83.84	89.31	104.97	113.78	128.27
高新区		28.31	34.79	29.59	35.70	34.51	38.19
经开区							
华州区	16.49	20.83	25.02	26.04	27.62	16.92	21.84
潼关县	9.54	12.89	15.27	16.98	18.58	15.19	18.14
大荔县	27.37	37.39	43.91	46.88	50.75	59.32	59.03
合阳县	19.20	24.15	27.70	33.09	36.06	37.70	40.79
澄城县	24.23	32.36	35.61	42.86	44.87	41.40	40.91
蒲城县	36.27	48.86	56.50	63.50	69.19	62.76	74.23
白水县	17.46	22.58	26.46	26.09	30.57	34.09	32.62
富平县	28.59	38.73	46.53	59.39	65.08	75.87	72.79
韩城市	73.50	101.80	117.01	152.85	161.01	172.75	178.90
华阴市	21.08	26.46	30.21	34.59	37.74	37.78	34.64

注：临渭区的数据包含经开区。

1-16 分县市区非公有制经济增加值占生产总值比重（2010-2016 年）

单位：%

县市区	2010 年	2011 年	2012 年	2013 年	2014 年	2015 年	2016 年
渭南市	43.7	44.7	45.7	46.2	47.5	48.6	49.5
临渭辖区	44.0	45.2	46.3	47.0	48.3	49.4	50.0
临渭区		45.9	47.1	47.6	49.1	50.1	50.6
高新区		43.5	44.5	45.1	46.1	47.3	47.9
经开区							
华州区	21.2	22.6	23.8	24.7	25.7	24.2	24.8
潼关县	47.0	48.1	48.2	49.0	50.0	48.5	49.0
大荔县	42.9	46.0	47.1	48.4	49.4	50.4	50.9
合阳县	47.7	47.6	48.6	49.4	50.4	51.4	52.0
澄城县	48.3	49.4	51.2	51.7	52.7	51.1	51.7
蒲城县	43.2	44.0	45.0	45.6	46.6	45.0	45.5
白水县	46.1	47.4	48.4	49.2	50.2	51.2	51.7
富平县	47.3	48.4	49.5	50.4	51.4	52.4	53.0
韩城市	50.6	51.6	52.7	53.2	53.7	54.8	56.0
华阴市	43.2	45.4	46.2	46.9	47.9	48.9	49.5

注：临渭区的数据包含经开区。

1-17 分县市区非公有制经济三次产业增加值及占比（2016 年）

单位：亿元、%

县市区	增加值				占 GDP 比重			
	合计	第一产业	第二产业	第三产业	合计	第一产业	第二产业	第三产业
渭南市	736.92	49.71	390.60	288.61	49.5	22.1	58.2	49.9
临渭辖区	166.46	9.58	80.55	76.33	50.0	26.0	53.1	52.7
临渭区	128.27	9.43	57.05	61.79	50.6	25.9	56.1	53.6
高新区	38.19	0.14	23.50	14.55	47.9	44.5	47.1	49.2
经开区								
华州区	21.84	1.85	7.82	12.17	24.8	18.4	14.6	49.6
潼关县	18.14	1.13	8.48	8.53	49.0	30.9	53.8	48.4
大荔县	59.03	7.18	22.17	29.68	50.9	21.3	87.9	52.1
合阳县	40.79	4.94	13.43	22.42	52.0	25.7	74.8	54.2
澄城县	40.91	8.10	15.13	17.68	51.7	38.0	68.6	49.3
蒲城县	74.23	5.08	34.37	34.78	45.5	19.9	47.7	53.0
白水县	32.62	6.87	11.37	14.38	51.7	27.5	91.2	56.0
富平县	72.79	8.85	39.69	24.25	53.0	31.1	67.8	48.1
韩城市	178.90	1.96	136.20	40.74	56.0	12.9	59.0	55.3
华阴市	34.64	1.32	15.47	17.85	49.5	21.8	69.4	42.8

注：临渭区的数据包含经开区。

1-18 分县市区法人单位数及就业人数（2016 年）

单位：人、个

县市区	法人单位数	法人单位就业人数
渭南市	31097	838489
临渭辖区	5658	185918
华州区	1708	45710
潼关县	946	23254
大荔县	3429	72179
合阳县	2804	45957
澄城县	2809	62856
蒲城县	3726	110722
白水县	2001	38715
富平县	2673	71206
韩城市	3503	127172
华阴市	1840	54800

1-19　全市法人单位数及就业人数（2016 年）

单位：个、人

行业	法人单位数	法人单位就业人数
合计	31097	838489
农、林、牧、渔业	4083	63270
采矿业	340	61579
制造业	2665	157539
电力、热力、燃气及水生产和供应业	223	12343
建筑业	1279	87808
批发和零售业	5717	83061
交通运输、仓储和邮政业	790	24728
住宿和餐饮业	713	22443
信息传输、软件和信息技术服务业	348	6371
金融业	233	12775
房地产业	721	15986
租赁和商务服务业	1223	14829
科学研究和技术服务业	910	18462
水利、环境和公共设施管理业	357	12159
居民服务、修理和其他服务业	674	7003
教育	2079	77091
卫生和社会工作	2446	34590
文化、体育和娱乐业	600	9432
公共管理、社会保障和社会组织	5696	117020

主要统计指标解释

行政区划 指国家对行政区域的划分。根据有关法规规定，我国的行政区域划分如下：(1)全国分为省、自治区、直辖市；(2)省、自治区分为自治州、县、自治县、市；(3)自治州分为县、自治县、市；(4)县、自治县分为乡、民族乡、镇；(5)直辖市和较大的市分为区、县；(6)国家在必要时设立的特别行政区。

三次产业 指根据社会生产活动历史发展的顺序对产业结构的划分。目前我国的三次产业划分是：

第一产业是指农、林、牧、渔业（不含农、林、牧、渔服务业）。

第二产业是指采矿业（不含开采辅助活动），制造业（不含金属制品、机械和设备修理业），电力、热力、燃气及水生产和供应业，建筑业。

第三产业即服务业，是指除第一产业、第二产业以外的其他行业。

国内生产总值(GDP) 指按市场价格计算的一个国家(或地区)所有常住单位在一定时期内生产活动的最终成果。国内生产总值有三种表现形态，即价值形态、收入形态和产品形态。从价值形态看，它是所有常住单位在一定时期内生产的全部货物和服务价值超过同期投入的全部非固定资产货物和服务价值的差额，即所有常住单位的增加值之和；从收入形态看，它是所有常住单位在一定时期内创造并分配给常住单位和非常住单位的初次收入之和；从产品形态看，它是所有常住单位在一定时期内最终使用的货物和服务价值与货物和服务净出口价值之和。在实际核算中，国内生产总值有三种计算方法，即生产法、收入法和支出法。三种方法分别从不同的方面反映国内生产总值及其构成。

对于一个地区来说，称为地区生产总值或地区 GDP。

劳动者报酬 指劳动者因从事生产活动所获得的全部报酬。包括劳动者获得的各种形式的工资、奖金和津贴，既包括货币形式的，也包括实物形式的，还包括劳动者所享受的公费医疗和医药卫生费、上下班交通补贴、单位支付的社会保险费、住房公积金等。

生产税净额 指生产税减生产补贴后的余额。生产税指政府对生产单位从事生产、销售和经营活动以及因从事生产活动使用某些生产要素(如固定资产、土地、劳动力)所征收的各种税、附加费和规费。生产补贴与生产税相反，指政府对生产单位的单方面转移支出，因此视为负生产税，包括政策亏损补贴、价格补贴等。

固定资产折旧 指一定时期内为弥补固定资产损耗按照规定的固定资产折旧率提取的固定资产折旧，或按国民经济核算统一规定的折旧率虚拟计算的固定资产折旧。它反映了固定资产在当期生产中的转移价值。各类企业和企业化管理的事业单位的固定资产折旧是指实际计提的折旧费；不计提折旧的政府机关、非企业化管理的事业单位和居民住房的固定资产折旧是按照统一规定的折旧率和固定资产原值计算的虚拟折旧。原则上，固定资产折旧应按固定资产当期的重置价值计算，但是目前我国尚不具备对全社会固定资产进行重估价的基础，所以暂时只能采用上述办法。

营业盈余 指常住单位创造的增加值扣除劳动者报酬、生产税净额和固定资产折旧后的余额。它相当于企业的营业利润加上生产补贴，但要扣除从利润中开支的工资和福利等。

支出法国内生产总值 是从最终使用的角度反映一个国家(或地区)一定时期内生产活动最终成果的一种方法，包括最终消费支出、资本形成总额及货物和服务净出口三部分。计算公式为：

支出法国内生产总值=最终消费支出+资本形成总额+货物和服务净出口

最终消费支出 指常住单位为满足物质、文化和精神生活的需要，从本国经济领土和国外购买的货物和服务的支出。它不包括非常住单位在本国经济领土内的消费支出。最终消费支出分为居民消费支出和政府消费支出。

居民消费支出 指常住住户在一定时期内对于货物和服务的全部最终消费支出。居民消费支出除了直接以货币形式购买的货物和服务的消费支出外，还包括以其他方式获得的货物和服务的消费支出，即所谓的虚拟消费支出。居民虚拟消费支出包括如下几种类型：单位以实物报酬及实物转移的形式提供给劳动者的货物和服务；住户生产并由本住户消费了的货物和服务，其中的服务仅指住户的自有住房服务和付酬的家庭雇员提供的家庭和个人服务；金融机构提供的金融媒介服务。

政府消费支出 指政府部门为全社会提供的公共服务的消费支出和免费或以较低的价格向居民住户提供的货物和服务的净支出，前者等于政府服务的产出价值减去政府单位所获得的经营收入的价值，后者等于政府部门免费或以较低价格向居民住户提供的货物和服务的市场价值减去向住户收取的价值。

资本形成总额 指常住单位在一定时期内获得减去处置的固定资产和存货的净额，包括固定资本形成总额和存货增加两部分。

固定资本形成总额 指常住单位在一定时期内获得的固定资产减处置的固定资产的价值总额。固定资产是通过生产活动生产出来的，且其使用年限在一年以上、单位价值在规定标准以上的资产，不包括自然资产。可分为有形固定资本形成总额和无形固定资本形成总额。有形固定资本形成总额包括一定时期内完成的建筑工程、安装工程和设备工器具购置(减处置)价值，以及土地改良、新增役、种、奶、毛、娱乐用牲畜和新增经济林木价值。无形固定资本形成总额包括矿藏的勘探、计算机软件等获得减处置。

存货增加 指常住单位在一定时期内存货实物量变动的市场价值，即期末价值减期初价值的差额，再扣除当期由于价格变动而产生的持有收益。存货增加可以是正值，也可以是负值，正值表示存货上升，负值表示存货下降。存货包括生产单位购进的原材料、燃料和储备物资等存货，以及生产单位生产的产成品、在制品和半成品等存货。

货物和服务净出口 指货物和服务出口减货物和服务进口的差额。出口包括常住单位向非常住单位出售或无偿转让的各种货物和服务的价值；进口包括常住单位从非常住单位购买或无偿得到的各种货物和服务的价值。由于服务活动的提供与使用同时发生，一般把常住单位从非常住单位得到的服务作为进口，非常住单位从常住单位得到的服务作为出口。货物的出口和进口都按离岸价格计算。

人口数 指一定时点、一定地区范围内有生命的个人总和。

年度统计的年末人口数指每年12月31日24时的人口数。年度统计的全国人口总数内未包括香港、澳门特别行政区和台湾省以及海外华侨人数。

城镇人口和乡村人口 城镇人口是指居住在城镇范围内的全部常住人口；乡村人口是除上述人口以外的全部人口。

出生率(又称粗出生率) 指在一定时期内(通常为一年)一定地区的出生人数与同期内平均人数(或期中人数)之比，用千分率表示。本资料中的出生率指年出生率，其计算公式为：

$$出生率=\frac{年出生人数}{年平均人数}\times 1000‰$$

式中：出生人数指活产婴儿，即胎儿脱离母体时(不管怀孕月数)，有过呼吸或其他生命现象。年平均人数指年初、年底人口数的平均数，也可用年中人口数代替。

死亡率(又称粗死亡率) 指在一定时期内(通常为一年)一定地区的死亡人数与同期内平均人数(或期中人数)之比，用千分率表示。本资料中的死亡率指年死亡率，其计算公式为：

$$死亡率=\frac{年死亡人数}{年平均人数}\times 1000‰$$

人口自然增长率 指在一定时期内(通常为一年)人口自然增加数(出生人数减死亡人数)

与该时期内平均人数(或期中人数)之比，用千分率表示。计算公式为：

$$人口自然增长率=\frac{本年出生人数-本年死亡人数}{年平均人数}\times 1000‰$$

$$=人口出生率-人口死亡率$$

二、农　业

资料整理：董晓莉　同铁龙

资料校对：董晓莉　同铁龙

2.农　业

2016 年全市			
年末常用耕地面积	740.22 万亩	比上年增长	-2.4%
农林牧渔业总产值	418.69 亿元	比上年增长	5.3%
农作物播种面积	1024.13 万亩	比上年增长	0.7%
粮食产量	211.53 万吨	比上年增长	-2.6%
水果产量	327.21 万吨	比上年增长	5.4%

2-1 分县市区农业生产条件（2016年）

县市区	一、乡村人口和从业人员				二、农村基础设施		
	乡村户数（户）	乡村人口数（人）	乡村劳动力资源数（人）	乡村从业人员数（人）	自来水受益村数（个）	通有线电视村数（个）	通宽带村数（个）
渭南市	1051573	4085577	2595308	2233870	1967	2137	2122
临渭辖区	163306	639152	428011	330394	298	320	320
临渭区	141162	548163	366112	285164	261	281	281
高新区	904	3634	3441	3441		2	2
经开区	21240	87355	58458	41789	37	37	37
华州区	69832	265783	175752	142685	129	133	133
潼关县	26128	113289	72856	69010	28	28	28
大荔县	145996	572075	430298	373525	272	272	272
合阳县	98882	385653	234250	191665	215	215	215
澄城县	81478	327425	193553	182919	163	163	163
蒲城县	141677	495870	315943	284967	275	275	275
白水县	54517	208751	124895	103688	124	124	124
富平县	166741	666964	386839	353491	228	256	253
韩城市	59891	230615	133651	112126	125	241	230
华阴市	43125	180000	99260	89400	110	110	109

2-1 续表1

县市区	三、农业主要物质消耗							
	（一）农用化肥施用实物量（吨）	1. 氮肥（吨）	2. 磷肥（吨）	3. 钾肥（吨）	4. 复合肥（吨）	（二）农用化肥施用折纯量（吨）	1. 氮肥（吨）	2. 磷肥（吨）
渭南市	1861059	612933	319281	124869	803976	712513	245584	39282
临渭辖区	200795	88466	51069	9646	51614	66943	31353	6479
临渭区	175936	81630	43895	6189	44222	60557	30203	5273
高新区	370	142	63	41	124	126	47	20
经开区	24489	6694	7111	3416	7268	6260	1103	1186
华州区	72968	33570	16035	6636	16727	27035	13428	1925
潼关县	41479	15625	12287	2702	10865	11619	4602	1406
大荔县	228506	95036	28935	17695	86840	92142	36828	3709
合阳县	88690	37310	18516	8010	24854	24764	17512	2015
澄城县	91509	24711	20299	11096	35403	35307	8127	2487
蒲城县	186327	80121	57761	9316	39129	66327	35173	6931
白水县	164560	42120	41060	28950	52430	61610	15993	4927
富平县	723764	166722	66023	27591	463428	300944	70023	8582
韩城市	45141	17248	5642	2686	19565	18124	6881	631
华阴市	17320	12004	1654	541	3121	7698	5664	190

2-1 续表 2

县市区	三、农业主要物质消耗							
	3. 钾肥（吨）	4. 复合肥（吨）	（三）农用塑料薄膜使用（吨）	1. 地膜使用量（吨）	（四）地膜覆盖面积（亩）	（五）农用柴油使用量（吨）	（六）农药使用量（公斤）	（七）农村用电量（万千瓦时）
渭南市	59799	367848	14852	5131	1634594	344447	6415730	432206
临渭辖区	3701	25410	1614	138	62970	17157	472700	19320
临渭区	2965	22116	1612	136	57123	16685	471852	19237
高新区	13	46			34	110	749	83
经开区	723	3248	1	1	5813	362	99	
华州区	3318	8364	383	210	69680	6880	63623	3320
潼关县	912	4699	49	39	7020	2296	51122	2980
大荔县	8843	42762	2612	1423	428971	166845	1303797	31526
合阳县	3714	1523	951	750	249540	10812	285102	4598
澄城县	4936	19757	628	625	240810	7513	661702	8361
蒲城县	4658	19565	5509	947	289947	27193	1058408	22980
白水县	14475	26215	747	188	53710	12156	1225210	10962
富平县	13796	208543	1905	434	96341	80135	937436	45566
韩城市	1180	9432	209	162	54840	11680	249500	267900
华阴市	266	1578	245	215	80765	1780	107130	14693

2-2 分县市区耕地面积（2016 年）

单位：亩

县市区	一、年初耕地总资源	二、年内增加耕地	#新开荒地面积	园地改为耕地	三、年内减少耕地	#耕地改为园地	退耕还林还草占地	国家基建占地
渭南市	7918389	53248	24051	26508	251727	138030	55220	20812
临渭辖区	1040222	3150	317	2833	35130	3158	50	14316
临渭区	873991	3125	317	2808	16892	2612		14280
高新区	32032				17982	306	50	20
经开区	134199	25		25	256	240		16
华州区	359894				3083			3083
潼关县	173711	1020		1020	1786	795	901	90
大荔县	1262135	200	200		79263	78840		423
合阳县	939388	8873	339	8380	12040	5061	3317	2106
澄城县	710375	3445	120	3325				
蒲城县	1366455	7065	100	6890	50952		50952	
白水县	436718	5620	560	2600	48632	48376		256
富平县	1061715				16702			
韩城市	370036	22415	22415		2339			538
华阴市	197740	1460		1460	1800	1800		

2-2 续表 1

单位：亩

县市区	四、年末耕地总资源	(一)常用耕地面积	1. 水田	2. 旱地	#水浇地	(二)临时性耕地	#25 度以上的陡
渭南市	7719910	7402176	12346	7389830	4932772	317734	37321
临渭辖区	1008242	953202	6512	946690	416960	55040	728
临渭区	860224	858250	4532	853718	409362	1974	685
高新区	14050	13542	480	13062	7598	508	43
经开区	133968	81410	1500	79910		52558	
华州区	356811	356196		356196	242500	615	
潼关县	172945	159896		159896	83608	13049	
大荔县	1183072	1060376	800	1059576	1059576	122696	1189
合阳县	936221	874858	34	874824	453373	61363	6094
澄城县	713820	703267		703267	423071	10553	4720
蒲城县	1322568	1321400		1321400	1062000	1168	
白水县	393706	392471		392471	38566	1235	
富平县	1045013	1021521		1021521	781250	23492	979
韩城市	390112	370629	5000	365629	213158	19483	16891
华阴市	197400	188360		188360	158710	9040	6720

2-3　全市常用耕地面积（2010-2016 年）

单位：亩

年 份	常用耕地面积	水田	旱地	
				水浇地
2010	7815665	4890	7810775	4771678
2011	7824799	4566	7820233	4722245
2012	7821794	4566	7817228	4793809
2013	7791183	9566	7781617	4938644
2014	7667054	11666	7655388	4913979
2015	7580082	11666	7568416	4905157
2016	7402176	12346	7389830	4932772

2-4 分县市区主要农产品产量（2016 年）

单位：吨

县市区	粮食总产量			棉花总产量			油料总产量		
	2016 年	2015 年	±%	2016 年	2015 年	±%	2016 年	2015 年	±%
渭南市	2115296	2172652	-2.64	32229	36399	-11.46	72924	72976	-0.07
临渭辖区	342034	349473	-2.13	7141	7488	-4.63	6080	5642	7.76
临渭区	285341	291036	-1.96	7110	7459	-4.68	5136	5156	-0.39
高新区	3329	3603	-7.60				38	36	5.56
经开区	53364	54834	-2.68	31	29		906	450	
华州区	114575	117639	-2.60	355	502	-29.28	1668	1548	7.75
潼关县	44039	45339	-2.87	591	678	-12.83	4372	4213	3.77
大荔县	275547	286422	-3.80	2552	3686	-30.77	26470	22541	17.43
合阳县	203091	207610	-2.18	5721	5742	-0.37	5338	4380	21.87
澄城县	175766	174436	0.76	6110	7330	-16.64	10044	13168	-23.72
蒲城县	342191	352984	-3.06	8472	9130	-7.21	4473	4476	-0.07
白水县	109079	111623	-2.28				8041	9366	-14.15
富平县	360201	372374	-3.27	263	550	-52.18	3844	5139	-25.20
韩城市	68721	72576	-5.31	124	70	77.14	1411	1365	3.37
华阴市	80052	82176	-2.58	900	1223	-26.41	1183	1138	3.95

2-4 续表 1

单位：吨

县市区	水果产量			#苹果产量		
	2016 年	2015 年	±%	2016 年	2015 年	±%
渭南市	3272056	3105551	5.36	2049356	1991745	2.89
临渭辖区	292825	276404	5.94	74125	74276	-0.20
临渭区	244542	230424	6.13	62252	63104	-1.35
高新区	2564	2705	-5.21	103	172	-40.12
经开区	45719	43275	5.65	11770	11000	7.00
华州区	30329	28803	5.30	1714	1656	3.50
潼关县	12370	11890	4.04	8770	8867	-1.09
大荔县	626124	567819	10.27	190674	198708	-4.04
合阳县	393441	374898	4.95	298552	281313	6.13
澄城县	496514	482457	2.91	408468	393995	3.67
蒲城县	348539	332367	4.87	155915	154142	1.15
白水县	588074	564982	4.09	585904	562692	4.13
富平县	349734	337621	3.59	225842	220159	2.58
韩城市	124926	119560	4.49	99392	95857	3.69
华阴市	9180	8750	4.91		80	

2-5　全市主要农作物产品面积（2010-2016 年）

单位：亩

年 份	粮食	夏粮	小麦	秋粮	玉米	棉花	油料	油菜籽	花生
2010	8757611	4724337	4701206	4033274	3657560	671067	217979	25340	142538
2011	8070067	4727883	4709047	3342184	3033677	669772	467354	283228	137049
2012	7824569	4470617	4453053	3353952	3026681	6433477	444026	273319	128745
2013	7801965	4397117	4386005	3404848	3088944	495089	432590	277339	117617
2014	7694626	4390604	4376709	3304022	2982926	432681	444923	281958	130408
2015	7661560	4367214	4357300	3294346	2979228	381576	420656	271099	104786
2016	7622134	4350690	4346900	3271444	2973270	334488	428036	264581	111708

2-6　全市主要农作物产品产量（2010-2016 年）

单位：吨

年 份	粮食	夏粮	小麦	秋粮	玉米	棉花	油料	油菜籽	花生
2010	2641947	1262692	1259521	1379255	1310385	61501	256331	3294	32878
2011	2104660	1039253	1036802	1065407	1010733	60070	66322	29972	31151
2012	2243398	1127119	1122476	1116279	1049302	59365	69754	35064	29579
2013	2111684	970051	966895	1141633	1066857	53612	64907	32017	25516
2014	2060061	1040061	1037154	1020000	955153	40219	73583	36624	30418
2015	2172652	1148232	1146928	1024420	962171	36399	72976	40303	25527
2016	2115296	1110170	1109655	1005126	945555	32229	72924	36816	27995

2-7 分县市区农作物播种面积和产量（2016 年）

单位：亩、公斤、吨

县市区	全年农作物总播种面积	一、粮食			#夏粮			#秋粮		
		面积	单产	总产	面积	单产	总产	面积	单产	总产
渭南市	10241266	7622134	278	2115296	4350690	255	1110170	3271444	307	1005126
临渭辖区	1720718	1227286	279	342034	764166	281	214721	463120	275	127313
临渭区	1467784	992493	287	285341	644610	277	178628	347883	307	106713
高新区	20586	17761	187	3329	8271	279	2308	9490	108	1021
经开区	232348	217032	246	53364	111285	304	33785	105747	185	19579
华州区	733827	417158	275	114575	228866	258	59068	188292	295	55507
潼关县	266219	201313	219	44039	109151	239	26120	92162	194	17919
大荔县	1368946	919747	300	275547	519065	264	137033	400682	346	138514
合阳县	1037333	751463	270	203091	357125	198	70711	394338	336	132380
澄城县	829869	650058	270	175766	295603	214	63360	354455	317	112406
蒲城县	1604089	1241393	276	342191	879021	265	232786	362372	302	109405
白水县	530644	419988	260	109079	202560	211	42710	217428	305	66369
富平县	1436605	1199524	300	360201	676345	284	192081	523179	321	168120
韩城市	384036	319404	215	68721	198588	197	39160	120816	245	29561
华阴市	328980	274800	291	80052	120200	270	32420	154600	308	47632

2-7 续表 1

单位：亩、公斤、吨

县市区	(一)谷物			1. 小麦			2. 高粱		
	面积	单产	总产	面积	单产	总产	面积	单产	总产
渭南市	7337984	281	2059092	4346900	255	1109655	3940	349	1377
临渭辖区	1163366	286	333283	764166	281	214721			
临渭区	934385	298	278299	644610	277	178628			
高新区	17435	189	3299	8271	279	2308			
经开区	211546	244	51685	111285	304	33785			
华州区	397244	275	109072	228866	258	59068	6	333	2
潼关县	185069	223	41257	109151	239	26120			
大荔县	902674	301	271296	519065	264	137033			
合阳县	728282	271	197042	357125	198	70711			
澄城县	593669	282	167637	292813	215	62955			
蒲城县	1216748	278	337820	878021	265	232676			
白水县	401250	261	104546	202560	211	42710	405	284	115
富平县	1174682	301	353044	676345	284	192081			
韩城市	306200	215	65726	198588	197	39160	3529	357	1260
华阴市	268800	292	78369	120200	270	32420			

2-7 续表 2

单位：亩、公斤、吨

县市区	3. 玉米			4. 谷子			5. 其它谷物		
	面积	单产	总产	面积	单产	总产	面积	单产	总产
渭南市	2973270	318	945555	8954	201	1796	4920	927	709
临渭辖区	399200	297	118562						
临渭区	289775	344	99671						
高新区	9164	108	991						
经开区	100261	179	17900						
华州区	168302	297	49977				70	357	25
潼关县	75463	199	15041	455	211	96			
大荔县	383609	350	134263						
合阳县	366710	342	125415	4447	206	916			
澄城县	295629	351	103765	2437	210	512	2790	145	405
蒲城县	337727	311	105034				1000	110	110
白水县	196565	313	61436	960	169	162	760	162	123
富平县	498337	323	160963						
韩城市	103128	244	25150	655	168	110	300	153	46
华阴市	148600	309	45949						

2-7 续表 3

单位：亩、公斤、吨

县市区	#大麦			(二)豆类			1. 大豆		
	面积	单产	总产	面积	单产	总产	面积	单产	总产
渭南市	1520	149	226	199860	117	23473	136279	132	18031
临渭辖区				59564	123	7314	53742	126	6771
临渭区				55459	114	6306	49877	116	5775
高新区				270	48	13	30	33	1
经开区				3835	259	995	3835	259	995
华州区				13138	141	1852	10228	150	1534
潼关县				12119	44	532	4864	63	306
大荔县				6090	117	713	4538	128	581
合阳县	340	200	68	11124	120	1335	2941	131	385
澄城县				50443	122	6152	30869	136	4198
蒲城县	1180	134	158	15203	83	1265	5115	109	558
白水县				14630	144	2108	13050	152	1984
富平县				7370	120	883	5347	127	679
韩城市				7479	135	1010	4585	196	900
华阴市				2700	114	309	1000	135	135

2-7 续表 4

单位：亩、公斤、吨

县市区	2. 绿豆			(三) 薯类			#马铃薯		
	面积	单产	总产	面积	单产	总产	面积	单产	总产
渭南市	38727	79	3041	84290	388	32731	12834	387	4972
临渭辖区	3001	84	252	4356	330	1437	1419	284	403
临渭区	2761	87	240	2649	278	736	578	213	123
高新区	240	50	12	56	304	17	56	304	17
经开区				1651	414	684	785	335	263
华州区	2387	110	263	6776	539	3651	2071	400	828
潼关县	6627	33	219	4125	545	2250	2001	659	1318
大荔县	1552	85	132	10983	322	3538	2251	346	779
合阳县	1882	89	168	12057	391	4714			
澄城县	15572	91	1417	5946	332	1977	725	257	186
蒲城县	3863	64	247	9442	329	3106			
白水县	1580	78	124	4108	590	2425			
富平县	223	85	19	17472	359	6274	889	286	254
韩城市	540	93	50	5725	347	1985	1678	364	610
华阴市	1500	100	150	3300	416	1374	1800	330	594

2-7 续表 5

单位：亩、公斤、吨

县市区	二、油料			1. 油菜籽			2. 花生		
	面积	单产	总产	面积	单产	总产	面积	单产	总产
渭南市	428036	170	72924	264581	139	36816	111708	251	27995
临渭辖区	43212	141	6080	17601	191	3369	5326	125	669
临渭区	40125	128	5136	15936	164	2615	3912	122	479
高新区	1036	37	38	235	145	34	801	5	4
经开区	2051	442	906	1430	503	720	613	303	186
华州区	16742	100	1668	16420	98	1609	210	186	39
潼关县	31654	138	4372	16594	156	2586	5026	155	779
大荔县	100912	262	26470	2340	205	480	89623	262	23494
合阳县	34529	155	5338	21098	115	2426	7998	247	1979
澄城县	61949	162	10044	58500	145	8482	1518	484	735
蒲城县	37130	120	4473	36230	121	4378	900	106	95
白水县	53770	150	8041	48786	148	7220	281	278	78
富平县	28472	135	3844	28472	135	3844			
韩城市	9216	153	1411	8790	154	1350	426	143	61
华阴市	10450	113	1183	9750	110	1072	400	165	66

2-7 续表 6

单位：亩、公斤、吨

县市区	三、棉花			四、蔬菜		五、瓜类	
	面积	单产	总产	面积	总产	面积	总产
渭南市	334488	96	32229	1244323	2701945	536977	1371000
临渭辖区	83929	85	7141	302909	645411	63100	342084
临渭区	83574	85	7110	292434	612721	58876	323797
高新区				1049	1800	740	1462
经开区	355	87	31	9426	30890	3484	16825
华州区	3285	108	355	282256	578822	12865	31451
潼关县	9846	60	591	16450	40083	3854	7872
大荔县	24609	104	2552	159191	405805	162505	298132
合阳县	65012	88	5721	104557	193462	53214	90206
澄城县	50080	122	6110	40186	64637	15833	20046
蒲城县	84719	100	8472	83988	157767	154199	340160
白水县				38860	75178	18026	37718
富平县	2100	125	263	140178	352897	41331	141831
韩城市	908	137	124	53748	134608	650	2475
华阴市	10000	90	900	22000	53275	11400	59025

2-7 续表 7

单位：亩、公斤、吨

县市区	其中：西瓜		甜瓜		六、药材类面积	七、其它农作物面积
	面积	总产	面积	总产		
渭南市	381039	1009560	141921	306353	35289	40019
临渭辖区	50260	286833	11607	52355	72	210
临渭区	47210	272734	11173	50114	72	210
高新区						
经开区	3050	14099	434	2241		
华州区	7290	23328	1820	3640	1518	3
潼关县	2465	7089	435	431	3102	
大荔县	137600	228408	24900	32692		1982
合阳县	52874	90130	210	45	17524	11034
澄城县	15319	18285	506	1732	10413	1350
蒲城县	82627	237950	68542	101990	2660	
白水县	13418	29117	876	968		
富平县	7886	28560	33025	112500		25000
韩城市	300	1360				110
华阴市	11000	58500				330

2-8 分县市区水果生产情况（2016 年）

县市区	水果产量（吨）					
	合计	苹果	梨	桃	猕猴桃	葡萄
渭南市	3272056	2049356	444367	141523	5802	237373
临渭辖区	292825	74125	69019	28131	2889	84239
临渭区	244542	62252	64226	13451	2889	69386
高新区	2564	103	23	479		1773
经开区	45719	11770	4770	14201		13080
华州区	30329	1714	11519	12081	1963	575
潼关县	12370	8770	238	550	370	890
大荔县	626124	190674	98150	57187		45700
合阳县	393441	298552	27900	8363		52365
澄城县	496514	408468	50385	10119		10262
蒲城县	348539	155915	155077	1313		30111
白水县	588074	585904		53		621
富平县	349734	225842	30996	8304		5955
韩城市	124926	99392	913	14322		3405
华阴市	9180		170	1100	580	3250

2-8 续表 1

县市区	水果产量（吨）					
	红枣	柿子	杏	石榴	樱桃	其他
渭南市	221654	114545	25518	652	11036	20230
临渭辖区	24985	1384	2793		1095	4165
临渭区	24985	1312	1648		1095	3298
高新区		72	65			49
经开区			1080			818
华州区	67	1035	1095		175	105
潼关县	174	776	530	72		
大荔县	188461	15260	15296		36	15360
合阳县	85	4427	723	271	755	
澄城县	2558	8517	682		5423	100
蒲城县	3780	1530	665		148	
白水县	543	865	51		37	
富平县	513	76636	588	214	336	350
韩城市	218	3765	2685	95	131	
华阴市	270	350	410		2900	150

2-8 续表 2

县市区	水果面积（亩）					
	年末水果面积	当年新增	当年采摘	苹果面积	当年新增	当年采摘
渭南市	3001864	150731	2567694	1622016	66564	1421222
临渭辖区	332364	7644	315286	34817		34817
临渭区	305264	7636	288341	29712		29712
高新区	1922	3	1852	117		117
经开区	25178	5	25093	4988		4988
华州区	34167	1575	22720	860	32	828
潼关县	11442		6232	6575		3198
大荔县	476545	63642	409481	85604		85604
合阳县	354563	24980	305963	201170	15482	183409
澄城县	494267		424280	411237		367092
蒲城县	504142		394301	230587		178286
白水县	392704	48376	332701	389070	48336	329620
富平县	294270		255516	184586		163572
韩城市	96775	2714	92989	77510	2714	74796
华阴市	10625	1800	8225			

2-8 续表 3

县市区	水果面积（亩）					
	梨面积	当年新增	当年采摘	葡萄面积	当年新增	当年采摘
渭南市	322278	522	278142	361840	9605	313470
临渭辖区	33168	5	33083	165306	4339	155190
临渭区	31277		31277	149981	4339	139865
高新区	11		11	1394		1394
经开区	1880	5	1795	13931		13931
华州区	9635	124	9520	582	45	582
潼关县	84		84	1072		720
大荔县	38287		38197	25733	962	24191
合阳县	21979	393	19481	84269	3159	71952
澄城县	22212		22212	16618		10700
蒲城县	183320		143471	53267		38269
白水县				852		810
富平县	13173		11674	5548		3653
韩城市	320		320	3093		3003
华阴市	100		100	5500	1100	4400

2-8 续表 4

县市区	水果面积（亩）					
	桃面积	当年新增	当年采摘	红枣面积	当年新增	当年采摘
渭南市	175692	15199	132094	300281	50648	244019
临渭辖区	16774		15704	44896		43254
临渭区	12883		11813	44896		43254
高新区	192		192			
经开区	3699		3699			
华州区	14237	1352	8054	58		58
潼关县	125		125	390		260
大荔县	71825	8318	61693	225610	50648	174452
合阳县	31714	4919	23293	2563		1330
澄城县	17035		4220	4876		4876
蒲城县	7406		7207	19200		17101
白水县	317	10	230	1200		1200
富平县	5903		3074	503		503
韩城市	8456		7794	685		685
华阴市	1900	600	700	300		300

2-8 续表 5

县市区	水果面积（亩）					
	杏面积	当年新增	当年采摘	柿子面积	当年新增	当年采摘
渭南市	23817	2051	20447	114315	1481	101689
临渭辖区	1418		1296	1468		1226
临渭区	1153		1031	1310		1135
高新区	35		35	158		91
经开区	230		230			
华州区	718		718	675		650
潼关县	126		60	1986		1120
大荔县	12232	1951	9864	8123	1481	6638
合阳县	880		761	3652		3423
澄城县	1908		1908	6130		6130
蒲城县	3100		2809	7150		7050
白水县	551		345	479		430
富平县	563		560	80232		70777
韩城市	2021		1926	3820		3645
华阴市	300	100	200	600		600

2-8 续表 6

县市区	水果面积（亩）					
	猕猴桃面积	当年新增	当年采摘	石榴面积	当年新增	当年采摘
渭南市	40364	3297	31643	1268		908
临渭辖区	32275	3297	28958			
临渭区	32275	3297	28958			
高新区						
经开区						
华州区	7010		2010			
潼关县	754		350	330		315
大荔县						
合阳县				183		130
澄城县						
蒲城县						
白水县						
富平县				605		313
韩城市				150		150
华阴市	325		325			

2-8 续表 7

县市区	水果面积（亩）					
	樱桃面积	当年新增	当年采摘	其它水果面积	当年新增	当年采摘
渭南市	29020	1361	13810	10973	3	10250
临渭辖区	898		698	1344	3	1060
临渭区	898		698	879		598
高新区				15	3	12
经开区				450		450
华州区	292	22	200	100		100
潼关县						
大荔县	533	282	244	8598		8598
合阳县	8153	1027	2184			
澄城县	13770		7100	481		42
蒲城县	112		108			
白水县	235	30	66			
富平县	2807		1040	350		350
韩城市	720		670			
华阴市	1500		1500	100		100

2-9 全市水果面积（2010-2016 年）

单位：亩

年 份	水果面积	苹果	梨	桃	猕猴桃	葡萄
2010	2213806	1407212	262516	67959	48965	157773
2011	2356321	1451737	277464	74874	47600	181365
2012	2488196	1499123	288924	85705	42197	224343
2013	2604439	1523512	316026	99662	39914	261630
2014	2748831	1524945	316744	137411	40248	310304
2015	2875018	1577923	326072	154728	39573	346105
2016	3001864	1622016	322278	175692	40364	361840

2-9 续表 1

单位：亩

年 份	水果面积					
	红枣	柿子	杏	石榴	樱桃	其它
2010	132345	95699	21191	195	4492	15459
2011	170882	102116	21058	463	5753	23009
2012	185313	108807	22438	463	7487	23396
2013	195173	111744	22145	848	9754	24031
2014	248385	112938	22906	903	17262	16785
2015	252549	113240	23485	972	23270	17101
2016	300281	114315	23817	1268	29020	10973

2-10 全市水果产量（2010-2016 年）

单位：吨

年 份	水果产量					
		苹果	梨	桃	猕猴桃	葡萄
2010	2542490	1826027	351897	74116	1647	75736
2011	2738925	1929095	362822	91084	3506	99928
2012	2820252	1949679	392363	99413	3797	112141
2013	2830857	1929175	396036	102176	1852	131438
2014	2920632	1937295	423420	110075	3749	147105
2015	3105551	1991745	422232	133820	4562	212959
2016	3272056	2049356	444367	141523	5802	237373

2-10 续表 1

单位：吨

年 份	水果产量					
	红枣	柿子	杏	石榴	樱桃	其它
2010	96605	84835	14920	162	2124	14421
2011	125690	90018	18267	155	2765	15595
2012	131942	92028	20002	155	3006	15726
2013	137266	90953	20789	158	3882	17132
2014	149915	102960	25591	219	4823	15480
2015	155350	111535	24915	593	9470	38370
2016	221654	114545	25518	652	11036	20230

2-11 全市畜牧业生产情况（2010-2016 年）

指 标	2010 年	2011 年	2012 年	2013 年	2014 年	2015 年	2016 年
一、牲畜年末头数							
（一）大牲畜（头）	283822	278084	285994	285580	292709	278706	273200
1. 牛	282236	276747	282774	284534	291773	277801	272621
#奶牛	94700	99967	105635	108214	115025	114634	116698
2. 马	363	394	362	319	290	274	126
3. 驴	558	362	272	226	220	197	236
4. 骡	665	581	515	501	446	434	217
（二）猪存栏数（头）	1820506	2107015	2164338	2163087	2111326	2031970	1990152
#母猪	224510	198104	223716	236158	229564	226705	215343
（三）羊存栏数（只）	791325	969411	981651	1027421	1055561	1075718	1058550
1. 山羊	581396	609423	614722	634914	656159	666396	667334
#奶山羊	457122	500243	507743	537149	549439	569036	562797
2. 绵羊	209929	359988	366929	392507	399402	409322	391216
（四）家禽存栏数（万只）	904.33	1030.98	1132.61	1199.93	1189.50	1203.54	1183.83
（五）养蜂箱数（箱）	18690	19851	18424	20120	20686	21605	22801
（六）家兔存栏数（万只）	14.43	30.79	47.66	37.77	40.33	40.28	32.18
二、畜产品产量							
（一）肉类总产量（吨）	178342	196762	206230	215707	222017	220137	217338
#猪肉	145636	158926	167395	175154	181356	177811	177142
牛肉	10606	12500	12863	13104	12860	12824	12722
羊肉	8440	9257	9619	10176	10481	10591	10389
（二）奶类产量（万吨）	335594	363871	378295	392582	402279	403968	396424
#牛奶	221499	230575	232135	246145	251677	403968	247946
（三）山羊毛产量（吨）	219	30	36	34	35	18	18
#羊绒产量（公斤）	13454	11830	10916	5000	5000	6000	6000
（四）绵羊毛产量（吨）	505	405	460	462	469	227	129
（五）禽蛋产量（吨）	85662	97722	100370	105196	105138	108352	110172
（六）蜂蜜产量（公斤）	317606	279346	285994	331624	332190	341439	371430

2-12 分县市区牲畜存栏情况（2016 年）

县市区	大牲畜年末头数（头）	牛（头）	奶牛	马（匹）	驴（头）	骡（头）	家禽（万只）
渭南市	273200	272621	116698	126	236	217	1183.83
临渭辖区	80634	80634	29654				252.43
临渭区	77116	77116	28409				242
高新区	398	398	140				2.03
经开区	3120	3120	1105				8.4
华州区	9875	9875	1150				85
潼关县	4862	4862	65				14.43
大荔县	48542	48542	12952				145.23
合阳县	39657	39430	34928	45	140	42	62.4
澄城县	3975	3750	65	40	65	120	84
蒲城县	23194	23194	10436				203.16
白水县	10210	10210	340				36.56
富平县	32169	32169	20050				202.32
韩城市	11072	10945	598	41	31	55	59.3
华阴市	9010	9010	6460				39

2-12 续表 1

县市区	猪年末头数（头）	母猪	羊（只）	山羊	奶山羊	蜂（箱）	兔（万只）
渭南市	1990152	215343	1058550	667334	562797	22801	32.18
临渭辖区	261557	36300	112570	105530	94152	2898	20.13
临渭区	247050	33022	105348	98918	94152	2898	20.13
高新区	4857	1048	742	692			
经开区	9650	2230	6480	5920			
华州区	69321	9520	25656	22921	6350	960	0.75
潼关县	66653	4176	7682	6508		2586	1.89
大荔县	346985	36958	235843	16258			
合阳县	115861	17913	55093	16542	5984	2614	2.94
澄城县	578457	42475	37623	3430	312	130	0.25
蒲城县	142930	18632	82941	58189	46793	2461	4.92
白水县	167620	15860	44850	39988	37865	1592	
富平县	144213	19017	370063	370063	370063	6200	
韩城市	75455	11892	64759	23105	1278	2850	1
华阴市	21100	2600	21470	4600		510	0.3

2-13 分县市区牲畜出栏情况（2016年）

县市区	一、出栏大牲畜头数（头）	牛	马	驴	骡
渭南市	79824	79667	52	59	46
临渭辖区	28145	28145			
临渭区	26098	26098			
高新区	567	567			
经开区	1480	1480			
华州区	3800	3800			
潼关县	1779	1779			
大荔县	16743	16743			
合阳县	2946	2875	27	33	11
澄城县	4642	4642			
蒲城县	4126	4126			
白水县	3580	3580			
富平县	7579	7579			
韩城市	4417	4331	25	26	35
华阴市	2067	2067			

2-13 续表 1

县市区	二、出栏猪（头）	三、出栏羊（只）	出栏山羊	四、出栏家禽（万只）	五、出栏兔（万只）
渭南市	2488307	636575	342936	987.49	21.53
临渭辖区	330502	60658	56687	234.14	3.64
临渭区	308562	52834	49241	206.94	3.64
高新区	13630	3004	2876	8.1	
经开区	8310	4850	4600	19.1	
华州区	91461	17170	15082	51	0.5
潼关县	89775	5112	4205	15.61	2.3
大荔县	394611	193234	17178	139.2	
合阳县	137457	35701	13639	40.07	2.22
澄城县	743188	42259	4800	71	
蒲城县	176928	47390	39031	142.7	9.17
白水县	215370	30412	26068	17.4	
富平县	166207	148392	148392	193.87	
韩城市	103541	43617	15636	45.7	3.1
华阴市	39267	12630	2550	36.8	0.6

2-14 分县市区主要畜产品产量（2016 年）

县市区	肉类总产量（吨）					禽蛋（吨）	蜂蜜（吨）
		猪肉	牛肉	羊肉	禽肉		
渭南市	217338	177142	12722	10389	16307	110172	371430
临渭辖区	33165	23562	4808	1063	3590	32239	47985
临渭区	31275	22060	4501	923	3730	30955	47985
高新区	1130	881	81	52	106	453	
经开区	1320	621	226	88	314	831	
华州区	8139	6457	595	275	798	4839	17280
潼关县	7068	6428	258	87	251	1114	60855
大荔县	37150	28849	2499	3158	2514	18821	
合阳县	11548	9447	433	575	744	4598	21289
澄城县	55271	52739	730	666	1131	10057	1000
蒲城县	17123	13270	660	873	2182	6124	67309
白水县	16386	15156	501	472	254	1547	21560
富平县	19180	11988	1216	2470	3506	22723	101342
韩城市	9493	7337	723	652	690	3680	30950
华阴市	3952	2766	327	190	657	4430	1860

2-14 续表 1

县市区	奶类产量（吨）			山羊毛（吨）		绵羊毛（吨）
		牛奶	羊奶		山羊绒	
渭南市	396424	247946	148478	18	6	129
临渭辖区	114774	78298	36476	4	1	3
临渭区	111562	76462	35100	4	1	3
高新区	1642	478	1164			
经开区	1570	1358	212			
华州区	3668	2675	993			5
潼关县	166	166				
大荔县	22327	13197	9130			37
合阳县	56856	55027	1829			15
澄城县	450	240	210	2		21
蒲城县	42358	21649	20709			25
白水县	2208	574	1634			
富平县	138864	60720	78144			
韩城市	1933	1465	468	12	5	18
华阴市	14820	13935	885			5

2-15 全市农林牧渔业增加值及其增长速度（2010-2016 年）

单位：万元、%

指 标	2010 年		2011 年		2012 年	
	增加值	增速	增加值	增速	增加值	增速
总计	1289434	7.3	1604700	7.0	1799982	6.1
农业	940908	6.6	1094567	6.0	1222358	4.8
林业	21035	-10.0	27215	8.8	35328	2.1
牧业	261724	12.4	399882	9.4	442921	2.1
渔业	8512	13.5	11056	8.8	14805	16.1
农林牧渔服务业	57255	3.7	71980	12.1	84570	10.1

2-15 续表 1

单位：万元、%

指 标	2013 年		2014 年		2015 年		2016 年	
	增加值	增速	增加值	增速	增加值	增速	增加值	增速
总计	2023766	4.7	2172991	5.0	2245196	5.4	2363306	4.2
农业	1404933	4.5	1534671	5.3	1580744	6.9	1652945	4.8
林业	38669	11.4	41168	4.3	37517	-7.6	38733	14.5
牧业	470693	4.3	476444	3.1	493381	0.5	524076	0.6
渔业	16600	7.8	19346	17.0	27557	48.7	32338	14.4
农林牧渔服务业	92881	7.8	101362	7.2	105997	2.6	115214	6.3

2-16 分县市区农林牧渔业增加值（2016 年）

单位：万元

县市区	农林牧渔业	农业	林业	牧业	渔业	农林牧渔服务业	农林牧渔业增加值比上年增长（%）
渭南市	2363306	1652945	38733	524076	32338	115214	4.2
临渭辖区	381341	277184	3537	86160	804	13656	4.2
临渭区	353656	253688	3349	82208	804	13607	4.3
高新区	3219	1789	21	1360		49	-0.3
经开区	24466	21707	167	2592			3.2
华州区	102817	83070	2050	14986	429	2282	4.0
潼关县	38830	23722	1330	11053	467	2258	3.6
大荔县	348754	230127	607	87017	19701	11302	4.7
合阳县	201140	145021	4992	35163	6620	9344	4.5
澄城县	225069	117128	2588	93238			4.0
蒲城县	280276	209891	2935	40889	855	25706	3.8
白水县	255323	211346	2244	36023	135	5575	4.6
富平县	297754	187470	12503	84309	145	13327	3.9
韩城市	167732	123843	4251	23095	680	15863	4.1
华阴市	64270	44143	1696	12143	2502	3786	3.7

注：本表按当年价格计算，增长速度按可比价计算。

2-17 全市农林牧渔业总产值（2010-2016 年）

单位：万元

年 份	农林牧渔业总产值	农业	林业	牧业	渔业	农林牧渔服务业
2010	2276063	1671767	35564	457781	14801	96150
2011	2837132	1982169	47430	672839	18028	116666
2012	3180016	2218068	62628	737765	25094	136461
2013	3575357	2538700	69029	789021	28192	150415
2014	3844624	2776511	73313	797990	32788	164022
2015	3975370	2856867	68579	826524	47458	175942
2016	4186945	2989424	71559	877282	56248	192432

2-18 全市农林牧渔业总产值指数（2010-2016 年）

上年=100

年 份	农林牧渔业总产值	农业	林业	牧业	渔业	农林牧渔服务业
2010	107.5	100.7	126.0	108.5	119.8	105.5
2011	107.3	106.0	115.7	110.5	106.0	113.0
2012	106.1	105.8	108.8	105.7	120.5	111.6
2013	104.9	101.3	110.7	104.8	108.0	108.2
2014	104.4	103.5	107.6	106.2	116.8	107.2
2015	105.5	106.7	94.9	100.6	151.1	105.3
2016	104.3	104.8	115.7	100.5	115.6	107.2

注：本表按可比价格计算。

2-19 分县市区农林牧渔业总产值（2016 年）

单位：万元

县市区	农林牧渔业总产值	农业	林业	牧业	渔业	农林牧渔服务业
渭南市	4186945	2989424	71559	877282	56248	192432
临渭辖区	687069	493244	7287	160657	1413	24468
临渭区	638221	452239	6938	153241	1413	24390
高新区	5730	3115	31	2506		78
经开区	43118	37890	318	4910		
华州区	179231	143102	3560	27894	739	3936
潼关县	69086	42252	2661	19296	876	4001
大荔县	630040	446853	4440	122589	32600	23558
合阳县	363275	264355	8347	60421	13287	16865
澄城县	402459	236236	4117	147179		14927
蒲城县	479333	360514	4961	69065	1475	43318
白水县	437159	369531	3456	56658	218	7296
富平县	520442	325888	20810	153191	243	20310
韩城市	305760	231952	8180	36128	1197	28303
华阴市	113091	75497	3740	24204	4200	5450

2-20　全市农林牧渔业分项产值（2010-2016 年）

单位：万元

指 标	2010 年	2011 年	2012 年
农林牧渔业总产值	2276063	2837132	3180016
一、农业产值	1671767	1982169	2218068
（一）谷物及其他作物	629320	560659	633558
1. 谷物	502932	424968	468144
#小麦	255297	213982	245049
稻谷			
玉米	247485	208500	222142
2. 豆类	15725	14240	13016
#大豆	10711	9087	9410
3. 薯类	5351	5770	8788
4. 油料	36703	40285	47808
#花生	17566	18438	21745
油菜籽	14644	14594	18890
5. 棉花	64560	66212	83585
6. 麻类			
7. 糖料			
8. 烟草	1731	2095	2268
9. 其他农作物	2318	7089	9949
#饲料作物	510	530	392
（二）蔬菜食用菌及花卉盆景园艺产品	254772	356261	459580
1. 蔬菜（含菜用瓜）	250684	346226	449746
2. 食用菌	3766	9746	9552
3. 花卉	222	109	92
4. 盆景园艺	100	180	190
（三）水果.坚果茶叶和香料	785517	1062460	1110995
1. 水果（含果用瓜）	690791	928946	972550
①园林水果	569401	752178	769301
#苹果	408893	482762	530234
梨	64397	62223	84211
柑桔			
猕猴桃	15416	16951	1409
②果用瓜类	121390	176768	203249

2-20 续表 1

单位：万元

指 标	2010 年	2011 年	2012 年
2. 坚果	15850	19712	20349
#核桃		18726	18664
板栗		534	641
松子		452	620
3. 茶叶			
4. 香料作物	78876	113802	118096
#花椒		110944	118096
（四）中药材	2158	2789	13935
二、林业产值	35564	47430	62628
(一) 林木的培育和种植	34254	47054	60996
1. 育种育苗	3574	4856	10061
2. 造林	12059	15989	23264
3. 抚育和管理	18621	26209	27671
(二) 竹木采运	1300	366	1632
#村及村以下	175	180	10
(三) 林产品	10	10	
三、牧业产值	457781	672839	737765
(一) 牲畜的饲养	170913	220299	239674
1. 牛的饲养	49377	70942	57317
2. 羊的饲养	33393	36546	52328
3. 其他牲畜饲养	228	173	214
4. 奶产品	86658	112187	128937
#牛奶	36131	69374	78113
5. 毛绒产品	1257	451	878
#羊毛	1221	399	658
山羊绒	16	52	40
(二) 猪的饲养	208986	353431	390263
(三) 家禽饲养	77096	98181	105301
1. 肉禽	18900	22404	21375
2. 禽蛋	58196	75777	83926
(四) 狩猎和捕捉动物		8	
(五) 其它畜牧业	786	920	2527
#蚕茧			
家兔	239	415	695
四、渔业产值	14801	18028	25094
#养殖	14801	18028	24474
1. 鱼类	14787	17872	25012
2. 甲壳类			
3. 贝类		21	
4. 其它	14	135	82
五、农林牧渔服务业产值	96150	116666	136461

2-20 续表 2

单位：万元

指 标	2013 年	2014 年	2015 年	2016 年
农林牧渔业总产值	3575357	3844624	3975370	4186945
一、农业产值	2538700	2776511	2856867	2989424
（一）谷物及其他作物	679104	604543	589604	554841
1. 谷物	482803	460001	456659	420682
#小麦	239108	247366	283187	250752
稻谷				
玉米	242961	210456	172192	165983
2. 豆类	33800	14144	14314	12632
#大豆	5439	6354	8305	8590
3. 薯类	11750	10099	11669	11408
4. 油料	41706	46740	45826	50603
#花生	15556	19866	13820	17562
油菜籽	16225	17889	26444	27401
5. 棉花	91148	57834	44937	43383
6. 麻类				
7. 糖料				
8. 烟草	2106	5		
9. 其他农作物	15791	15720	16199	16133
#饲料作物	424	452	269	158
（二）蔬菜食用菌及花卉盆景园艺产品	508838	554524	586617	652308
1. 蔬菜（含菜用瓜）	496423	545088	573976	639086
2. 食用菌	12040	9025	12218	12796
3. 花卉	115	126	110	83
4. 盆景园艺	260	285	313	343
（三）水果. 坚果茶叶和香料	1338382	1608291	1674743	1775565
1. 水果（含果用瓜）	1165426	1402591	1409133	1487966
①园林水果	885009	1058995	1114851	1173156
#苹果	589942	708323	681837	667488
梨	99207	115674	128220	121654
柑桔				
猕猴桃	2466	2616	3357	3609
②果用瓜类	280417	343596	294282	314810

2-20 续表 3

单位：万元

指 标	2013 年	2014 年	2015 年	2016 年
2. 坚果	27042	30185	36140	39768
#核桃	25770	28512	33535	37144
板栗	672	792	627	928
松子	600	881	638	640
3. 茶叶				
4. 香料作物	145914	175515	229470	247831
#花椒	139374	175515	229470	247831
（四）中药材	12376	9153	5903	6710
二、林业产值	69029	73313	68579	71559
(一)林木的培育和种植	68105	73149	68187	71294
1. 育种育苗	9955	10405	7421	5445
2. 造林	27676	29112	40648	52791
3. 抚育和管理	30474	33632	20118	13058
(二)竹木采运	924	164	392	265
#村及村以下	55	144	20	53
(三)林产品				
三、牧业产值	789021	797990	826524	877282
(一)牲畜的饲养	283096	300927	318626	305338
1. 牛的饲养	59987	67998	77259	78765
2. 羊的饲养	78388	70608	74918	73222
3. 其他牲畜饲养	179	173	261	39
4. 奶产品	143888	161731	165782	152637
#牛奶	64624	118074	113752	84897
5. 毛绒产品	654	417	406	675
#羊毛	369	305	291	441
山羊绒	10	2	3	3
(二)猪的饲养	383202	377998	381672	448343
(三)家禽饲养	120174	117712	123536	120962
1. 肉禽	32105	32566	28009	29873
2. 禽蛋	88069	85146	95527	91089
(四)狩猎和捕捉动物				
(五)其它畜牧业	2549	1353	2690	2639
#蚕茧				
家兔	862	852	663	682
四、渔业产值	28192	32788	47458	56248
#养殖	20489	32788	47458	56248
1. 鱼类	28187	30440	42658	50968
2. 甲壳类	5	2348	4800	5180
3. 贝类				
4. 其它				100
五、农林牧渔服务业产值	150415	164022	175942	192432

主要统计指标解释

农林牧渔业总产值 指以货币表现的农、林、牧、渔业全部产品和对农林牧渔业生产活动进行的各种支持性服务活动的价值总量，它反映一定时期内农林牧渔业生产总规模和总成果。1957 年以前的农林牧渔业总产值中包括了厩肥和农民自给性手工业(如农民自制衣服、鞋、袜，自己从事粮食初步加工等)。1958 年及以后，林业中增加了村及村以下竹木采伐产值；牧业中取消了厩肥产值；副业中取消了农民自给性手工业产值，增加了村及村以下办的工业产值； 渔业中增加了海洋捕捞水产品产值。1980 年及以后，在副业中增加了农民家庭兼营工业商品部分的产值。从 1984 年起村及村以下工业产值划归工业。从 1993 年起取消副业，将野生动物的捕猎划入牧业，野生植物采集和农民家庭兼营商品性工业划归农业。从 2003 年起，执行新的国民经济行业分类标准，农林牧渔业总产值中包括了农林牧渔服务业产值。林业中增加了森林采运业产值。农业中取消了家庭兼营商品性工业产值，将野生林产品的采集划归林业。第一次农业普查以后，由于畜牧业产品年报数据与普查数据之间存在一定的差距，根据农业普查结果对畜牧业年报数据进行了修正，对畜牧业产值进行了相应修正。

农林牧渔业总产值的计算方法通常是按农、林、牧、渔业产品及其副产品的产量分别乘以各自单位产品价格求得；少数生产周期较长，当年没有产品或产品产量不易统计的，则采用间接方法匡算其产值；然后将四业产品产值及农林牧渔服务业产值相加即为农林牧渔业总产值。

粮食产量 指全社会的产量。包括国有经济经营的、集体统一经营的和农民家庭经营的粮食产量，还包括工矿企业办的农场和其他生产单位的产量。粮食除包括稻谷、小麦、玉米、高粱、谷子及其他杂粮外，还包括薯类和豆类。其产量计算方法，豆类按去豆荚后的干豆计算；薯类(包括甘薯和马铃薯，不包括芋头和木薯)1963 年以前按每 4 公斤鲜薯折 1 公斤粮食计算，从 1964 年开始改为按 5 公斤鲜薯折 1 公斤粮食计算。城市郊区作为蔬菜的薯类(如马铃薯等)按鲜品计算，并且不作粮食统计。其他粮食一律按脱粒后的原粮计算。1989 年以前全国粮食产量数据主要靠全面报表取得，1989 年开始使用抽样调查数据。

棉花产量 指全社会的产量。包括春播棉和夏播棉。产量按皮棉计算。不包括木棉。

油料产量 指全部油料作物的生产量。包括花生、油菜籽、芝麻、向日葵籽、胡麻籽（亚麻籽）和其他油料。不包括大豆、木本油料和野生油料。花生以带壳干花生计算。

水产品产量 指人工养殖的水产品和天然生长的水产品的捕捞量。包括海水的鱼类、虾蟹类、贝类和藻类以及内陆水域的鱼类、虾蟹类和贝类，不包括淡水生植物。水产品产量是通过各级水产和统计部门逐级上报取得数据。1995 年及以前，贝类中牡蛎按鲜肉计算；蚶、蛤、蛙按 5 斤鲜品折 1 斤计算。1996 年以后则统一按鲜品计算。

猪、牛、羊肉产量 指当年出栏并已屠宰、除去头蹄下水后带骨肉(即胴体重)的重量。包括全社会范围内的产量。1996 年前为各级逐级上报数据。1996 年第一次农业普查以后，由于畜牧业产品年报数据与普查数据之间存在一定的差距，根据普查结果对畜牧业年报数据进行了修正。1999 年以后，国家统计局在部分地区开展了猪、牛、羊、禽等主要畜禽品种的抽样调查，并用抽样数据作为国家定案数据使用。未开展抽样调查的地区和品种，仍使用各级统计部门逐级上报数据。2007 年，根据第二次农业普查结果，对 2000—2006 年畜牧业年报数据进行了修正。2008 年，建立了主要畜禽监测调查制度，猪、牛、羊、禽等主要畜牧业数据均以抽样调查数为法定数据。

期初(末)畜禽存栏头(只)数 指报告期初(末)农村各种合作经济组织和国营农场、农民个人、机关、团体、学校、工矿企业、部队等单位以及城镇居民饲养的大牲畜、猪、羊、家禽等畜禽的存栏数。数据上报方式及数据调整情况同猪、牛、羊肉产量。

农作物播种面积 指实际播种或移植有农作物的面积。凡是实际种植有农作物的面积，不论种植在耕地上还是种植在非耕地上，均包括在农作物播种面积中。在播种季节基本结束后，因遭灾而重新改种和补种的农作物面积，也包括在内。它是反映我国耕地面积利用情况的一个重要指标。目前，农作物播种面积主要包括粮食、棉花、油料、糖料、麻类、烟叶、蔬菜和瓜类、药材和其他农作物九大类。

农用化肥施用量 指本年内实际用于农业生产的化肥数量，包括氮肥、磷肥、钾肥和复合肥。化肥施用量要求按折纯量计算数量。折纯量是指把氮肥、磷肥、钾肥分别按含氮、含五氧化二磷、含氧化钾的百分之百成份进行折算后的数量。复合肥按其所含主要成分折算。公式为：

折纯量=实物量×某种化肥有效成份含量的百分比

农业机械总动力 指主要用于农、林、牧、渔业的各种动力机械的动力总和。包括耕作机械、排灌机械、收获机械、农用运输机械、植物保护机械、牧业机械、林业机械、渔业机械和其他农业机械〔内燃机按引擎马力折成瓦(特)计算、电动机按功率折成瓦(特)计算〕。不包括专门用于乡、镇、村、组办工业、基本建设、非农业运输、科学试验和教学等非农业生产方面用的动力机械与作业机械。这个指标的统计数据主要来源于农机部门。

三、工　业

资料整理：毛帅　和利娜

资料校对：毛帅　和利娜

3. 工　业

2016 年全市	
规模以上工业企业单位数	512 个
#大中型工业企业	73 个
规模以上工业总产值	2141.37 亿元

3-1　分县市区规模以上工业企业单位数（2010-2016年）

单位：个

县市区	2010年	2011年	2012年	2013年	2014年	2015年	2016年
渭南市	527	342	413	451	450	490	512
临渭辖区	110	74	94	104	103	110	113
临渭区	68	38	54	60	38	33	29
高新区	42	36	40	44	39	42	46
经开区					26	35	38
华州区	36	18	29	31	24	24	20
潼关县	31	16	15	15	14	14	15
大荔县	47	32	38	42	47	49	53
合阳县	28	17	22	26	29	30	33
澄城县	29	20	22	22	22	18	17
蒲城县	59	34	38	37	43	52	54
白水县	19	11	17	22	24	30	33
富平县	53	33	40	44	44	45	46
韩城市	96	75	81	90	79	98	105
华阴市	19	12	15	18	21	20	23

注：本表规模以上工业企业2010年为年主营业务收入在500万元及以上的法人工业企业，2011年开始为年主营业务收入在2000万元及以上的法人工业企业。

3-2　分县市区规模以上工业企业亏损企业单位数（2010-2016年）

单位：个

县市区	2010年	2011年	2012年	2013年	2014年	2015年	2016年
渭南市	134	79	101	114	99	122	104
临渭辖区	32	16	25	28	15	27	19
临渭区	23	11	15	12	5	8	3
高新区	9	5	10	16	7	12	10
经开区					3	7	6
华州区	11	8	3	8	3	4	3
潼关县	2	2		2	1	1	
大荔县	13	6	7	5	2	2	4
合阳县	10	7	7	5	7	4	5
澄城县	15	8	11	5	9	8	6
蒲城县	13	8	2	5	6	5	11
白水县	6	5	7	8	5	4	5
富平县	16	6	14	11	11	8	7
韩城市	12	13	24	35	36	49	38
华阴市	4		1	2	4	10	6

注：本表规模以上工业企业2010年为年主营业务收入在500万元及以上的法人工业企业，2011年开始为年主营业务收入在2000万元及以上的法人工业企业。

3-3　分县市区规模以上工业企业总产值（2010-2016 年）

单位：千元

县市区	2010 年	2011 年	2012 年	2013 年	2014 年	2015 年	2016 年
渭南市	103982777	136002634	163436428	174612929	195932196	205386599	214137219
临渭辖区	12101228	16244480	21891901	23777537	25740071	25836842	30466554
临渭区	4575950	5381045	6866911	12152651	7271560	6958387	6762037
高新区	7525278	10863435	15024990	11624886	13403444	13749716	16507613
经开区					5065067	5128739	7196904
华州区	13014002	16277481	21737078	22429137	23324989	24394413	24804603
潼关县	2765459	3889437	4763254	5226045	5580045	5173397	5376222
大荔县	2057153	2845211	3800051	4982522	6050187	6424618	7268584
合阳县	1751435	2502055	3218942	3938469	3997908	4070193	3701018
澄城县	4150616	6076337	6240339	7798167	8349172	7776118	6189965
蒲城县	7976988	11483551	14063824	16020673	17013505	19038483	20826449
白水县	1887723	2676928	3527720	4141392	4006462	3811369	3817137
富平县	6207856	9098351	11532657	13667842	15208727	17130274	20845852
韩城市	35578307	48682968	55580885	62392379	68281384	71621982	81037180
华阴市	4637210	6226094	7808433	9185216	10304968	10730890	8588547

注：本表规模以上工业企业 2010 年为年主营业务收入在 500 万元及以上的法人工业企业，2011 年开始为年主营业务收入在 2000 万元及以上的法人工业企业。

3-4 分县市区规模以上工业企业销售产值（2010-2016 年）

单位：千元

县市区	2010 年	2011 年	2012 年	2013 年	2014 年	2015 年	2016 年
渭南市	96487560	125200339	150558386	167741931	179798973	188463073	206179084
临渭辖区	10196895	12997601	18671150	12652671	24817702	24800302	29168922
临渭区	3865971	4431490	6443285	11576338	7272341	7023043	6749906
高新区	6330924	8566111	12227865	1076333	12805661	13273196	15575017
经开区					4739700	4504063	6843999
华州区	12223680	15973845	21347483	21907703	22888483	25480516	24742691
潼关县	2733751	3864437	4770663	5011585	5570016	4705520	5009110
大荔县	1923525	2576808	3331655	4633144	5560962	6057499	6960362
合阳县	1672100	2482697	3078117	3741064	3749749	3952253	3538986
澄城县	4165162	5838629	5386128	7355404	7803988	7344577	5970225
蒲城县	7848836	11023339	13571464	15413081	16159317	18175654	19973489
白水县	2329425	2576655	3323232	3922704	3761817	3043543	2916009
富平县	5872202	8817896	10843980	12281062	14082546	15935586	19171076
韩城市	34305103	47758730	52451688	61267184	64613509	67549107	79395544
华阴市	4361861	5887346	7361725	8815779	9716106	10040496	8117562

注：本表规模以上工业企业 2010 年为年主营业务收入在 500 万元及以上的法人工业企业，2011 年开始为年主营业务收入在 2000 万元及以上的法人工业企业。

3-5 分县市区规模以上工业企业资产总计（2010-2016 年）

单位：千元

县市区	2010 年	2011 年	2012 年	2013 年	2014 年	2015 年	2016 年
渭南市	146621621	163818013	183887814	207714653	231568788	230793017	234127732
临渭辖区	14069942	14255328	21008698	30158179	28260822	28502431	29395529
临渭区	3462994	3001895	4310127	10934255	7938294	8305446	8404401
高新区	10606948	11253433	16698571	19223924	17117893	16583600	17265395
经开区					3204635	3613385	3725733
华州区	30585315	32398551	34720164	35851771	41997968	25204901	25283235
潼关县	1746888	1840533	2100178	2338604	2421571	2858079	2658675
大荔县	1323163	1592137	2095932	2416356	3633280	3382964	3444870
合阳县	1343307	1455647	2289470	4555376	4259871	3691358	4851514
澄城县	7558018	9977364	11325971	19662276	15417371	25208485	19289980
蒲城县	16202431	17113359	18171301	18532294	32485841	39392540	43163890
白水县	1756218	2300285	2982637	3226467	2277656	2189148	2434809
富平县	7601836	11897755	10968296	11714821	13697418	14158512	14115710
韩城市	44865139	56518552	62005827	70748826	77312248	76522436	79840662
华阴市	7033104	7374738	9019838	8509683	8353991	7879174	7711324

注：本表规模以上工业企业 2010 年为年主营业务收入在 500 万元及以上的法人工业企业，2011 年开始为年主营业务收入在 2000 万元及以上的法人工业企业。

3-6 分县市区规模以上工业企业负债合计（2010-2016 年）

单位：千元

县市区	2010 年	2011 年	2012 年	2013 年	2014 年	2015 年	2016 年
渭南市	90566849	103572235	119525670	138461342	155528011	159448425	168125362
临渭辖区	7260399	7404045	11248999	17644546	17093098	17935459	18977381
临渭区	1795083	1535196	2055495	6768792	5272044	5512058	5630660
高新区	5465316	5868849	9193504	10875754	10129492	10903159	11365743
经开区					1691562	1520242	1980978
华州区	6797061	7447726	9966331	11420336	17039002	13570909	14192300
潼关县	1019654	1068159	1354511	1632098	1678320	2151203	1814421
大荔县	529400	653828	1194303	1539965	2141780	2094553	1930608
合阳县	862697	971065	1521878	2823240	3227163	3243359	3208435
澄城县	4812984	6585618	8066643	13819174	12714609	16547998	16898076
蒲城县	14386628	14638165	14587639	15684977	26249538	28173880	33313263
白水县	1013423	1738577	2023478	2135397	958645	859299	1137730
富平县	4791364	7437041	7601678	7946509	9480604	10055346	10318704
韩城市	33197215	44055538	49111135	56101377	55911478	56435823	57868992
华阴市	6845738	6392637	7669812	7713723	8043643	7374430	7443276

注：本表规模以上工业企业 2010 年为年主营业务收入在 500 万元及以上的法人工业企业，2011 年开始为年主营业务收入在 2000 万元及以上的法人工业企业。

3-7　分县市区规模以上工业企业所有者权益合计（2010-2016年）

单位：千元

县市区	2010年	2011年	2012年	2013年	2014年	2015年	2016年
渭南市	55643023	60135257	63446980	68971328	75550198	72276343	65390764
临渭辖区	6775938	6826726	9670869	12419390	11145943	10566952	10418129
临渭区	1654706	1454700	2211232	4141236	2644479	2793382	2773736
高新区	5121232	5372026	7459637	8278154	6988394	5680432	5899642
经开区					1513070	2093138	1744751
华州区	23788172	25119793	24750256	24414904	24958936	11633989	11090935
潼关县	727234	770975	745666	694007	709807	706876	844254
大荔县	759051	909881	866028	869524	1212754	1288407	1514259
合阳县	477473	483706	767586	1710452	976721	1755732	1643078
澄城县	2745035	3391743	3278466	5846100	2656392	8660488	2391903
蒲城县	1809270	2468191	3272561	2815287	6236301	10992346	9850623
白水县	504675	560105	922994	1084408	1319008	1254147	1297086
富平县	2725424	4460077	3366612	3774926	4162612	4082786	3762811
韩城市	11657899	12298033	12555574	14559279	21400756	20033054	21916321
华阴市	186879	932099	1230129	783051	310348	504743	-253994

注：本表规模以上工业企业2010年为年主营业务收入在500万元及以上的法人工业企业，2011年开始为年主营业务收入在2000万元及以上的法人工业企业。

3-8　分县市区规模以上工业企业主营业务收入（2010-2016 年）

单位：千元

县市区	2010 年	2011 年	2012 年	2013 年	2014 年	2015 年	2016 年
渭南市	105452022	137754322	155853124	153733928	172141638	170732769	177351436
临渭辖区	11515580	13343749	19784765	17016083	23385367	22612441	25340251
临渭区	3372522	4497574	6254788	6245872	7410094	7257546	7194216
高新区	8143058	8846175	13529977	10770211	11780451	11831163	13136237
经开区					4194822	3523732	5009798
华州区	12554117	16267840	20979848	21051165	23289220	23670549	25252688
潼关县	2729087	3834811	4764967	5016721	5573292	4737066	4997431
大荔县	1932078	2510062	2865117	3926943	5733872	5936578	6430686
合阳县	1682840	2472097	3109936	3697721	3250387	3682884	3502054
澄城县	4785464	6261048	5637180	5947988	5838103	4832788	3101080
蒲城县	8414390	11403693	13133770	12015309	12954631	14647213	16885824
白水县	1052086	2592105	3239942	4010972	3437049	2743658	1721081
富平县	5822310	8790378	9578032	10533960	12804361	11232141	12689882
韩城市	42240692	59479515	59227799	62029431	66137182	65973143	69313424
华阴市	3872750	5374625	7043217	8487635	8583141	9243662	6588521

注：本表规模以上工业企业 2010 年为年主营业务收入在 500 万元及以上的法人工业企业，2011 年开始为年主营业务收入在 2000 万元及以上的法人工业企业。

3-9　分县市区规模以上工业企业利润总额（2010-2016年）

单位：千元

县市区	2010年	2011年	2012年	2013年	2014年	2015年	2016年
渭南市	5755449	7821551	6371184	7896471	9455619	4450095	5903821
临渭辖区	452280	652821	1301531	1199235	1568291	1447968	1669538
临渭区	97768	138792	639839	608645	502708	213212	205646
高新区	354512	514029	661692	590590	689459	864992	982504
经开区					376124	369764	481388
华州区	1230113	749735	-213946	-207135	323104	-151674	-67872
潼关县	236582	547647	721826	683381	483377	470600	414975
大荔县	31757	74472	306271	309185	275870	367643	390000
合阳县	81575	95430	186248	149877	-482131	121159	203110
澄城县	233004	509432	348874	614248	934134	-390330	433164
蒲城县	543158	-10920	1556779	1129415	1852754	944568	960339
白水县	44751	126513	447268	189542	881517	660999	274712
富平县	98334	-7167	-310863	-126269	125800	-463327	-180854
韩城市	2390633	4140956	845421	3244113	3006030	1240603	1607453
华阴市	305571	873928	1091347	710879	392794	64480	64077

注：本表规模以上工业企业2010年为年主营业务收入在500万元及以上的法人工业企业，2011年开始为年主营业务收入在2000万元及以上的法人工业企业。

3-10 分县市区规模以上工业企业全部从业人员年平均人数（2010-2016年）

单位：人

县市区	2010年	2011年	2012年	2013年	2014年	2015年	2016年
渭南市	170621	200574	202098	157894	155038	149926	137372
临渭辖区	22279	23857	24848	23570	24634	24035	22491
临渭区	8600	7332	8107	7768	7216	7600	6137
高新区	13679	16525	16741	15802	14353	12815	12572
经开区					3065	3620	3782
华州区	12933	12473	13039	13648	14302	13802	13196
潼关县	4208	6402	5885	6457	5512	4018	3898
大荔县	6129	7517	6592	6038	4706	5321	5289
合阳县	5807	5228	7677	7841	5505	4019	2726
澄城县	18018	16622	16236	15980	16152	14786	12696
蒲城县	21099	14976	14336	12717	17542	18682	18220
白水县	4781	7041	5045	5799	4790	3644	4177
富平县	13330	11339	12356	12304	12396	12686	11891
韩城市	42985	39448	40000	41323	39311	38688	36054
华阴市	9074	11860	12234	12217	9368	9301	5813

注：本表规模以上工业企业2010年为年主营业务收入在500万元及以上的法人工业企业，2011年开始为年主营业务收入在2000万元及以上的法人工业企业。

3-11 全市规模以上工业企业主要经济指标（2010-2016年）

单位：千元

年份	企业单位数（个）	亏损企业	工业总产值（当年价格）	工业销售产值（当年价格）	出口交货值
2010	527	134	103982777	96487650	1600368
2011	342	79	136002634	125200339	1933307
2012	413	101	163436428	150558386	2713802
2013	451	114	174612929	167741931	2079347
2014	450	99	195932196	179798973	2743468
2015	490	122	205386599	188463073	2489579
2016	512	104	214137219	206179084	2504344

3-11 续表 1

单位：千元

年 份	年初存货	产成品	资产总计	流动资产合计	应收账款
2010			146621621	54681035	6834483
2011	14054486	5499787	163818013	70333884	7236701
2012	16221699	6889149	183887814	78099242	9426227
2013	18404824	7242446	207714653	88838940	13913885
2014	20921786	8550386	231568788	88642980	13295935
2015	18551371	7226974	230793017	100520972	16223971
2016	17925917	6929872	234127732	94370356	14638676

3-11 续表 2

单位：千元

年 份	资产总计					
	流动资产合计		固定资产合计	固定资产原价	累计折旧	
	存货	产成品				本年折旧
2010	1499635	5367192	63721818	78249675	24878191	
2011	16564977	6937931	61649703	80686291	25293061	5612398
2012	19018311	7880620	71454396	98022847	31109598	6272961
2013	23618488	9453527	83515534	106597793	33480088	6349598
2014	19710064	8606879	89456592	115795252	42246729	6948635
2015	19061670	8704925	97464135	132683199	43362130	6848261
2016	18590667	8302415	98403882	139854158	52232954	8836116

3-11 续表 3

单位：千元

年 份	负债合计	流动负债合计	应付账款	非流动负债合计	所有者权益合计	实收资本
2010	90566849	59427114	15200002		55643023	28565117
2011	103572235	71514969	16405971	28169339	60135257	32223043
2012	119525670	82230090	20282115	31588627	63446980	40710147
2013	138461342	102349515	23291055	29500587	68971328	41971760
2014	155528011	109894219	24165395	32345167	75550918	58482836
2015	159448425	102943731	25446960	50966297	72276343	50920812
2016	168125362	121940923	26357590	40569858	65390764	59614354

3-11 续表 4

单位：千元

年 份	所有者权益合计					
	实收资本					
	国家资本	集体资本	法人资本	个人资本	港澳台资本	外商资本
2010	2428550	434056	19676532	5109121	40450	876409
2011	6660567	343320	18851071	5494644	74772	98669
2012	9647289	358332	22842918	6221608	235479	1404521
2013	15370987	414771	14563560	9890447	259807	995225
2014	21136768	508087	24685914	10469380	244521	1455385
2015	17282828	517657	20632578	10926172	823021	738561
2016	26588992	715400	19832354	11100894	834021	542689

3-11 续表 5

单位：千元

年 份	营业收入	主营业务收入	营业成本	主营业务成本	营业税金及附加	主营业务税金及附加
2010		105452022		90772024		868077
2011	138851486	137754322	117618264	116489310	937567	908567
2012	158776340	155853124	139687734	136407478	921385	892384
2013	155507540	153733928	135659987	133199668	695791	685186
2014	174657405	172141638	148711864	146879281	916740	891276
2015	173048048	170732769	149523078	147454261	939864	849963
2016	182014957	177351436	155923725	151479035	1213683	1064835

3-11 续表 6

单位：千元

年 份	其他业务收入	其他业务利润	销售费用	管理费用	税金
2010	2053595	396713		3906990	227722
2011	1097164	130369	2204359	5442125	190891
2012	2923216	76452	2510225	5424837	223434
2013	1773612	153974	2640342	5159090	198992
2014	2515767	-40651	2568039	5060022	259392
2015	2315279	65480	2548579	4865577	288134
2016	4663521	164551	2640952	4848077	580296

3-11 续表 7

单位：千元

年 份	财务费用			营业利润	资产减值损失	投资收益
		利息收入	利息支出			
2010	1856905		1666771	6986181		929390
2011	2512438	549616	2469864	11202845	108729	532564
2012	3060809	165690	3245217	14231464	740766	544159
2013	2945858	382893	3079757	15876688	526268	259241
2014	3794014	463020	3572333	13246717	303167	983393
2015	3555226	177818	3300901	11822790	510490	717644
2016	3461685	14366	3448286	14563005	526287	1163450

3-11 续表 8

单位：千元

年 份	营业外收入	营业外支出	利润总额	亏损企业亏损总额	本年应付职工薪酬	从业人员平均人数（人）
2010	375800	1590138	5755449	743438	7544455	170621
2011	641079	3943249	7821551	1099412	8905157	200574
2012	-17359	7524727	6371184	2758908	9158477	202098
2013	290155	7412811	7896471	1399639	9068305	157894
2014	673286	8014802	4926577	2713542	8842162	155038
2015	768637	8141307	4450095	2672596	7656804	149926
2016	1547444	10206606	5903821	1634362	8141474	137372

注：本表除工业总产值和工业销售产值外，其他指标均不含供电和烟草企业数据。

3-12 全市规模以上工业

指标名称	企业单位数（个）	亏损企业	工业总产值（当年价格）	工业销售产值（当年价格）	出口交货值	年初存货
总计	512	104	214137219	206179084	2504344	17925917
一、按登记注册类型分						
内资企业	500	104	210128920	203118707	2167317	17442777
国有企业	7	1	10370634	10426018		349308
集体企业	3		107144	87933		3134
股份合作企业						
联营企业						
有限责任公司	351	78	168919947	164002626	2023489	13085329
股份有限公司	29	3	4341741	3648912	122722	1594751
私营企业	108	22	25873070	24452250	21106	2407171
其他企业	2		516384	500968		3084
港、澳、台商投资企业	3		351676	320524		25604
外商投资企业	9		3656623	2739853	337027	457536
二、按经济组织类型分						
独资企业	19	1	12351894	12211525	301941	472718
合作、合伙企业	3		779055	775834		48098
股份有限公司	39	5	12430326	11214519	142578	2044268
有限责任公司	451	98	188575944	181977206	2059825	15360833
三、按轻重工业分						
在总计中:轻工业	166	21	31023874	27983850	251104	2649983
重工业	346	83	183113345	178195234	2253240	15275934
四、按企业规模分						
在总计中:大型企业	17	4	107904328	107150743	600691	5950272
中型企业	56	17	39431373	37754229	878261	6100288
小型企业	413	78	62984261	57835457	1025392	5625580
微型企业	26	5	3817257	3438655		249777
五、按行业大类分						
煤炭开采和洗选业	51	18	20916127	20551198		2823331
石油和天然气开采业						
黑色金属矿采选业	3	2	284962	222552		73420
有色金属矿采选业	12		23833184	23792652	600691	1496278
非金属矿采选业	8	2	1105529	1045373		23389
开采辅助活动						

企业主要经济指标（2016 年）

单位：千元

产成品	资产总计	流动资产合计	应收账款	存货	产成品	固定资产合计	固定资产原价
6929872	234127732	94370356	14638676	18590667	8302415	98403882	139854158
6687243	229544852	92242370	13838083	18108800	8021394	96078936	136788108
115758	30178845	7943347	822267	290965	80044	11267186	16646107
3134	78215	48314	25891	7259	3527	29021	43717
4373410	165196870	65371623	9988491	12865035	4857442	78625692	112488263
961384	6993194	4277222	1519608	1548138	894021	1699655	2518668
1230933	27057313	14586487	1478009	3394734	2183841	4432344	5060608
2624	40415	15377	3817	2669	2519	25038	30745
2522	676056	407378	331633	19903	1450	238257	316178
240107	3906824	1720608	468960	461964	279571	2086689	2749872
158233	32097591	8971688	1399263	411839	141371	12091010	17976008
2624	1134491	80924	21185	40654	2519	1053567	1059274
1219010	14097715	7331513	2037359	2031999	1296650	2792362	4473284
5550005	186797935	77986231	11180869	16106175	6861875	82466943	116345592
913513	17099384	8736826	1771309	3149930	1170319	5727447	6230543
6016359	217028348	85633530	12867367	15440737	7132096	92676435	133623615
1777006	128060235	46534387	3756122	5325776	2070729	58354648	83858429
3174439	55084642	23516421	4504065	6728895	3523039	22118630	36550506
1957203	47160615	23060211	5720262	6286519	2578408	16535166	18678035
21224	3822240	1259337	658227	249477	130239	1395438	767188
1615603	47496030	20499869	2753691	3453878	2195645	12409592	14339393
68585	1200169	591443	18669	46817	46790	89443	66045
469125	13672108	6418979	145841	1361657	564159	6635708	10856415
7727	467190	290471	135411	31423	17406	72854	104993

3-12 续表 1

指标名称	企业单位数（个）	亏损企业	工业总产值（当年价格）	工业销售产值（当年价格）	出口交货值	年初存货
其他采矿业						
农副食品加工业	70	9	15128962	14024319	19856	1107244
食品制造业	14	1	2910241	2651001	154444	96527
酒、饮料和精制茶制造业	10		4446615	3430594		484195
烟草制品业			511607	503468	825	167737
纺织业	13	2	750870	681192		244043
纺织服装、服饰业	2		178968	178968		13630
皮革、毛皮、羽毛及其制品和制鞋业						
木材加工和木、竹、藤、棕、草制品业	6		534633	464678		10785
家具制造业	2		73034	62748		18231
造纸和纸制品业	13	3	1082402	1038755		71243
印刷和记录媒介复制业	3		173213	172054		8011
文教、工美、体育和娱乐用品制造业						
石油加工、炼焦和核燃料加工业	10	3	19616424	18838040		1538239
化学原料和化学制品制造业	62	14	19475010	18464865	16232	1603452
医药制造业	12		1138395	1074297	62152	126892
化学纤维制造业	1		387342	385920		9463
橡胶和塑料制品业	20	1	2347881	2178121	383021	124708
非金属矿物制品业	60	12	11233102	10035267		835796
黑色金属冶炼和压延加工业	12	4	47314103	47142576		1839140
有色金属冶炼和压延加工业	10	5	7370378	7013194		798943
金属制品业	12		1956272	1873895		366812
通用设备制造业	23	7	2588889	2048961	35086	392381
专用设备制造业	32	7	3987012	3753013	217089	2335643
汽车制造业	1		32657	32657		3781
铁路、船舶、航空航天和其他运输设备制造业	4	2	115477	99009		85909
电气机械和器材制造业	11	4	5579718	5441149	713007	393526
计算机、通信和其他电子设备制造业	7		970052	944636	301941	120263
仪器仪表制造业	1		239006	231692		3340
其他制造业	4		720274	670894		77141
废弃资源综合利用业	3		144233	152871		16809
金属制品、机械和设备修理业						
电力、热力生产和供应业	12	5	16374544	16322765		581009
燃气生产和供应业	5	1	525113	564720		33175
水的生产和供应业	3	2	90990	90990		1431

单位：千元

产成品	资产总计	流动资产合计	应收账款	存货	产成品	固定资产合计	固定资产原价
311944	6888284	3764317	453157	1364728	362048	2268565	2305739
78162	854303	334952	56269	116685	90383	386543	451531
306522	1460626	605952	20755	465617	296283	678009	859340
7238	429486	310705	58709	179924	10669	76948	183749
12730	627968	363931	19340	258778	43486	136665	184138
12000	57325	24325	3882	13630	7320	32901	36524
59	672928	119025	7060	40527	5030	495199	113286
	80291	39044	5551	20840	13136	25021	30473
29601	485705	222712	46184	93627	47006	194877	177819
2812	396048	141649	49239	70102	35463	6883	14165
377500	21641409	9514229	1831603	1721559	594534	5179061	8427627
835332	47954314	15856435	1014785	1782523	821886	25496195	31614938
71083	773390	441278	136039	138343	72887	237703	238869
	66183	27925	5280	9016	4681	30675	33750
65709	1151406	512960	182302	139359	88628	526404	534706
189852	10101285	3172929	1079596	730877	356959	5317951	6478380
500862	21627499	12865843	682414	1387833	558795	8468385	10971122
207726	3218696	1822222	153156	540382	331607	1017261	1582627
233128	1526981	855790	232341	341924	146469	219181	285134
123519	2138513	1254439	608304	340349	121170	731938	886884
1121164	8545810	5603654	1964692	2237970	1096030	2486818	3424585
3781	14172	12018	4369	3573	3207	2154	2154
42710	305584	168778	85427	62738	44984	103331	108837
184765	4107238	1425087	437699	388966	197481	775805	986645
30760	951182	534383	183344	146631	56569	178791	351472
2068	202732	98825	48130	42944	4723	17167	20084
4305	1743465	1306162	597585	126324	51169	409694	673818
12256	251133	215762	44711	40787	12498	35352	49480
	31709818	4747605	1557560	877504		22868694	42850552
284	873662	165825	5660	11105	2038	408395	480761
960	434799	40833	9921	1727	1276	383719	128123

3-12 续表 2

指标名称	资产总计		负债合计	流动负债合计		非流动负债合计
	累计折旧	本年折旧			应付账款	
总　　计	52232954	8836116	168125362	121940923	26357590	40569858
一、按登记注册类型分						
内资企业	50773146	8615372	166726136	120793166	26194723	40406071
国有企业	6616788	773247	25982610	23063707	3672104	2910430
集体企业	27336	1532	31781	28954	18036	167
股份合作企业						
联营企业						
有限责任公司	41192008	7294933	118122271	81307159	20115983	33591370
股份有限公司	829887	111668	6509242	6176974	929757	202354
私营企业	2101420	432705	16057798	10193938	1457333	3701750
其他企业	5707	1287	22434	22434	1510	
港、澳、台商投资企业	96603	14273	109562	109562	5886	
外商投资企业	1363205	206471	1289664	1038195	156981	163787
二、按经济组织类型分						
独资企业	7209475	849881	26536103	23455441	3746539	3069529
合作、合伙企业	556544	55367	581053	577002	37946	4051
股份有限公司	1966377	330981	9717049	9103918	1158678	217004
有限责任公司	42500558	7599887	131291157	88804562	21414427	37279274
三、按轻重工业分						
在总计中:轻工业	1529018	377181	8385356	5037623	1130738	1343968
重工业	50703936	8458935	159740006	116903300	25226852	39225890
四、按企业规模分						
在总计中:大型企业	29564681	5029216	100036460	72263181	13792542	27387781
中型企业	16224157	2529795	38858257	27267312	7624568	9857844
小型企业	6329212	1243164	27057605	21418557	4759288	2728433
微型企业	114904	33941	2173040	991873	181192	595800
五、按行业大类分						
煤炭开采和洗选业	4850542	828576	38668363	31728678	5064916	5070413
石油和天然气开采业						
黑色金属矿采选业	59130	4372	322274	322274	18705	
有色金属矿采选业	4717786	737693	4624869	2484453	806553	1574488
非金属矿采选业	41990	5406	303311	199313	56203	167
开采辅助活动						

单位：千元

所有者权益合计	实收资本	国家资本	集体资本	法人资本	个人资本	港澳台资本
65390764	59614354	26588992	715400	19832354	11100894	834021
62207112	58617988	26588992	715400	19629286	11075894	608000
4196232	3842773	3751961		90812		
46434	30770	13547		12340	4883	
47024367	48670215	22586103	421518	17411017	7654573	597000
449756	1401616	136532	246216	805885	212983	
10472342	4664114	100849	47666	1309232	3194955	11000
17981	8500				8500	
566493	237021				11000	226021
2617159	759345			203068	14000	
5561483	4581209	3765508		103152	50555	226021
553438	8500				8500	
3824429	2215953	236532	246216	970223	762982	
55451414	52808692	22586952	469184	18758979	10278857	608000
8679835	3716242	473573	121580	1677641	1118210	237021
56710929	55898112	26115419	593820	18154713	9982684	597000
28023775	27698406	12907226		10986500	3804680	
16226381	12482739	6107451	278400	3243396	2713596	
20102985	18841350	7574315	437000	5244625	4528828	653786
1037623	591859			357833	53790	180235
8772325	7314000	3746667	52200	574438	2940694	
877896	191133		170000	1000	20133	
9047240	925942	822426	23000	70466	10050	
163879	129144	13547		73597	42000	

3-12 续表 3

指标名称	资产总计		负债合计	
	累计折旧	本年折旧		流动负债合计
其他采矿业				
农副食品加工业	494516	93886	3497659	2176404
食品制造业	70817	14148	379274	340964
酒、饮料和精制茶制造业	326883	137958	708350	364786
烟草制品业	106801	10834	78396	78394
纺织业	58503	5380	485503	163542
纺织服装、服饰业	3623	5	1921	1921
皮革、毛皮、羽毛及其制品和制鞋业				
木材加工和木、竹、藤、棕、草制品业	77858	3859	186962	106807
家具制造业	8873	1688	26350	26350
造纸和纸制品业	26311	6587	198017	165959
印刷和记录媒介复制业	7282	354	268066	5415
文教、工美、体育和娱乐用品制造业				
石油加工、炼焦和核燃料加工业	3494400	778875	15115770	14073103
化学原料和化学制品制造业	6320865	1280458	31828973	16097413
医药制造业	62262	24605	450269	442962
化学纤维制造业	6601	3426	18524	18524
橡胶和塑料制品业	39071	7812	731845	596325
非金属矿物制品业	2085115	455863	5496954	4568339
黑色金属冶炼和压延加工业	5481280	1227889	19320950	17626209
有色金属冶炼和压延加工业	755433	115692	2739557	2042316
金属制品业	76464	18722	854843	826035
通用设备制造业	256212	86067	1328203	1287430
专用设备制造业	1287536	161566	8302378	8116708
汽车制造业	1292	775	7896	7896
铁路、船舶、航空航天和其他运输设备制造业	32385	4969	221467	178467
电气机械和器材制造业	160641	29900	2260375	1266931
计算机、通信和其他电子设备制造业	173822	11693	197568	190364
仪器仪表制造业	2917	628	98942	56829
其他制造业	264123	55115	159648	159648
废弃资源综合利用业	15560	3960	155929	155929
金属制品、机械和设备修理业				
电力、热力生产和供应业	20763359	2708245	28106389	15298647
燃气生产和供应业	96697	7865	525293	378421
水的生产和供应业	6004	1245	454274	387167

单位：千元

应付账款	非流动负债合计	所有者权益合计	实收资本	国家资本	集体资本	法人资本	个人资本	港澳台资本
369300	503169	3356429	1417586	146052	95590	688146	453516	8000
80859	22637	475027	140580			77599	62981	
90420	203035	752276	345942	50000	20000	135361	106147	
33527	2	351090	66059	66059				
20755	40700	142464	176218	300	200	7400	165318	3000
200		55404	35000			30000	5000	
42748	26415	485966	154552			103552	51000	
3375		53941	23600			3600	20000	
20514	19207	287697	97000			52850	44150	
1558	46	127981	16000			13000	3000	
3035141	1042219	6525640	6370654	862654		4348000	1160000	
2854118	15416227	16125333	13695282	4973052	9303	7555115	862864	
194095	6421	323120	272520	95932	540	103340	72708	
885		47659	6000				6000	
112661	89763	419560	360767	85596	10800	125128	139243	
964738	429492	4082283	2628265	722600	177641	444538	686486	597000
2897367	1592461	2306549	5731777	2247500	75676	432633	2975968	
610076	658557	479139	1173717	79000		857991	236726	
345431		672137	616631	5000		258030	353600	
419492	18786	810307	5630926	5366336		58910	160180	
1125085	172055	243422	2387339			2165033	222306	
2764		6276	6000				6000	
82046	43000	84117	98000	51750		20000	26250	
742908	616284	1846861	820619	100000		649845	70774	
58998	7204	753614	205863			66838	25000	
40197	42113	103789	47560			47560		
11189		1583816	383831		5250	98500	26560	226021
98312		95204	16000			3000	13000	
6070057	12794592	3603428	7858332	7122331	75200	657600	3200	
79427	146871	348369	256284	16960		109284	130040	
2970	33534	-19474	15231	15230				

3-12 续表 4

指标名称	所有者权益合计 实收资本 外商资本	营业收入	主营业务收入	营业成本	主营业务成本
总　　计	542689	182014957	177351436	155923725	151479035
一、按登记注册类型分					
内资企业	412	179176640	174527720	153681820	149247178
国有企业		8862479	8554309	7906803	7618040
集体企业		89806	89806	74924	74924
股份合作企业					
联营企业					
有限责任公司		147876679	143624458	127534482	123449889
股份有限公司		3468994	3423902	2968844	2960399
私营企业	412	18663125	18619688	14986665	14933824
其他企业		215557	215557	210102	210102
港、澳、台商投资企业		268086	267777	187509	187287
外商投资企业	542277	2570231	2555939	2054396	2044570
二、按经济组织类型分					
独资企业	435973	10603605	10288657	9377642	9084020
合作、合伙企业		458004	458004	410730	410730
股份有限公司		8761071	8710244	6740199	6707836
有限责任公司	106716	162192277	157894531	139395154	135276449
三、按轻重工业分					
在总计中:轻工业	88216	24090663	23892990	20702550	20429804
重工业	454473	157924294	153458446	135221175	131049231
四、按企业规模分					
在总计中:大型企业		101710198	97699290	88279119	84349241
中型企业	139895	29710858	29387851	24366250	24280661
小型企业	402794	47682837	47353268	40647956	40218733
微型企业		2911064	2911027	2630400	2630400
五、按行业大类分					
煤炭开采和洗选业		16246163	15913582	12188362	11917240
石油和天然气开采业					
黑色金属矿采选业		279482	279482	215793	215793
有色金属矿采选业		22100363	21990464	21120313	20957723
非金属矿采选业		604961	604961	576992	576992
开采辅助活动					

单位：千元

营业税金及附加	主营业务税金及附加	其他业务收入	其他业务利润	销售费用	管理费用	税金	财务费用	利息收入
1213683	1064835	4663521	164551	2640952	4848077	580296	3461685	14366
1190734	1050390	4648920	160420	2539189	4703781	576721	3439261	14519
170582	41999	308170	15888	98869	577226	39728	276996	-14743
1415	1415			2200	8203	11	685	-2
954997	943317	4252221	148630	2077106	3612994	517570	2779651	68118
13270	13232	45092	-4052	107735	176313	7302	132582	-453
50435	50404	43437	-46	253201	326466	12110	249270	-38401
35	23			78	2579		77	
481	481	309	86	2597	5574	519	1604	13
22468	13964	14292	4045	99166	138722	3056	20820	-166
179261	50678	314948	17806	131991	653157	41419	284136	-14815
3407	3395		181	3506	23521	-460	13069	-4
27988	27950	50827	-4052	214834	239958	10613	204158	-40061
1003027	982812	4297746	150616	2290621	3931441	528724	2960322	69246
369286	357371	197673	53011	520472	556485	25628	153770	2715
844397	707464	4465848	111540	2120480	4291592	554668	3307915	11651
515009	386259	4010908	61696	1183297	2457399	479616	2036360	4409
228767	217453	323007	45136	468146	836159	51173	917235	14157
463254	454496	329569	57719	947038	1519893	48472	458103	-4417
6653	6627	37		42471	34626	1035	49987	217
308085	179756	332581	40597	188911	1087738	376397	407132	-14758
1272	1246			4006	7615		10701	
179819	179568	109899	18319	46564	816128	52131	-206687	48700
2161	2161			5565	9719	222	2542	168

3-12 续表 5

指标名称	所有者权益合计 实收资本	营业收入		营业成本	
	外商资本		主营业务收入		主营业务成本
其他采矿业					
农副食品加工业	26282	12572658	12427988	11112180	10960126
食品制造业		1843463	1829473	1590822	1476832
酒、饮料和精制茶制造业	34434	3163331	3128110	2658552	2653926
烟草制品业		502089	500791	188350	187039
纺织业		680268	680141	658815	658626
纺织服装、服饰业		178968	178968	151490	151490
皮革、毛皮、羽毛及其制品和制鞋业					
木材加工和木、竹、藤、棕、草制品业		464930	458749	437041	432140
家具制造业		62748	62748	48369	48369
造纸和纸制品业		876959	876064	815078	814889
印刷和记录媒介复制业		174776	174620	145725	145724
文教、工美、体育和娱乐用品制造业					
石油加工、炼焦和核燃料加工业		14296323	13458909	8905101	8083021
化学原料和化学制品制造业	294948	19857154	19229530	16592872	15999879
医药制造业		870762	869766	738465	738302
化学纤维制造业		387342	387342	285135	285135
橡胶和塑料制品业		1795842	1794874	1613213	1613121
非金属矿物制品业		7422425	7408998	6592294	6586808
黑色金属冶炼和压延加工业		44187490	42056984	39901370	37772600
有色金属冶炼和压延加工业		6221774	6109082	5547874	5541613
金属制品业		1646963	1645153	1422141	1422141
通用设备制造业	45500	1673595	1663492	1441781	1434816
专用设备制造业		3317007	3259684	2801549	2751483
汽车制造业		32657	32657	26898	26898
铁路、船舶、航空航天和其他运输设备制造业		104939	97455	100152	92642
电气机械和器材制造业		2352055	2337241	2084036	2067855
计算机、通信和其他电子设备制造业	114025	950360	941045	752118	746478
仪器仪表制造业		37040	37040	15000	15000
其他制造业	27500	629210	628901	420330	420108
废弃资源综合利用业		188344	188344	157226	157226
金属制品、机械和设备修理业					
电力、热力生产和供应业		15554206	15365857	14002928	13914754
燃气生产和供应业		646594	641225	530669	527555
水的生产和供应业		91716	91716	84691	84691

单位：千元

营业税金及附加	主营业务税金及附加	其他业务收入	其他业务利润	销售费用	管理费用	税金	财务费用	利息收入
75681	64177	144670	49914	217738	251412	14717	95713	1308
8419	8419	13990	2046	92630	25564	704	10878	38
26965	26726	35221	45	72748	68431	2915	4653	33
243451	243451	1298		12377	29576	1332	-507	850
701	649	127	-63	5691	8050	1020	5927	10
1704	1704			8830	10078	1809	263	10
614	614	6181	1280	3554	16800	700	1892	14
173	173			1985	2639		964	2
842	842	895		8520	13751	75	10795	15
235	235	156	155	5256	10275	84	649	11
22770	22603	837414	15334	533363	229177	20490	374578	-49675
40603	39179	627624	13740	507053	688396	32569	848453	42073
3503	3503	996	828	37355	43507	1220	1980	288
175	175			1511	944		252	
4970	4850	968		42403	45845	533	13148	357
30600	29254	13427	529	103732	231865	6017	195022	-13
18804	18804	2130506	37	341046	341646	27357	467766	-21509
4586	2545	112692	-1	11469	94968	9140	38180	2519
7000	6991	1810		36674	37513	4842	19026	55
8618	8618	10103	2032	40596	93054	3459	18052	70
10604	10577	57323	-3722	178441	292355	15428	192478	1579
37	37			418	3956	26	1310	
678	640	7484	-343	2684	12856	52	4403	47
5483	5483	14814		62693	135589	1984	14385	-214
7535	7525	9315	3676	28380	78794	2125	-385	-149
775	775			963	6849	137	62	
1268	1268	309	86	8541	11551	691	2941	14
1307	1307			646	2660	34	1347	
189329	189075	188349	20062	3440	88846	1701	909111	3202
4609	1598	5369		17151	37004	385	14641	-695
307	307			8018	12926		20	16

3-12 续表 6

指标名称	财务费用 利息支出	营业利润	营业外收入
总　　计	3448286	14563005	1547444
一、按登记注册类型分			
内资企业	3431396	14263589	1532495
国有企业	260084	514997	586706
集体企业	43	2379	75
股份合作企业			
联营企业			
有限责任公司	2862852	10918751	854978
股份有限公司	118676	28604	67496
私营企业	189664	2796172	23240
其他企业	77	2686	
港、澳、台商投资企业	855	70319	107
外商投资企业	16035	229097	14842
二、按经济组织类型分			
独资企业	263931	655996	587170
合作、合伙企业	13073	3771	12088
股份有限公司	204304	1292289	79863
有限责任公司	2966978	12610949	868323
三、按轻重工业分			
在总计中:轻工业	111640	1770133	255309
重工业	3336646	12792872	1292135
四、按企业规模分			
在总计中:大型企业	2250095	7935504	1038411
中型企业	906467	2876000	288506
小型企业	289779	3604588	218883
微型企业	1945	146913	1644
五、按行业大类分			
煤炭开采和洗选业	352456	2742412	780004
石油和天然气开采业			
黑色金属矿采选业	9254	40093	
有色金属矿采选业	34430	211006	32330
非金属矿采选业	1561	7976	118
开采辅助活动			

单位：千元

营业外支出	利润总额	亏损企业亏损总额	本年应付职工薪酬	从业人员平均人数（人）
10206606	5903821	1634362	8141474	137372
10204771	5591294	1634362	7927092	133776
127397	974306	16258	2154796	23705
278	2176		15237	390
8052959	3720756	1315067	5075680	92868
1516	94580	133293	176074	3789
2022621	796790	169744	503081	12926
	2686		2224	98
208	70218		6061	140
1627	242309		208321	3456
128416	1114748	16258	2351645	26655
673	15186		26284	440
946664	425483	156192	306428	6028
9130853	4348404	1461912	5457117	104249
185006	1840431	75542	712053	20953
10021600	4063390	1558820	7429421	116419
6935238	2038675	350829	4570085	68299
1942392	1222112	750761	2144200	30572
1328414	2495039	497917	1414576	38168
562	147995	34855	12613	333
2392736	1129677	130796	2276554	35123
40077	16	1972	12254	614
17506	225830		518774	11045
851	7243	1003	31088	845

3-12 续表 6

指标名称	财务费用 利息支出	营业利润	营业外收入
其他采矿业			
农副食品加工业	74430	819173	115294
食品制造业	10112	112728	6624
酒、饮料和精制茶制造业	2616	331682	77328
烟草制品业	332	29255	820
纺织业	5039	1028	719
纺织服装、服饰业	273	6603	
皮革、毛皮、羽毛及其制品和制鞋业			
木材加工和木、竹、藤、棕、草制品业	1	5079	671
家具制造业	543	8618	1052
造纸和纸制品业	8699	27978	381
印刷和记录媒介复制业	562	12638	
文教、工美、体育和娱乐用品制造业			
石油加工、炼焦和核燃料加工业	342262	4238554	18608
化学原料和化学制品制造业	858459	1176111	51505
医药制造业	1340	31949	932
化学纤维制造业	252	99325	
橡胶和塑料制品业	3790	73793	1272
非金属矿物制品业	149680	268326	48590
黑色金属冶炼和压延加工业	465354	3115777	158268
有色金属冶炼和压延加工业	41145	524620	605
金属制品业	22160	123866	13717
通用设备制造业	15947	50955	5719
专用设备制造业	170278	-227741	17455
汽车制造业		38	60
铁路、船舶、航空航天和其他运输设备制造业	3711	-15885	67
电气机械和器材制造业	2692	48967	57146
计算机、通信和其他电子设备制造业	5252	79141	3875
仪器仪表制造业		12551	1731
其他制造业	2948	183731	1218
废弃资源综合利用业	426	25512	723
金属制品、机械和设备修理业			
电力、热力生产和供应业	859573	369135	142834
燃气生产和供应业	2699	42257	7778
水的生产和供应业	10	-14246	

单位：千元

营业外支出	利润总额	亏损企业 亏损总额	本年应付 职工薪酬	从业人员 平均人数（人）
99742	834724	20034	242796	8475
10588	108764	550	54299	1676
70658	338351		88658	1921
904	29171		44556	216
298	1449	10386	35276	1565
	6603		6010	159
166	5584		38092	818
	9669		5904	269
137	28221	990	47534	1136
	12638		10056	251
3808221	448940	160338	404713	8411
453668	773947	268041	911666	13283
590	32291		30360	1213
	99325		6422	105
193	74873	15431	163671	1878
113774	203130	150676	307639	6574
3117184	156857	14517	462186	10916
186	525039	70928	362109	3320
13325	124260		28689	863
2095	54578	84359	138709	2616
5927	-216212	416878	345423	5522
	98		1656	45
22	-15840	17532	13816	380
1876	104237	29214	102082	3045
500	82516		151169	2581
	14282		7577	102
215	184733		13181	230
106	26129		7483	260
54575	457393	203499	1232527	10947
365	49672	22850	16235	479
121	-14367	14368	22310	489

3-13　全市规模以上工业企业主要产品产量（2016 年）

指标名称	计量单位	2016 年	同比±%
铁矿石原矿	吨	232448	10.5
铁矿石成品矿	吨	284196	9.9
铜金属含量	吨	1122	-23.3
稀有稀土金属矿	吨	39349	-6.4
石灰石	吨	6987	-50.3
硫铁矿石（折含硫 35%）	吨	569831	-20.7
小麦粉	吨	1343842	27.9
饲料	吨	906839	-8.9
精制食用植物油	吨	78845	-44.8
鲜、冷藏肉	吨	75505	-8.9
熟肉制品	吨	2949	49.2
方便面	吨	20849	1.9
乳制品	吨	42279	2.6
罐头	吨	175626	-1.3
非食用盐	吨	40528	2.4
饮料酒	千升	134573	15.9
软饮料	吨	432681	-26.9
卷烟	万支	332500	-11.3
纱	吨	21619	-28.3
人造板	立方米	303664	-19.6
复合木地板	平方米	760242	-82.3
家具	件	58554	-16.1
机制纸及纸板（外购原纸加工除外）	吨	57908	0.1
纸制品	吨	131716	-5.4
多色印刷品	对开色令	12153	5.5
硫酸（折 100%）	吨	460710	0.6
精甲醇	吨	825243	0.6
合成氨（无水氨）	吨	1055535	0.5
农用氮、磷、钾化学肥料（折纯）	吨	890308	-2.8
氮肥（折含氮 100%）	吨	817962	-2.0
磷肥（折五氧化二磷 100%）	吨	72346	-10.6
化学农药原药（折有效成分 100%）	吨	1850	-5.0
涂料	吨	53437	16.4
初级形态塑料	吨	590903	53.8
合成洗涤剂	吨	11675	111.2
化学药品原药	吨	778	13.1
中成药	吨	128	-18.5
塑料制品	吨	98253	-3.5
硅酸盐水泥熟料	吨	5014318	-4.8

3-13 续表 1

指标名称	计量单位	2016 年	同比±%
水泥	吨	7364909	-3.6
商品混凝土	立方米	691513	18.6
水泥混凝土电杆	根	66270	92.2
石膏板	万平方米	4188	9.5
砖	万块	133562	44.5
瓷质砖	平方米	72580324	51.6
沥青和改性沥青防水卷材	平方米		-100.0
耐火材料制品	吨	163442	124.3
生铁	吨	5109763	12.7
粗钢	吨	5673058	-8.8
铸铁件	吨	23779	15.9
铸钢件	吨	5483	-37.7
钢材	吨	6833242	9.0
铁合金	吨		-100.0
十种有色金属	吨	25753	8.5
精炼铜（电解铜）	吨	1404	0.3
原铝（电解铝）	吨	24349	9.0
黄金	千克	10035	4.7
白银（银锭）	千克	11360	-0.6
铝合金	吨	4114	-28.6
铝材	吨	5712	14.5
钢结构	吨	51010	18.2
金属压力容器	吨	13029	17.1
锻件	吨	10765	-28.0
工业锅炉	蒸发量吨	2237	13.7
金属切削机床	台	438	11.5
金属成形机床	台	2	100.0
起重机	吨	1712	-71.0
建筑工程用机械	台	242	-77.6
金属轧制设备	吨	12417	-45.6
印刷专用设备	吨	16727	28.4
医疗仪器设备及器械	台	95336	-4.6
电力电容器	千乏	1930000	8.9
灯具及照明装置	套(台个)	8967	-86.7
电子元件	万只	133739	-35.6
印制电路板	平方米	1722275	5.0
环境监测专用仪器仪表	台	96	1.2
自来水生产量	万立方米	1114	56.7

主要统计指标解释

工业 指从事自然资源的开采，对采掘品和农产品进行加工和再加工的物质生产部门。具体包括：(1)对自然资源的开采，如采矿、晒盐等(但不包括禽兽捕猎和水产捕捞)；(2)对农副产品的加工、再加工，如粮油加工、食品加工、缫丝、纺织、制革等；(3)对采掘品的加工、再加工，如炼铁、炼钢、化工生产、石油加工、机器制造、木材加工等，以及电力、自来水、煤气的生产和供应等；(4)对工业品的修理、翻新，如机器设备的修理、交通运输工具(如汽车)的修理等。

轻工业 指主要提供生活消费品和制作手工工具的工业。按其所使用的原料不同，可分为两大类：(1)以农产品为原料的轻工业，是指直接或间接以农产品为基本原料的轻工业。主要包括食品制造、饮料制造、烟草加工、纺织、缝纫、皮革和毛皮制作、造纸以及印刷等工业；(2)以非农产品为原料的轻工业，是指以工业品为原料的轻工业。主要包括文教体育用品、化学药品制造、合成纤维制造、日用化学制品、日用玻璃制品、日用金属制品、手工工具制造、医疗器械制造、文化和办公用机械制造等工业。

重工业 指为国民经济各部门提供物质技术基础的主要生产资料的工业。按其生产性质和产品用途，可以分为下列三类：(1)采掘(伐)工业，是指对自然资源的开采，包括石油开采、煤炭开采、金属矿开采、非金属矿开采等工业；(2)原材料工业，指向国民经济各部门提供基本材料、动力和燃料的工业。包括金属冶炼及加工、炼焦及焦炭、化学、化工原料、水泥、人造板以及电力、石油和煤炭加工等工业；(3)加工工业，是指对工业原材料进行再加工制造的工业。包括装备国民经济各部门的机械设备制造工业、金属结构、水泥制品等工业，以及为农业提供的生产资料如化肥、农药等工业。

根据上述划分原则，修理业中以重工业产品为修理作业对象的划为重工业，反之划为轻工业。

国有及国有控股企业 指国有企业加上国有控股企业。国有企业(即原全民所有制工业或国营工业)指企业全部资产归国家所有，并按《中华人民共和国企业法人登记管理条例》规定登记注册的非公司制的经济组织。包括国有企业、国有独资公司和国有联营企业。1957 年以前的公私合营和私营工业，后均改造为国营工业，1992 年改为国有工业，这部分工业的资料不单独分列时，均包括在国有企业内。国有控股企业是对混合所有制经济的企业进行的“国有控股”分类。它是指这些企业的全部资产中国有资产(股份)相对其他所有者中的任何一个所有者占资(股)最多的企业。该分组反映了国有经济控股情况。

工业总产值

(1)定义：

工业总产值是以货币形式表现的，工业企业在一定时期内生产的工业最终产品或提供工业性劳务活动的总价值量。它反映一定时间内工业生产的总规模和总水平。

(2)计算原则：

工业生产的原则，即凡是企业在报告期生产的经检验合格的产品，不管是否在报告期销售，均包括在内。

最终产品的原则，即凡是计入工业总产值的产品，必须是本企业生产的经检验合格的，不需要再进行任何加工的最终产品。如果企业有中间产品(半成品)对外销售，则对外销售的中间产品应视为企业的最终产品。

工厂法原则，即工业总产值是以工业企业作为基本计算(核算)单位，即按企业的最终产品计算工业总产值。按这种方法计算的工业总产值，不允许同一产品价值在企业内部重复计算，不能把企业内部各个车间(分厂)生产的成果相加，但允许企业间的重复计算。

(3)内容及计算方法：

1995 年全国工业普查对工业总产值(原规

定)的内容及计算原则和方法做了某些修订，修订后的工业总产值(新规定)包括三项内容：即本期生产成品价值、对外加工费收入、在制品半成品期末期初差额价值三部分。

资产总计 指企业拥有或控制的能以货币计量的经济资源，包括各种财产、债权和其他权利。资产按流动性分为流动资产、长期投资、固定资产、无形资产、递延资产和其他资产。该指标根据企业会计“资产负债表”中“资产总计”项目的期末数增列。

流动资产 指企业可以在一年内或者超过一年的一个生产周期内变现或者耗用的资产，包括现金及各种存款、短期投资，应收及预付款项、存货等。

流动资产平均余额 指企业在报告期内全部流动资产的平均余额。

固定资产原价 指企业在建造、购置、安装、改建、扩建、技术改造某项固定资产时所支出的全部货币总额。它一般包括买价、包装费、运杂费和安装费等。

固定资产净值年平均余额 指固定资产净值在报告期内余额的平均数。计算公式为：

$$\text{固定资产净值年平均余额}=\frac{\text{1至12月各月月初、月末固定资产净值之和}}{24}$$

固定资产净值 指固定资产原价减去历年已提折旧额后的净额。计算公式为：

固定资产净值=固定资产原价-累计折旧

负债合计 指企业所承担的能以货币计量，将以资产或劳务偿付的债务，偿还形式包括货币、资产或提供劳务。负债一般按偿还期长短分为流动负债和长期负债。根据会计“资产负债表”中“负债合计”的年末数填列。

所有者权益 指企业投资人对企业净资产的所有权。企业净资产等于企业全部资产减去全部负债后的余额，包括企业投资人对企业的最初投入的实际到位的资产及资本公积金、盈余公积金和未分配利润。所有者权益合计数小于零，表示企业资不抵债。

主营业务收入 指会计“利润表”中对应指标的本年累计数。未执行2001年《企业会计制度》的企业，用“产品销售收入”的本期累计数代替。

主营业务成本 指会计“利润表”中对应指标的本年累计数。未执行2001年《企业会计制度》的企业，用“产品销售成本”的本期累计数代替。

主营业务税金及附加 指会计“利润表”中对应指标的本年累计数。未执行2001年《企业会计制度》的企业，用“产品销售税金及附加” 的本期累计数代替。

利润总额 指企业生产经营活动的最终成果，是企业在一定时期内实现的盈亏相抵后的利润总额(亏损以“-”号表示)，它等于营业利润加上补贴收入加上投资收益加上营业外净收入再加上以前年度损益调整。

本年应交增值税 指企业在报告期内应交纳的增值税额。它等于本年销项税额加上出口退税加上进项税额转出数减去本年进项税额。小规模纳税企业直接按全年计税销售额乘以征收率计算取得。

从业人员平均人数 是指报告期内每天拥有的从业人员人数。其计算公式为：

$$\text{月平均人数}=\frac{\text{报告月内每天实有人数之和}}{\text{报告月日历日数}}$$

$$\text{季平均人数}=\frac{\text{季内各月平均人数之和}}{3}$$

$$\text{年平均人数}=\frac{\text{年内各月平均人数之和}}{12}$$

四、能　源

资料整理：聂雨润　和利娜　刘 浪

资料校对：和利娜　刘 浪

4.能　源

2016 年全市规模以上工业能源产品产量

原煤	2340.58	万吨	比上年增长	–0.02%
焦炭	790.49	万吨	比上年增长	–8.91%
发电量	302.18	亿千瓦小时	比上年增长	2.80%

4-1 分县市区万元工业总产值能源消费量（2010-2016年）

单位：吨标准煤，吨标准煤/万元

县市区	2010年		2011年		2012年		2013年	
	综合能源消费量	产值能耗	综合能源消费量	产值能耗	综合能源消费量	产值能耗	综合能源消费量	产值能耗
渭南市	12102839.79	1.26	12676012.95	1.03	14135405	0.93	14763753.62	0.89
临渭辖区	1195764	0.78	988090.99	0.63	1520740	0.71	1560778.61	0.85
临渭区	190200.62	0.24	107136.72	0.22	92756	0.14	76851.27	0.11
高新区	1005562.67	1.34	880954.27	0.82	1427985	0.95	1483927.34	1.29
经开区								
华州区	405404.44	0.31	397474.19	0.25	331461	0.15	331127.89	0.15
潼关县	13954.19	0.05	13468.33	0.03	16670	0.03	17970.61	0.03
大荔县	62651.75	0.30	30793.38	0.11	21122	0.06	20137.83	0.04
合阳县	73733.6	0.42	60452.27	0.25	50003	0.16	43685.35	0.11
澄城县	351253.69	0.79	438683.50	0.77	418490	0.68	429006.14	0.58
蒲城县	2604458.74	3.26	2545228.80	2.26	2579541	1.84	2778044.74	1.77
白水县	189966.21	1.01	216408.87	0.81	211182	0.64	149281.52	0.37
富平县	496542.65	0.80	665691.58	0.74	674108	0.61	701311.31	0.51
韩城市	5888695.32	1.66	6621492.88	1.38	6948983	1.26	7355729.20	1.18
华阴市	820415.91	1.77	698228.16	1.13	1363104	1.78	1376680.42	1.51

4-1 续表1

单位：吨标准煤，吨标准煤/万元

县市区	2014年		2015年		2016年	
	综合能源消费量	产值能耗	综合能源消费量	产值能耗	综合能源消费量	产值能耗
渭南市	14799034.43	0.82	16627790.52	0.87	17233936.18	0.83
临渭辖区	1512483.36	0.75	1560364.43	0.74	1615485.82	0.64
临渭区	23995.09	0.12	19526.91	0.12	7038.13	0.06
高新区	1452170.39	1.08	1513498.88	1.07	1572416.52	0.93
经开区	36317.88	0.07	27338.64	0.05	36031.17	0.05
华州区	1378813.39	0.59	1411440.41	0.58	1408075.44	0.57
潼关县	15717.50	0.03	13520.26	0.03	12107.24	0.02
大荔县	21167.31	0.04	20187.14	0.03	17169.60	0.02
合阳县	12195.39	0.03	11909.10	0.03	6062.24	0.02
澄城县	390058.63	0.50	346709.04	0.48	303813.16	0.54
蒲城县	2628500.89	1.55	4721907.60	2.47	5508615.43	2.53
白水县	133848.38	0.35	101039.31	0.27	106832.84	0.29
富平县	719416.61	0.45	726814.99	0.41	692814.58	0.34
韩城市	6630892.72	0.98	6436874.10	0.91	6304400.99	0.78
华阴市	1355940.13	1.31	1277024.14	1.19	1258558.84	1.48

4-2　全市规模以上工业企业主要能源产品产量（2010-2016 年）

年 份	原煤（万吨）	洗煤（万吨）	液化天然气（万吨）	焦炭（万吨）	发电量（亿千瓦小时）
2010	1884.41	360.91		490.86	282.89
2011	2487.57	502.89		618.99	275.04
2012	3045.32	803.48		811.58	321.69
2013	2494.41	1012.49		936.50	339.95
2014	2292.21	958.83	15.8	918.36	334.66
2015	2341.05	1145.28	1.42	849.17	293.96
2016	2340.58	1222.55	5.84	790.49	302.18

4-3　全市能源加工转换效率（2010-2016 年）

指 标	2010 年	2011 年	2012 年	2013 年	2014 年	2015 年	2016 年
合　　计	64.15	68.67	72.31	72.97	75.30	76.78	76.80
火力发电	37.78	38.61	39.20	39.16	39.68	39.86	39.90
供　　热	86.13	80.00	89.90	93.25	94.35	95.98	92.10
洗　　煤	90.01	42.00	93.30	93.12	91.85	93.38	95.00
炼　　焦	88.11	90.92	91.35	89.17	92.86	91.20	93.10
炼　　油							66.40
天然气液化					95.00	91.95	90.50

4-4 全市分行业平均每万元工业总产值能源消费量（2016年）

行　　业	综合能源消费量（吨标准煤）	产值能耗（吨标准煤/万元）
全部工业	17233936.18	0.83
采矿业	815275.62	0.18
煤炭开采和洗选业	674796.48	0.33
黑色金属矿采选业	1299.24	0.05
有色金属矿采选业	111718.50	0.05
非金属矿采选业	27461.40	0.28
制造业	10738924.82	0.71
农副食品加工业	29704.12	0.02
食品制造业	11713.92	0.04
酒、饮料和精制茶制造业	17191.75	0.04
纺织业	5313.14	0.07
纺织服装、服饰业	22.74	
木材加工和木、竹、藤、棕、草制品业	2188.12	0.04
家具制造业	135.83	0.01
造纸和纸制品业	6828.26	0.06
印刷和记录媒介复制业	101.20	0.01
石油加工、炼焦和核燃料加工业	832901.50	0.43
化学原料和化学制品制造业	6363760.04	3.25
医药制造业	3875.03	0.03
化学纤维制造业	723.88	0.02
橡胶和塑料制品业	9246.19	0.04
非金属矿物制品业	718401.71	0.63
黑色金属冶炼和压延加工业	2535439.36	0.54
有色金属冶炼和压延加工业	55194.20	0.08
金属制品业	4203.86	0.02
通用设备制造业	3229.16	0.01
专用设备制造业	27804.94	0.07
汽车制造业	39.88	0.01
铁路、船舶、航空航天和其他运输设备制造业	437.83	0.06
电气机械和器材制造业	43057.32	0.08
计算机、通信和其他电子设备制造业	2151.08	0.02
仪器仪表制造业	56.80	
其他制造业	57075.16	0.79
废弃资源综合利用业	8127.80	0.33
电力、热力、燃气及水生产和供应业	5679735.74	5.37
电力、热力生产和供应业	5672339.66	5.66
燃气生产和供应业	6529.91	0.14
水的生产和供应业	866.17	0.11

4-5 全市分品种能源

行　　业	原煤(吨)	洗精煤(吨)	其它洗煤(吨)
全部工业	36218634.75	10431970.61	88512.00
采矿业	14076451.78		
煤炭开采和洗选业	14035841.60		
黑色金属矿采选业			
有色金属矿采选业	26318.18		
非金属矿采选业	14292.00		
制造业	9656320.97	10431970.61	88512.00
农副食品加工业	12396.29		
食品制造业	9212.00		7120.00
酒、饮料和精制茶制造业	14693.83		
纺织业			
纺织服装、服饰业			
木材加工和木、竹、藤、棕、草制品业	246.00		
家具制造业			
造纸和纸制品业	4745.50		
印刷和记录媒介复制业			
石油加工、炼焦和核燃料加工业	123028.00	10431970.61	76405.00
化学原料和化学制品制造业	7886837.96		
医药制造业	870.98		
化学纤维制造业			
橡胶和塑料制品业	165.28		
非金属矿物制品业	792433.50		4987.00
黑色金属冶炼和压延加工业	806533.77		
有色金属冶炼和压延加工业	125.60		
金属制品业	20.00		
通用设备制造业	11.00		
专用设备制造业	2607.00		
汽车制造业			
铁路、船舶、航空航天和其他运输设备制造业			
电气机械和器材制造业			
计算机、通信和其他电子设备制造业	675.60		
仪器仪表制造业			
其他制造业	1718.66		
废弃资源综合利用业			
电力、热力、燃气及水生产和供应业	12485862.00		
电力、热力生产和供应业	12485862.00		
燃气生产和供应业			
水的生产和供应业			

按行业分组消费量（2016 年）

焦炭(吨)	其它焦化产品(吨)	焦炉煤气(万立方米)	高炉煤气(万立方米)	天然气（气态）(万立方米)	汽油(吨)	煤油(吨)
2025953.03	116685.00	62193.12	461231.00	9631.06	2528.58	990.50
12966.03				733.82	1372.12	983.81
					633.73	167.00
					0.58	
27.03				733.82	737.81	816.81
12939.00						
2012987.00	116685.00	30505.55	31640.00	5531.24	1021.19	4.65
				29.00	210.30	
					21.00	
				219.89	11.74	
					19.82	
					2.35	
					43.83	
	116685.00	17299.84		449.77	162.18	
				4.80		
				104.14	1.30	
		8081.00			44.65	
2012982.00		5124.71	29053.00	361.61	55.87	
					147.00	
				50.00		
5.00					106.74	
				1479.03	38.11	4.65
					7.70	
				2833.00	20.00	
					23.83	
					104.77	
			2587.00			
		31687.57	429591.00	3366.00	135.27	2.04
		31687.57	429591.00		105.27	2.04
				3366.00	30.00	

4-5 续表 2

行　　业	柴油(吨)	燃料油(吨)	液化石油气(吨)
全部工业	20151.59	8910.00	129.71
采矿业	10231.75	1.00	
煤炭开采和洗选业	2907.27		
黑色金属矿采选业	1.54		
有色金属矿采选业	6892.94	1.00	
非金属矿采选业	430.00		
制造业	8318.08	8909.00	129.71
农副食品加工业	136.75		
食品制造业	289.00		
酒、饮料和精制茶制造业	4.63		
纺织业			
纺织服装、服饰业			
木材加工和木、竹、藤、棕、草制品业			
家具制造业			
造纸和纸制品业	5.00		
印刷和记录媒介复制业			
石油加工、炼焦和核燃料加工业	3281.49		
化学原料和化学制品制造业	2556.91	309.00	129.71
医药制造业			
化学纤维制造业			
橡胶和塑料制品业			
非金属矿物制品业	270.62		
黑色金属冶炼和压延加工业	1411.45		
有色金属冶炼和压延加工业	146.00		
金属制品业			
通用设备制造业	50.38		
专用设备制造业	127.99		
汽车制造业			
铁路、船舶、航空航天和其他运输设备制造业			
电气机械和器材制造业			
计算机、通信和其他电子设备制造业	37.86		
仪器仪表制造业			
其他制造业			
废弃资源综合利用业		8600.00	
电力、热力、燃气及水生产和供应业	1601.76		
电力、热力生产和供应业	1601.76		
燃气生产和供应业			
水的生产和供应业			

润滑油（吨）	溶剂油（吨）	其它石油制品（吨）	热力（百万千焦）	电力（万千瓦时）	煤矸石用于燃料（吨）	余热余压（百万千焦）	其他燃料（吨标准煤）
14.50	54.53	62.97	6904466.39	1074864.06	541440.00	10784379.00	323928.97
				123769.94	179550.00		
				48506.05	179550.00		
				1056.68			
				70643.21			
				3564.00			
14.50	54.53	5.00	6904466.39	703773.92		10784379.00	323928.97
				16997.38			74.09
				1176.53			
				3102.93			
				4323.13			
				18.50			
				1643.44			
				86.79			
1.50				2805.62			2.00
				80.55			
			2264288.00	62251.06			
	54.53			224321.04		10601395.00	110.88
			43096.00	1421.24			
				589.00			
				6427.72			
13.00				92299.02		182984.00	
			4597082.39	159189.02			323731.72
				56830.17			
				2922.34			
		5.00		2516.45			10.28
				9582.11			
				24.99			
				356.25			
				7564.44			
				1325.46			
				53.74			
				45316.00			
				549.00			
		57.97		247320.20	361890.00		
		57.97		244183.42	361890.00		
				2432.00			
				704.78			

4-6 全市能源购进、

能源名称	计量单位	企业单位数（个）	年初库存量	购进量	
					购自省外
原煤	吨	156	1761462	33792475	1112621
无烟煤	吨	8	2328	242765	241
炼焦烟煤	吨	1	13254	2681	
一般烟煤	吨	151	1745880	33547029	1112380
洗精煤（用于炼焦）	吨	7	1064066	10373321	147320
其它洗煤	吨	4	19130	83278	7120
焦炭	吨	6	84533	2173111	
其它焦化产品	吨	3	3475	118074	8124
焦炉煤气	万立方米	9		62193	
高炉煤气	万立方米	4		31640	
天然气	万立方米	18	20	9661	
原油	吨	1		2	
汽油	吨	61	86	2547	40
煤油	吨	9	51	987	
柴油	吨	67	2266	30635	25
燃料油	吨	3	54	8940	
液化石油气	吨	1		130	
润滑油	吨	3	1	15	
溶剂油	吨	1		55	
其它石油制品	吨	2	2	62	
热力	百万千焦	3		4640178	
电力	万千瓦时	452		783927	
煤矸石（用于燃料）	吨	3		524763	
余热余压	百万千焦	4		5245500	
其他燃料	吨标准煤	5	6249	319788	
能源合计	吨标准煤	452			

注：综合能源消费量=工业生产消费-回收利用-能源加工转换产出，上年规模以上工业综合能源消费量16684516.93吨标准煤，本年规模以上工业综合能源消费量17233936.18吨标准煤。

消费与库存（2016 年）

消费量					年末库存量
合计	1. 工业生产消费	用于原材料	2. 非工业生产消费	运输工具消费	
36218635	36160601	5696978	58033		1534703
224360	224154		206		20352
2681	2681				13254
35991594	35933767	5696978	57827		1501097
10431971	10431971				1005417
88512	88432	3820	80		13887
2025953	2025932	12939	21		217247
116685	116685	94133			3434
62193	62174	1635	19		
461231	461231				
9631	9595	362	36		50
2	1		1		
2529	1737		792	1268	86
990	901		90		3
20152	12010	294	8142	9379	2517
8910	8910				83
130	130				
15	15				
55	55	55			
63			63		2
6904466	6904466				
1074864	1049471		25393	99	
541440	525565		15875		
10784379	10784379				
323929	323906		23		2192
40892336	40799912		92424		

4-7　全市能源加工转换

能源名称	计量单位	企业单位数（个）	工业生产消费量	加工转换投入合计	火力发电
原煤	吨	37	29875598	26531600	12305720
无烟煤	吨		198942		
一般烟煤	吨	37	29676656	26531600	12305720
洗精煤（用于炼焦）	吨	7	10431971	10431971	
其它洗煤	吨	1	76405	76405	76405
焦炭	吨		2012982		
其它焦化产品	吨				
焦炉煤气	万立方米	2	46401	44378	31688
高炉煤气	万立方米	2	429591	429591	209243
转炉煤气	万立方米	1			
天然气	万立方米	1	3390	3366	
液化天然气	吨				
汽油	吨		474		
煤油	吨		137		
柴油	吨	6	7023	1049	1049
燃料油	吨	1	8600	8600	
液化石油气	吨		130		
热力	百万千焦		6861370		
电力	万千瓦时		516491		
煤矸石（用于燃料）	吨	3	525565	525565	525565
余热余压	百万千焦	7	5538879	5355895	5355895
其他燃料	吨标准煤		323732		
能源合计	吨标准煤	53	34679027	29199094	9302012

4-8 全市经销企业能源购

商品名称	单位	企业数	年初商品库存量	商品购进量					
				2016 年		2015 年		增速（%）	
				总计	其中：省外	总计	其中：省外	总计	其中：省外
原煤	万吨	5	1.62	98.30		93.55		5.08	
煤制品	万吨	1	0.23	2.64		1.84		43.48	
焦炭	万吨	1	0.06	278.57	94.93	299.99	107.28	-7.14	-11.51
液化天然气	万吨	1		0.98		0.82		19.51	
汽油	万吨	19	0.02	402.29		289.58		38.92	
柴油	万吨	18	0.02	399.91		286.68		39.50	

与回收利用（2016 年）

供热	原煤入洗	炼焦	炼油及煤制油	天然气液化	能源加工转换产出	回收利用
283398	13942482					
283398	13942482					
		10431971			8713126	
					3512357	
					7904926	
					340104	
				12690	110959	
220348						411885
						34040
				3366		
					58427	
					5600	
			8600			
					12914959	
					3021751	
						16041761
478101	9862859	9430452	12286	113384	22414652	1151323

进销售与库存情况（2016 年）

商品销售量						期末商品库存量
2016 年		2015 年		增速（%）		
总计	其中：省外	总计	其中：省外	总计	其中：省外	
97.89		95.16		2.87		1.23
2.72		2.09		30.14		0.14
278.63	278.63	299.92	299.92	-7.10	-7.10	
0.96		0.82		17.07		
402.28	0.11	289.60	0.11	38.91		0.03
399.91	0.11	286.70	0.11	39.49		0.01

4-9 全市主要耗能工业企业

目　　录	指标单位	2010年		2011年	
		企业数	指标值	企业数	指标值
吨原煤生产综合能耗	千克标准煤/吨	3	5.18	4	5.28
吨原煤生产耗电	千瓦时/吨	3	21.01	4	22.25
选煤电力单耗	千瓦时/吨	6	8.06	6	7.74
吨纱(线)混合数综合能耗	千克标准煤/吨			1	629.92
吨纱(线)混合数生产用电量	千瓦时/吨			1	3740.88
炼焦工序单位能耗	千克标准煤/吨	11	146.95	10	135.25
单位烧碱生产综合能耗（隔膜法30%）	千克标准煤/吨	1	796.90	1	801.01
单位烧碱生产耗交流电（隔膜法30%）	千瓦时/吨	1	2855.37	1	2724.87
单位电石生产综合能耗	千克标准煤/吨			1	1111.91
单位电石生产电力消耗	千瓦时/吨			1	3413.48
单位合成氨生产综合能耗	千克标准煤/吨	3	1611.20	2	1616.80
单位合成氨耗电	千瓦时/吨	3	697.64	2	748.56
单位合成氨耗原料煤	千克标煤/吨	3	1154.17	2	1174.07
单位合成氨耗标准燃料煤	千克标煤/吨	3	695.14	2	748.53
吨水泥熟料综合能耗	千克标准煤/吨	11	121.37	7	120.28
吨水泥熟料综合电耗	千瓦时/吨	11	69.57	7	71.77
吨水泥熟料烧成标准煤耗	千克标准煤/吨	11	113.38	7	112.38
吨水泥综合能耗	千克标准煤/吨	13	91.56	7	87.76
吨水泥综合电耗	千瓦时/吨	12	94.60	7	94.15
吨水泥标准煤耗	千克标准煤/吨	10	79.36	6	74.77
吨钢综合能耗	千克标准煤/吨	1	601.97	1	586.65
吨钢耗电	千瓦时/吨	1	251.75	1	239.38
炼铁工序单位能耗	千克标准煤/吨	1	469.95	1	479.04
铁矿烧结工序单位能耗	千克标准煤/吨	1	74.22	1	58.77
转炉炼钢综合工序单位能耗	千克标准煤/吨	1	6.33	1	5.26
电炉炼钢综合工序单位能耗	千克标准煤/吨			1	97.00
电炉炼钢综合电力消耗	千瓦时/吨	1	760.00	1	758.00
轧钢工序单位能耗	千克标准煤/吨	4	45.88	4	51.64
轧钢工序单位电力消耗	千瓦时/吨	4	91.11	4	94.59
吨钢耗新水	吨/吨	1	1.10	1	1.36
单位电解铝综合能耗	千克标准煤/吨	2	1799.49	2	1668.56
电厂火力发电标准煤耗	克标准煤/千瓦	11	321.32	11	315.98
电厂火力供电标准煤耗	克标准煤/千瓦	11	348.53	11	343.93
发电厂用电率	%	11	7.87	11	8.18

单位产品能源消耗情况（2016 年）

2012 年		2013 年		2014 年	
企业数	指标值	企业数	指标值	企业数	指标值
4	4.69	4	4.66	3	5.45
4	21.33	4	24.89	3	26.34
3	6.38	2	8.1	2	10.51
1	1084.19	1	1860.86	1	1710.69
1	4824.95	1	5601.44	1	6896.55
7	136.88	7	122.02	7	111.13
1	803.36				
1	2715.91				
1	1028.39				
1	3594.21				
2	1483.51	2	1604.48	1	1482.24
2	696.63	2	454.86	1	425.61
2	1060.03	2	1141.83	1	1125.80
2	386.01	2	416.89	1	384.03
6	118.65	5	115.05	4	110.20
6	67.97	5	70.37	4	65.53
		5	103.76	4	103.68
6	84.43	5	80.31	4	79.60
6	92.49	5	90.23	4	89.01
5	72.53	4	68.62	3	69.85
1	547.7	1	525.26	1	518.10
1	231.86	1	194.59	1	252.74
1	426.1	1	414.72	1	393.05
1	50.64	1	51.97	1	52.98
1	-3.9	1	-8.76	1	-9.80
1	96.08	1	95.3	1	96.10
1	756.01	1	760.1	1	758.11
3	41.33	3	32.35	3	34.93
3	126.53	3	91.89	3	70.77
1	1.2	1	1.08	1	0.96
3	1780.3	3	1755.34	3	1681.56
9	314.58	9	312.08	9	308.79
9	341.48	9	337.82	9	334.19
9	7.86	9	7.59	9	7.58

4-9 续表 1

目　　录	指标单位	2015 年		2016 年	
		企业数	指标值	企业数	指标值
吨原煤生产综合能耗	千克标准煤/吨	3	4.97	3	4.69
吨原煤生产耗电	千瓦时/吨	3	23.95	3	25.97
选煤电力单耗	千瓦时/吨	2	6.78	2	6.69
吨纱(线)混合数综合能耗	千克标准煤/吨	1	0.00	1	452.28
吨纱(线)混合数生产用电量	千瓦时/吨	1	7534.25	1	3356.81
炼焦工序单位能耗	千克标准煤/吨	7	125.31	7	126.22
单位烧碱生产综合能耗（隔膜法 30%）	千克标准煤/吨				
单位烧碱生产耗交流电（隔膜法 30%）	千瓦时/吨				
单位电石生产综合能耗	千克标准煤/吨				
单位电石生产电力消耗	千瓦时/吨				
单位合成氨生产综合能耗	千克标准煤/吨	2	1459.52	2	1439.67
单位合成氨耗电	千瓦时/吨	2	284.04	2	279.13
单位合成氨耗原料煤	千克标煤/吨	2	1156.50	2	1168.39
单位合成氨耗标准燃料煤	千克标煤/吨	2	275.15	2	250.12
吨水泥熟料综合能耗	千克标准煤/吨	5	109.21	5	110.13
吨水泥熟料综合电耗	千瓦时/吨	5	62.79	5	61.04
吨水泥熟料烧成标准煤耗	千克标准煤/吨	5	102.20	5	102.70
吨水泥综合能耗	千克标准煤/吨	5	85.69	5	81.33
吨水泥综合电耗	千瓦时/吨	5	87.19	5	79.76
吨水泥标准煤耗	千克标准煤/吨	4	75.59	4	73.75
吨钢综合能耗	千克标准煤/吨	1	541.78	1	532.28
吨钢耗电	千瓦时/吨	1	281.74	1	271.14
炼铁工序单位能耗	千克标准煤/吨	1	393.29	1	385.37
铁矿烧结工序单位能耗	千克标准煤/吨	1	52.73	1	46.49
转炉炼钢综合工序单位能耗	千克标准煤/吨	1	-12.92	1	-18.25
电炉炼钢综合工序单位能耗	千克标准煤/吨	1	96.13	1	96.14
电炉炼钢综合电力消耗	千瓦时/吨	1	757.95	1	757.95
轧钢工序单位能耗	千克标准煤/吨	3	33.20	3	22.51
轧钢工序单位电力消耗	千瓦时/吨	3	108.74	3	76.97
吨钢耗新水	吨/吨	1	0.98	1	0.71
单位电解铝综合能耗	千克标准煤/吨	1	1539.00	1	1685.40
电厂火力发电标准煤耗	克标准煤/千瓦	9	307.10	9	306.05
电厂火力供电标准煤耗	克标准煤/千瓦	9	331.95	9	331.11
发电厂用电率	%	9	7.40	9	7.48

4-10　分县市区单位 GDP 能耗及其下降率（2010-2015 年）

单位：吨标准煤/万元、%

县市区	单位 GDP 能耗（GDP 按 2010 年不变价）					
	2010 年	2011 年	2012 年	2013 年	2014 年	2015 年
渭南市	1.593	1.535	1.480	1.424	1.362	1.318
临渭区	0.665	0.629	0.602	0.580	0.552	0.534
高新区	2.960	2.798	2.691	2.589	2.488	2.433
华州区	1.263	1.203	1.155	1.112	1.447	1.400
潼关县	0.441	0.426	0.413	0.397	0.369	0.362
大荔县	0.264	0.253	0.244	0.235	0.219	0.215
合阳县	0.280	0.271	0.261	0.251	0.241	0.233
澄城县	1.327	1.274	1.220	1.174	1.068	1.045
蒲城县	1.668	1.577	1.507	1.458	1.404	2.183
白水县	0.483	0.465	0.448	0.431	0.384	0.370
富平县	1.603	1.555	1.493	1.436	1.380	1.329
韩城市	3.203	3.081	2.957	2.838	2.572	2.520
华阴市	0.836	0.795	0.764	0.735	0.662	0.644

4-10 续表 1

单位：吨标准煤/万元、%

县市区	单位 GDP 能耗下降率（比上年）					
	2010 年	2011 年	2012 年	2013 年	2014 年	2015 年
渭南市	4.72	3.60	3.61	3.81	4.33	3.21
临渭区	5.60	5.52	4.21	3.75	4.81	3.30
高新区	4.48	5.47	3.83	3.80	3.90	2.21
华州区	4.39	4.72	4.02	3.70	-30.07	3.20
潼关县	4.54	3.40	3.19	3.73	7.04	2.03
大荔县	5.08	4.32	3.50	3.70	6.50	2.21
合阳县	5.03	3.40	3.70	3.70	3.88	3.30
澄城县	4.00	4.00	4.20	3.80	8.99	2.20
蒲城县	4.11	5.45	4.40	3.31	3.70	-55.51
白水县	4.83	3.62	3.70	3.71	10.97	3.67
富平县	5.62	3.00	4.01	3.82	3.85	3.71
韩城市	6.14	3.82	4.01	4.03	9.39	2.00
华阴市	5.23	4.89	4.00	3.80	9.83	2.79

注：1、生产总值增速按不变价计算，能源消耗按等价值计算。
　　2、2010-2013 年数据根据第三次经济普查结果进行了调整。
　　3、临渭区的数据包含经开区。

4-11 分县市区单位GDP能耗及其下降率（2016年）

单位：吨标准煤/万元、%

县市区	单位GDP能耗（GDP按2015年不变价）		单位GDP能耗下降率（比上年）
	2015年	2016年	
渭南市	1.308	1.259	3.73
临渭区	0.510	0.483	5.32
高新区	2.584	2.454	5.04
华州区	1.834	1.739	5.15
潼关县	0.352	0.334	5.22
大荔县	0.197	0.185	6.09
合阳县	0.212	0.192	9.16
澄城县	1.094	1.030	5.80
蒲城县	2.143	2.145	-0.06
白水县	0.343	0.323	5.80
富平县	1.123	1.051	6.38
韩城市	2.273	2.127	6.43
华阴市	0.708	0.659	6.87

注：1、生产总值增速按不变价计算，能源消耗按等价值计算。

2、临渭区的数据包含经开区。

4-12 全市规模以上工业企业用水情况（2016年）

指标名称	计量单位	取水量		外供水量	
		本期	上年同期	本期	上年同期
合计	立方米	169708954	176607555	30034392	26865447
地表淡水	立方米	63756435	65041058		
地下淡水	立方米	79409923	82966159	23736501	21028136
自来水	立方米	15068466	14975109	6206650	5802610
陆地苦咸水	立方米	12260	20492		
矿井水	立方米	4891	6258		
雨水	立方米	6975	7143		
再生水（中水）	立方米	1182841	629539		
其他水	立方米	10267163	12961797	91241	34701

注：规模以上工业企业重复用水量2581820610.18立方米，外排水量27692826.87立方米。

主要统计指标解释

能源生产总量 指一定时期内，一次能源生产量的总和。该指标是观察能源生产水平、规模、构成和发展速度的总量指标。一次能源生产量包括原煤、原油、天然气、水电、核能及其他动力能(如风能、地热能等)发电量，不包括低热值燃料生产量、生物质能、太阳能等的利用和由一次能源加工转换而成的二次能源产量。

能源消费总量 是指一定地域内，国民经济各行业和居民家庭在一定时间消费的各种能源的总和。包括：原煤、原油、天然气、水能、核能、风能、太阳能、地热能、生物质能等一次能源；一次能源通过加工转换产生的洗煤、焦炭、煤气、电力、热力、成品油等二次能源和同时产生的其他产品；其他化石能源、可再生能源和新能源。其中水能、风能、太阳能、地热能、生物质能等可再生能源，是指人们通过一定技术手段获得的，并作为商品能源使用的部分。在核算过程中，一次能源、二次能源消费不能重复计算。能源消费总量分为终端能源消费量、能源加工转换损失量和能源损失量三部分。

(1)终端能源消费量：指一定时期内，全国生产和生活消费的各种能源在扣除了用于加工转换二次能源消费量和损失量以后的数量。

(2)能源加工转换损失量：指一定时期内，全国投入加工转换的各种能源数量之和与产出各种能源产品之和的差额。该指标是观察能源在加工转换过程中损失量变化的指标。

(3)能源损失量：指一定时期内，能源在输送、分配、储存过程中发生的损失和由客观原因造成的各种损失量，不包括各种气体能源放空、放散量。

能源生产弹性系数 是研究能源生产增长速度与国民经济增长速度之间关系的指标。计算公式：

$$能源生产弹性系数=\frac{能源生产总量年平均增长速度}{国民经济年平均增长速度}$$

国民经济年平均增长速度，可根据不同的目的或需要，用国民生产总值、国内生产总值等指标来计算，本年鉴是采用国内生产总值指标计算的。

电力生产弹性系数 是研究电力生产增长速度与国民经济增长速度之间关系的指标。一般来说，电力的发展应当快于国民经济的发展，也就是说电力应超前发展。计算公式为：

$$电力生产弹性系数=\frac{电力生产量年平均增长速度}{国民经济年平均增长速度}$$

能源消费弹性系数 反映能源消费增长速度与国民经济增长速度之间比例关系的指标。计算公式为：

$$能源消费弹性系数=\frac{能源消费量年平均增长速度}{国民经济年平均增长速度}$$

电力消费弹性系数 反映电力消费增长速度与国民经济增长速度之间比例关系的指标。计算公式为：

$$电力消费弹性系数=\frac{电力消费量年平均增长速度}{国民经济年平均增长速度}$$

能源加工转换效率 指一定时期内，能源经过加工、转换后，产出的各种能源产品的数量与同期内投入加工转换的各种能源数量的比率。该指标是观察能源加工转换装置和生产工艺先进与落后、管理水平高低等的重要指标。计算公式为：

$$能源加工转换效率=\frac{能源加工转换产出量}{能源加工转换投入量}\times 100\%$$

单位生产总值能耗 指一定时期内，一个国家或地区每生产一个单位的生产总值所消耗的能源。计算公式为：

$$单位生产总值能耗=\frac{能源消费总量}{生产总值}$$

单位生产总值电耗 指一定时期内，一个国家或地区每生产一个单位的生产总值所消耗的电力。计算公式为：

$$单位生产总值电耗=\frac{全社会用电量}{生产总值}$$

单位工业增加值能耗 指一定时期内，一个国家或地区每生产一个单位的工业增加值所消耗的能源。计算公式为：

$$单位工业增加值能耗=\frac{工业能源消费量}{工业增加值}$$

五、建筑业

资料整理：陈思思

资料校对：陈思思

5.建筑业

2016 年全市具有建筑业资质等级的建筑施工企业		
企业个数	130	个
#国有及国有控股企业	24	个
总产值	276.87	万元
#国有及国有控股企业	168.75	万元
房屋建筑竣工面积	484.68	万平方米
房屋建筑面积竣工率	39.58	%

5-1 各种分组总专包

指标名称	企业个数(个)			合同情况（千元）		
	建筑业企业个数	有工作量的建筑业企业个数	亏损企业个数	签订的合同额	上年结转合同额	本年新签合同额
总计	130	126	21	54207388	22450282	31757106
其中：国有及国有控股企业	24	23	6	39195681	17003383	22192298
一、按登记注册类型分组						
内资企业	130	126	21	54207388	22450282	31757106
国有企业	8	8	2	2028663	768657	1260006
集体企业	13	13	3	1767264	822609	944655
有限责任公司	66	63	12	44174486	18412216	25762270
国有独资公司	5	5	2	2882602	919683	1962919
其他有限责任公司	61	58	10	41291884	17492533	23799351
股份有限公司	5	5	1	330520	65658	264862
私营企业	38	37	3	5906455	2381142	3525313
私营有限责任公司	33	32	3	4943852	2161523	2782329
私营股份有限公司	5	5		962603	219619	742984
二、按国民经济行业分组						
房屋建筑业	91	89	14	38221746	17409876	20811870
土木工程建筑业	28	28	6	15617191	5032965	10584226
铁路、道路、隧道和桥梁工程建筑	11	11	2	11831350	3891682	7939668
铁路工程建筑	1	1		292987	44770	248217
公路工程建筑	5	5	1	493790	20169	473621
市政道路工程建筑	4	4	1	333326	90303	243023
其他道路、隧道和桥梁工程建筑	1	1		10711247	3736440	6974807
水利和内河港口工程建筑	11	11	1	1373220	281631	1091589
水源及供水设施工程建筑	7	7	1	1119892	179487	940405
河湖治理及防洪设施工程建筑	4	4		253328	102144	151184
工矿工程建筑	4	4	2	2372853	855690	1517163
架线和管道工程建筑	1	1		4628	1842	2786
管道工程建筑	1	1		4628	1842	2786
其他土木工程建筑	1	1	1	35140	2120	33020
建筑安装业	5	5		350861	4741	346120
电气安装	2	2		232560	366	232194
管道和设备安装	2	2		116421	3500	112921
其他建筑安装业	1	1		1880	875	1005
建筑装饰和其他建筑业	6	4	1	17590	2700	14890
工程准备活动	3	2		9700	2700	7000
其他工程准备活动	3	2		9700	2700	7000

全部企业生产情况

建筑业总产值(千元)					
建筑业总产值	其中：装饰装修产值	其中：在外省完成的产值	建筑工程产值	安装工程产值	其他产值
27687143	214332	8681921	25562198	1506266	618679
16874694	186084	8633953	15838599	958922	77173
27687143	214332	8681921	25562198	1506266	618679
1461800		15279	1128181	281996	51623
1265988	18008		1172525	81462	12001
20766569	194754	8666642	19342306	1000892	423371
1270374		571253	706124	554700	9550
19496195	194754	8095389	18636182	446192	413821
284059			250186	17825	16048
3908727	1570		3669000	124091	115636
3138183	1570		2972566	82661	82956
770544			696434	41430	32680
21180424	214332	5124285	20118757	818326	243341
6042878		3557636	5305221	554160	183497
3877112		2934621	3800375		76737
89337			89337		
354810			354810		
401305			324568		76737
3031660		2934621	3031660		
1171397		50252	1099187		72210
935592		45369	919544		16048
235805		4883	179643		56162
957043		569053	402883	554160	
2776			2776		
2776			2776		
34550		3710			34550
440013			115292	132880	191841
327219			44304	126480	156435
110914			69108	6400	35406
1880			1880		
23828			22928	900	
8602			7702	900	
8602			7702	900	

5-1 续表 1

指标名称	企业个数(个)			合同情况(千元)		
	建筑业企业个数	有工作量的建筑业企业个数	亏损企业个数	签订的合同额	上年结转合同额	本年新签合同额
提供施工设备服务	1	1				
其他未列明建筑业	2	1	1	7890		7890
三、按隶属关系分组						
中央	4	4	2	25756754	12285945	13470809
省(自治区、直辖市)	8	8	1	12288072	4484866	7803206
地区(州、盟、省辖市)	20	18	4	2872944	1227172	1645772
县(区、市、旗)	40	39	8	4403963	1399587	3004376
镇	1	1	1	4800	2130	2670
村委会	1	1		327960	67700	260260
其他	56	55	5	8552895	2982882	5570013
四、按企业资质等级分组						
施工总承包	120	117	18	53877646	22442662	31434984
一级	10	9	1	38382762	17219680	21163082
二级	59	58	10	8784089	3236351	5547738
三级及以下	51	50	7	6710795	1986631	4724164
专业承包	10	9	3	329742	7620	322122
一级	1	1	1	35140	2120	33020
二级	2	1		6400	3500	2900
三级及以下	7	7	2	288202	2000	286202
五、按地区分组						
渭南市	130	126	21	54207388	22450282	31757106
临渭辖区	42	39	8	41168806	18257313	22911493
临渭区	38	36	7	41055474	18233041	22822433
高新区	4	3	1	113332	24272	89060
经开区						
华州区	4	4	1	222678	52235	170443
潼关县	5	5	1	480534		480534
大荔县	10	10		1308186	438619	869567
合阳县	4	4	2	1028424	559039	469385
澄城县	8	8		348125	97607	250518
蒲城县	13	13		2040380	98016	1942364
白水县	1	1		11508		11508
富平县	8	8	2	772775	185479	587296
韩城市	30	29	6	6634806	2703189	3931617
华阴市	5	5	1	191166	58785	132381
六、按控股情况分组						
国有控股	24	23	6	39195681	17003383	22192298
集体控股	17	17	4	2657202	1069129	1588073
私人控股	82	80	10	10938705	3951688	6987017
其他	7	6	1	1415800	426082	989718

建筑业总产值(千元)

三、建筑业总产值	其中：装饰装修产值	其中：在外省完成的产值	建筑工程产值	安装工程产值	其他产值
7426			7426		
7800			7800		
9398309		7665604	8844149	554160	
6583728	201092	968349	6134248	405380	44100
1981328	3860	8133	1513690	204955	262683
3347921	3000	39835	3172992	146928	28001
7900			7900		
299200			239300	47872	12028
6068757	6380		5649919	146971	271867
27352519	214332	8678211	25275239	1493151	584129
16196245	186084	8616474	15185349	1010896	
6443834	28248	35602	5667343	360621	415870
4712440		26135	4422547	121634	168259
334624		3710	286959	13115	34550
34550		3710			34550
6400				6400	
293674			286959	6715	
27687143	214332	8681921	25562198	1506266	618679
17860950	206522	8639886	16595345	951740	313865
17753661	204952	8639886	16488956	950840	313865
107289	1570		106389	900	
181875		2200	120470	51855	9550
487960			487960		
1101581			1101581		
716940			716940		
274954	3000	13700	231905	15000	28049
1923657			1832213	85225	6219
11508			11508		
610003	4810		589071	4932	16000
4348911		26135	3706401	397514	244996
168804			168804		
16874694	186084	8633953	15838599	958922	77173
2189921	18008		1753643	255814	180464
7624963	10240	34268	6972391	291530	361042
997565		13700	997565		

5-1 续表 2

指标名称	承包工程完成情况(千元)			
	直接从建设单位承揽工程完成的产值	自行完成施工产值	分包出去工程的产值	从建设单位以外承揽工程完成的产值
总计	27317060	27242911	74149	444232
其中：国有及国有控股企业	16839428	16832148	7280	42546
一、按登记注册类型分组				
内资企业	27317060	27242911	74149	444232
国有企业	1429304	1429304		32496
集体企业	1185757	1185757		80231
有限责任公司	20636193	20617123	19070	149446
国有独资公司	1267604	1260324	7280	10050
其他有限责任公司	19368589	19356799	11790	139396
股份有限公司	284089	282933	1156	1126
私营企业	3781717	3727794	53923	180933
私营有限责任公司	3011173	2957250	53923	180933
私营股份有限公司	770544	770544		
二、按国民经济行业分组				
房屋建筑业	20934130	20923344	10786	257080
土木工程建筑业	5949695	5886332	63363	156546
铁路、道路、隧道和桥梁工程建筑	3786980	3723617	63363	153495
铁路工程建筑	89337	89337		
公路工程建筑	354710	354710		100
市政道路工程建筑	311273	247910	63363	153395
其他道路、隧道和桥梁工程建筑	3031660	3031660		
水利和内河港口工程建筑	1171397	1171397		
水源及供水设施工程建筑	935592	935592		
河湖治理及防洪设施工程建筑	235805	235805		
工矿工程建筑	953992	953992		3051
架线和管道工程建筑	2776	2776		
管道工程建筑	2776	2776		
其他土木工程建筑	34550	34550		
建筑安装业	410009	410009		30004
电气安装	327219	327219		
管道和设备安装	80910	80910		30004
其他建筑安装业	1880	1880		
建筑装饰和其他建筑业	23226	23226		602
工程准备活动	8000	8000		602
其他工程准备活动	8000	8000		602

竣工产值（千元）	房屋建筑施工面积(平方米)			施工机械设备		
	房屋建筑施工面积	其中：本年新开工面积	其中：实行投标承包面积	年末自有施工机械设备(净值)(千元)	年末自有施工机械设备(总台)(台)	年末自有施工机械设备(总功率)(千瓦)
11479334	12245130	6209731	9674688	763239	36293	326742
4622902	5584009	2047441	5009117	272059	2009	115305
11479334	12245130	6209731	9674688	763239	36293	326742
429938	873678	271103	663894	6860	430	7223
808411	1195672	644903	779224	29024	1119	11671
8171482	8079115	4196427	6673071	496642	7510	246728
1111134	121028	50124	119428	45364	595	6979
7060348	7958087	4146303	6553643	451278	6915	239749
156452	175172	146581	174610	12241	422	4650
1913051	1921493	950717	1383889	218472	26812	56470
1539814	1578421	769914	1069396	175698	26256	44504
373237	343072	180803	314493	42774	556	11966
8617117	11887751	5959345	9347695	548940	33650	218057
2473000	290939	201271	270553	198179	2153	83336
711551	171511	151147	151125	129419	1071	67303
89337				23917	53	3297
423101	156522	148926	151125	31991	664	17543
199113	4336	2221		2136	50	3355
	10653			71375	304	43108
938975				31644	414	9016
717104				25338	162	7868
221871				6306	252	1148
787924	119428	50124	119428	36798	646	6988
				318	22	29
				318	22	29
34550						
374691	60940	45115	50940	8840	436	24932
274704	6820	995	6820	6295	424	24821
98107	54120	44120	44120	2545	12	111
1880						
14526	5500	4000	5500	7280	54	417
7100	5500	4000	5500	4280	34	237
7100	5500	4000	5500	4280	34	237

5-1 续表 3

指标名称	承包工程完成情况(千元)			
	直接从建设单位承揽工程完成的产值	自行完成施工产值	分包出去工程的产值	从建设单位以外承揽工程完成的产值
提供施工设备服务	7426	7426		
其他未列明建筑业	7800	7800		
三、按隶属关系分组				
中央	9395539	9395539		2770
省(自治区、直辖市)	6551232	6551232		32496
地区(州、盟、省辖市)	1981258	1980102	1156	1226
县(区、市、旗)	3271480	3252410	19070	95511
镇	7900	7900		
村委会	299200	299200		
其他	5810451	5756528	53923	312229
四、按企业资质等级分组				
施工总承包	26983319	26909170	74149	443349
一级	16160979	16160979		35266
二级	6271341	6216262	55079	227572
三级及以下	4550999	4531929	19070	180511
专业承包	333741	333741		883
一级	34550	34550		
二级	6400	6400		
三级及以下	292791	292791		883
五、按地区分组				
渭南市	27317060	27242911	74149	444232
临渭辖区	17859740	17856954	2786	3996
临渭区	17752451	17749665	2786	3996
高新区	107289	107289		
经开区				
华州区	125495	125495		56380
潼关县	487960	487960		
大荔县	1101581	1101581		
合阳县	702090	702090		14850
澄城县	269743	265953	3790	9001
蒲城县	1923657	1916377	7280	7280
白水县	11508	11508		
富平县	610003	610003		
韩城市	4056479	3996186	60293	352725
华阴市	168804	168804		
六、按控股情况分组				
国有控股	16839428	16832148	7280	42546
集体控股	2109690	2109690		80231
私人控股	7370477	7303608	66869	321355
其他	997465	997465		100

竣工产值（千元）	房屋建筑施工面积(平方米)			施工机械设备		
	房屋建筑施工面积	其中：本年新开工面积	其中：实行投标承包面积	年末自有施工机械设备(净值)(千元)	年末自有施工机械设备(总台)(台)	年末自有施工机械设备(总功率)(千瓦)
7426						
				3000	20	180
810699	130081	50124	119428	199397	1208	97779
3051374	5016870	1671703	5014910	24657	541	15367
1558378	1103584	688912	516776	68758	1638	64950
2244813	2351026	1483794	1437565	151353	4163	55369
7900	2400	643	2358	2200	26	260
299200	260250	213540	260250	9360	480	8350
3506970	3380919	2101015	2323401	307514	28237	84667
11166878	12219810	6189386	9653084	751575	36029	323515
3695621	5435436	1785911	5126299	265616	25363	120012
4379434	4419738	2715177	3136867	248701	6422	140058
3091823	2364636	1688298	1389918	237258	4244	63445
312456	25320	20345	21604	11664	264	3227
34550						
				135	1	33
277906	25320	20345	21604	11529	263	3194
11479334	12245130	6209731	9674688	763239	36293	326742
5856550	6709086	2956308	5817545	334435	3758	181008
5780631	6651845	2935477	5785378	329915	3736	180791
75919	57241	20831	32167	4520	22	217
173780	132136	69979	80557	14845	166	3893
487960	278068	243000		7940	205	8017
938540	272109	40494	57471	14323	278	3656
90545	215737	211449	190983	903	327	1175
104619	220030	179963	196183	15428	359	2883
1443369	1032800	806496	973684	92801	2653	38068
9808	6087	1020	1020	501	50	90
57730	569865	133442	88814	30171	633	10264
2179329	2583581	1420084	2102103	248734	27377	73489
137104	225631	147496	166328	3158	487	4199
4622902	5584009	2047441	5009117	272059	2009	115305
1483500	1482896	875938	1046294	48444	2256	46966
4850890	4225633	2518870	2851930	400621	31253	139249
522042	952592	767482	767347	42115	775	25222

5-1 续表 4

指标名称	从业人员情况(人)			
	从事主营业务活动的从业人员平均人数	从事主营业务活动的从业人员期末人数	其中：工程技术人员	其中：现场施工工人
总计	73851	69918	9339	38805
其中：国有及国有控股企业	24801	23229	2916	15978
一、按登记注册类型分组				
内资企业	73851	69918	9339	38805
国有企业	6527	5250	451	4455
集体企业	5530	5410	564	1507
有限责任公司	40288	39945	6079	22804
国有独资公司	3596	3797	517	2415
其他有限责任公司	36692	36148	5562	20389
股份有限公司	2303	2317	145	1240
私营企业	19203	16996	2100	8799
私营有限责任公司	14899	12733	1550	5721
私营股份有限公司	4304	4263	550	3078
二、按国民经济行业分组				
房屋建筑业	61815	57126	6893	32950
土木工程建筑业	10542	10516	2115	5213
铁路、道路、隧道和桥梁工程建筑	4580	4649	907	1716
铁路工程建筑	294	308	66	69
公路工程建筑	1200	1147	186	358
市政道路工程建筑	1805	1913	246	925
其他道路、隧道和桥梁工程建筑	1281	1281	409	364
水利和内河港口工程建筑	3192	2929	902	1662
水源及供水设施工程建筑	2308	2244	734	1228
河湖治理及防洪设施工程建筑	884	685	168	434
工矿工程建筑	2510	2678	293	1734
架线和管道工程建筑	50	50	13	30
管道工程建筑	50	50	13	30
其他土木工程建筑	210	210		71
建筑安装业	1214	1979	279	482
电气安装	496	477	248	358
管道和设备安装	707	1491	26	124
其他建筑安装业	11	11	5	
建筑装饰和其他建筑业	280	297	52	160
工程准备活动	213	233	43	130
其他工程准备活动	213	233	43	130

主要建筑材料消耗量						补充资料（千元）
1. 钢材（吨）	2. 木材（立方米）	3. 水泥（吨）	4. 平板玻璃（重量箱）	4. 平板玻璃（平方米）	5. 铝材（吨）	企业总产值
1196015	507337	5628056	563448	4344067	31105	27857323
602997	96411	2715184	10068	299809	1754	16879647
1196015	507337	5628056	563448	4344067	31105	27857323
16745	16209	845963	4730	39621	85	1461800
156218	82016	341101	17765	131155	5409	1268320
886939	336205	3581168	398989	3776511	15467	20800965
7788	1542	25862				1275327
879151	334663	3555306	398989	3776511	15467	19525638
8972	503	33180	1151	15315	92	284089
127141	72404	826644	140813	381465	10052	4042149
84569	50823	321690	88369	316740	4053	3235585
42572	21581	504954	52444	64725	5999	806564
1061205	471386	4293126	452429	3240758	29121	21336111
126747	35705	1270780	110214	1101652	1241	6057071
114310	21311	457794	110154	1101352	1240	3891305
33	5	1321				89337
8935	17360	86237	110154	1101352	1240	368461
2695	1330	3763				401847
102647	2616	366473				3031660
7394	14333	804294				1171397
6776	1427	786672				935592
618	12906	17622				235805
5039	61	8592				957043
4		100	60	300	1	2776
4		100	60	300	1	2776
						34550
8048	234	64067	789	1541	743	440013
200	20	450	5	300	2	327219
7848	214	63617	784	1241	741	110914
						1880
15	12	83	16	116		24128
15	12	83	16	116		8902
15	12	83	16	116		8902

5-1 续表 5

指标名称	从业人员情况(人)			
	从事主营业务活动的从业人员平均人数	从事主营业务活动的从业人员期末人数	其中：工程技术人员	其中：现场施工工人
提供施工设备服务	29	29		
其他未列明建筑业	38	35	9	30
三、按隶属关系分组				
中央	5844	5860	1159	2697
省(自治区、直辖市)	13769	12798	1508	9766
地区(州、盟、省辖市)	8321	7305	1808	4076
县(区、市、旗)	15318	14600	1822	7250
镇	179	178	5	
村委会	1150	1350	90	860
其他	29270	27827	2947	14156
四、按企业资质等级分组				
施工总承包	72282	68282	9149	37660
一级	21653	20207	2809	12860
二级	26725	24794	4129	13035
三级及以下	23904	23281	2211	11765
专业承包	1569	1636	190	1145
一级	210	210		71
二级	23	24		
三级及以下	1336	1402	190	1074
五、按地区分组				
渭南市	73851	69918	9339	38805
临渭辖区	28044	27345	4824	15366
临渭区	27531	26890	4655	15129
高新区	513	455	169	237
经开区				
华州区	1292	1105	256	697
潼关县	1708	730	15	280
大荔县	3755	3208	479	915
合阳县	2538	1745	90	35
澄城县	1531	1977	353	539
蒲城县	13460	13477	1117	9121
白水县	61	61	10	21
富平县	2244	2281	365	1475
韩城市	18137	16866	1752	9970
华阴市	1081	1123	78	386
六、按控股情况分组				
国有控股	24801	23229	2916	15978
集体控股	8452	7844	1067	2986
私人控股	37154	35897	4834	19158
其他	3444	2948	522	683

主要建筑材料消耗量						补充资料（千元）
1. 钢材(吨)	2. 木材（立方米）	3. 水泥（吨）	4. 平板玻璃(重量箱)	4. 平板玻璃(平方米)	5. 铝材（吨）	企业总产值
						7426
						7800
257507	7414	884973				9398309
351127	78179	1857682	4068	81133	1750	6588681
30079	43136	103801	8509	81403	2564	1982258
288787	176457	1320692	368831	3680472	11827	3350795
76		480				7900
13530	8250	97410	1850	7920	1560	299200
254909	193901	1363018	180190	493139	13404	6230180
1195435	507310	5614316	563441	4343899	31080	27472699
610195	81352	1928422	65689	179590	2927	16196245
302465	222464	1742106	284085	2605075	14517	6495171
282775	203494	1943788	213667	1559234	13636	4781283
580	27	13740	7	168	25	384624
						34550
						6400
580	27	13740	7	168	25	343674
1196015	507337	5628056	563448	4344067	31105	27857323
755825	235815	2963998	28481	254813	11213	17899999
755724	235779	2963235	27645	253877	10173	17788723
101	36	763	836	936	1040	111276
8958	3865	30922	13397	14574	558	186848
9820	2170	62460	1170	201330	41	487960
13755	38913	43697	5850	45388	880	1138233
112508	59302	123506	1562	8455	1693	716940
8447	2224	5319	3146	11074	54	275496
55042	7091	514854	74378	268840	5511	1981657
204	67	1436	205	610	5	11508
15791	3951	26075	8984	34802	435	612003
203807	143477	1796479	426140	3498271	10415	4377875
11858	10462	59310	135	5910	300	168804
602997	96411	2715184	10068	299809	1754	16879647
182499	99593	468261	21180	147825	8661	2192253
394234	304037	2407122	531884	3832255	18222	7786958
16285	7296	37489	316	64178	2468	998465

5-1 续表 6

指标名称	房屋建筑竣工面积(平方米)			
	合计	住宅房屋	商业及服务用房屋	商厦房屋(批发和零售用房)
总计	4846798	3756924	271709	113243
其中：国有及国有控股企业	1677013	1277512	64720	
一、按登记注册类型分组				
内资企业	4846798	3756924	271709	113243
国有企业	119355	119355		
集体企业	501682	404865	14890	2400
有限责任公司	3299311	2440211	242635	98409
国有独资公司	98538	150		
其他有限责任公司	3200773	2440061	242635	98409
股份有限公司	121263	116863		
私营企业	805187	675630	14184	12434
私营有限责任公司	647408	524810	14184	12434
私营股份有限公司	157779	150820		
二、按国民经济行业分组				
房屋建筑业	4692905	3720800	271709	113243
土木工程建筑业	101493			
铁路、道路、隧道和桥梁工程建筑	4335			
铁路工程建筑				
公路工程建筑				
市政道路工程建筑	4335			
其他道路、隧道和桥梁工程建筑				
水利和内河港口工程建筑				
水源及供水设施工程建筑				
河湖治理及防洪设施工程建筑				
工矿工程建筑	97158			
架线和管道工程建筑				
管道工程建筑				
其他土木工程建筑				
建筑安装业	50400	34124		
电气安装	6280			
管道和设备安装	44120	34124		
其他建筑安装业				
建筑装饰和其他建筑业	2000	2000		
工程准备活动	2000	2000		
其他工程准备活动	2000	2000		

房屋建筑竣工面积(平方米)

商业及服务用房屋				办公用房屋	科研、教育、医疗用房屋			
宾馆用房屋(住宿用房)	餐饮用房屋(餐饮用房)	商务会展用房屋	其他商业及服务用房屋(居民服务业用房)			科学研究用房屋	教育用房屋	医疗用房屋(卫生医疗用房)
480	8386	420	149180	100590	407602	6851	317319	83432
			64720	25502	146184	6217	66853	73114
480	8386	420	149180	100590	407602	6851	317319	83432
			12490	11533	31808		27765	4043
	7956		136270	77625	281000	6217	198921	75862
	7956		136270	77625	281000	6217	198921	75862
				1560	2840		2840	
480	430	420	420	9872	91954	634	87793	3527
480	430	420	420	3605	91262	634	87793	2835
				6267	692			692
480	8386	420	149180	100590	403267	6851	312984	83432
					4335		4335	
					4335		4335	
					4335		4335	

5-1 续表 7

指标名称	房屋建筑竣工面积(平方米)			
	合 计	住宅房屋	商业及服务用房屋	商厦房屋(批发和零售用房)
提供施工设备服务				
其他未列明建筑业				
三、按隶属关系分组				
中央	97158			
省(自治区、直辖市)	1319724	990458	69072	
地区(州、盟、省辖市)	568843	398338	93054	85098
县(区、市、旗)	1127664	1019405	8138	
镇	2400		2400	2400
村委会	131586	131586		
其他	1599423	1217137	99045	25745
四、按企业资质等级分组				
施工总承包	4833178	3744284	271709	113243
一级	1492013	991842	157774	85098
二级	1911796	1528063	97351	13311
三级及以下	1429369	1224379	16584	14834
专业承包	13620	12640		
一级				
二级				
三级及以下	13620	12640		
五、按地区分组				
渭南市	4846798	3756924	271709	113243
临渭辖区	2526706	1825790	162126	85098
临渭区	2476792	1775876	162126	85098
高新区	49914	49914		
经开区				
华州区	20289	6150	8138	
潼关县	266500	266500		
大荔县	183628	169029	2540	790
合阳县	17531	17531		
澄城县	88402	77960		
蒲城县	657020	540400	11644	11644
白水县	5983			
富平县	31641		31641	13311
韩城市	971763	783829	53220	
华阴市	77335	69735	2400	2400
六、按控股情况分组				
国有控股	1677013	1277512	64720	
集体控股	654048	550951	14890	2400
私人控股	2149246	1677510	138879	110843
其他	366491	250951	53220	

房屋建筑竣工面积(平方米)

商业及服务用房屋				办公用房屋	科研、教育、医疗用房屋			
宾馆用房屋(住宿用房)	餐饮用房屋(餐饮用房)	商务会展用房屋	其他商业及服务用房屋(居民服务业用房)			科学研究用房屋	教育用房屋	医疗用房屋(卫生医疗用房)
			69072	27105	165769	6217	85338	74214
	7956			7566	58715		58715	
			8138	14643	30197		24879	5318
480	430	420	71970	51276	152921	634	148387	3900
480	8386	420	149180	100214	406998	6247	317319	83432
	7956		64720	33068	146184	6217	66853	73114
			84040	55917	157888		152780	5108
480	430	420	420	11229	102926	30	97686	5210
				376	604	604		
				376	604	604		
480	8386	420	149180	100590	407602	6851	317319	83432
	7956		69072	51668	281975	6217	197536	78222
	7956		69072	51668	281975	6217	197536	78222
			8138	2000	297		297	
480	430	420	420	650	9830	30	9785	15
					6442		6442	
				11936	81072	604	77648	2820
					5983		3608	2375
			18330					
			53220	32336	18803		18803	
				2000	3200		3200	
			64720	25502	146184	6217	66853	73114
			12490	11533	31808		27765	4043
480	8386	420	18750	37011	214249	634	207340	6275
			53220	26544	15361		15361	

5-1 续表 8

指标名称	房屋建筑竣工面积(平方米)				
	文化、体育、娱乐用房屋	厂房及建筑物	厂房	仓库	其他未列明的房屋建筑物*
总计	32605	186915	177205	10895	79558
其中：国有及国有控股企业		152600	151370	10495	
一、按登记注册类型分组					
内资企业	32605	186915	177205	10895	79558
国有企业					
集体企业	18743	2324	324	150	17369
有限责任公司	1185	184181	176671	10495	61979
国有独资公司		98388	97158		
其他有限责任公司	1185	85793	79513	10495	61979
股份有限公司					
私营企业	12677	410	210	250	210
私营有限责任公司	12677	410	210	250	210
私营股份有限公司					
二、按国民经济行业分组					
房屋建筑业	32605	83477	80047	10895	69562
土木工程建筑业		97158	97158		
铁路、道路、隧道和桥梁工程建筑					
铁路工程建筑					
公路工程建筑					
市政道路工程建筑					
其他道路、隧道和桥梁工程建筑					
水利和内河港口工程建筑					
水源及供水设施工程建筑					
河湖治理及防洪设施工程建筑					
工矿工程建筑		97158	97158		
架线和管道工程建筑					
管道工程建筑					
其他土木工程建筑					
建筑安装业		6280			9996
电气安装		6280			
管道和设备安装					9996
其他建筑安装业					
建筑装饰和其他建筑业					
工程准备活动					
其他工程准备活动					

竣工房屋价值(千元)						
合 计	住宅房屋	商业及服务用房屋	商厦房屋(批发和零售用房)	宾馆用房屋(住宿用房)	餐饮用房屋(餐饮用房)	商务会展用房屋
7803780	5951304	366707	170755	760	1560	840
3122430	2266227	96908				
7803780	5951304	366707	170755	760	1560	840
274216	274216					
696999	514065	29742	7900			
5345238	3871663	315219	144409		700	
188001	11					
5157237	3871652	315219	144409		700	
137370	126896					
1349957	1164464	21746	18446	760	860	840
1079567	900991	21746	18446	760	860	840
270390	263473					
7545599	5917251	366707	170755	760	1560	840
194362						
6847						
6847						
187515						
61869	32103					
18832						
43037	32103					
1950	1950					
1950	1950					
1950	1950					

5-1 续表 9

指标名称	房屋建筑竣工面积(平方米)				
	文化、体育、娱乐用房屋	厂房及建筑物	厂房	仓库	其他未列明的房屋建筑物*
提供施工设备服务					
其他未列明建筑业					
三、按隶属关系分组					
中央		97158	97158		
省(自治区、直辖市)		55802	54572	10495	1023
地区(州、盟、省辖市)	1185	8910	2630		1075
县(区、市、旗)	18743	4220	2220	150	32168
镇					
村委会					
其他	12677	20825	20625	250	45292
四、按企业资质等级分组					
施工总承包	32605	186915	177205	10895	79558
一级	1185	151370	151370	10495	95
二级	18743	35335	25625	150	18349
三级及以下	12677	210	210	250	61114
专业承包					
一级					
二级					
三级及以下					
五、按地区分组					
渭南市	32605	186915	177205	10895	79558
临渭辖区	19928	160280	154000	10495	14444
临渭区	19928	160280	154000	10495	14444
高新区					
经开区					
华州区		3554	324	150	
潼关县					
大荔县	709	410	210	250	210
合阳县					
澄城县					4000
蒲城县	11968				
白水县					
富平县					
韩城市		22671	22671		60904
华阴市					
六、按控股情况分组					
国有控股		152600	151370	10495	
集体控股	18743	8604	324	150	17369
私人控股	13862	5296	5096	250	62189
其他		20415	20415		

<table>
<tr><th colspan="7">竣工房屋价值(千元)</th></tr>
<tr><th rowspan="2">合 计</th><th rowspan="2">住宅房屋</th><th rowspan="2">商业及服务用房屋</th><th>商厦房屋(批发和零售用房)</th><th>宾馆用房屋(住宿用房)</th><th>餐饮用房屋(餐饮用房)</th><th>商务会展用房屋</th></tr>
<tr><td></td><td></td><td></td><td></td></tr>
<tr><td></td><td></td><td></td><td></td><td></td><td></td><td></td></tr>
<tr><td></td><td></td><td></td><td></td><td></td><td></td><td></td></tr>
<tr><td></td><td></td><td></td><td></td><td></td><td></td><td></td></tr>
<tr><td>187515</td><td></td><td></td><td></td><td></td><td></td><td></td></tr>
<tr><td>2463464</td><td>1714762</td><td>102414</td><td></td><td></td><td></td><td></td></tr>
<tr><td>931144</td><td>684696</td><td>125143</td><td>124443</td><td></td><td>700</td><td></td></tr>
<tr><td>1640950</td><td>1478419</td><td>16336</td><td></td><td></td><td></td><td></td></tr>
<tr><td>7900</td><td></td><td>7900</td><td>7900</td><td></td><td></td><td></td></tr>
<tr><td>299200</td><td>299200</td><td></td><td></td><td></td><td></td><td></td></tr>
<tr><td>2273607</td><td>1774227</td><td>114914</td><td>38412</td><td>760</td><td>860</td><td>840</td></tr>
<tr><td></td><td></td><td></td><td></td><td></td><td></td><td></td></tr>
<tr><td>7776410</td><td>5926313</td><td>366707</td><td>170755</td><td>760</td><td>1560</td><td>840</td></tr>
<tr><td>2792824</td><td>1788793</td><td>222051</td><td>124443</td><td></td><td>700</td><td></td></tr>
<tr><td>2813923</td><td>2276595</td><td>115010</td><td>19966</td><td></td><td></td><td></td></tr>
<tr><td>2169663</td><td>1860925</td><td>29646</td><td>26346</td><td>760</td><td>860</td><td>840</td></tr>
<tr><td>27370</td><td>24991</td><td></td><td></td><td></td><td></td><td></td></tr>
<tr><td></td><td></td><td></td><td></td><td></td><td></td><td></td></tr>
<tr><td></td><td></td><td></td><td></td><td></td><td></td><td></td></tr>
<tr><td>27370</td><td>24991</td><td></td><td></td><td></td><td></td><td></td></tr>
<tr><td></td><td></td><td></td><td></td><td></td><td></td><td></td></tr>
<tr><td>7803780</td><td>5951304</td><td>366707</td><td>170755</td><td>760</td><td>1560</td><td>840</td></tr>
<tr><td>4274185</td><td>2949902</td><td>227557</td><td>124443</td><td></td><td>700</td><td></td></tr>
<tr><td>4231145</td><td>2906862</td><td>227557</td><td>124443</td><td></td><td>700</td><td></td></tr>
<tr><td>43040</td><td>43040</td><td></td><td></td><td></td><td></td><td></td></tr>
<tr><td></td><td></td><td></td><td></td><td></td><td></td><td></td></tr>
<tr><td>44750</td><td>10011</td><td>16336</td><td></td><td></td><td></td><td></td></tr>
<tr><td>477380</td><td>477380</td><td></td><td></td><td></td><td></td><td></td></tr>
<tr><td>248694</td><td>225331</td><td>4280</td><td>980</td><td>760</td><td>860</td><td>840</td></tr>
<tr><td>41580</td><td>41580</td><td></td><td></td><td></td><td></td><td></td></tr>
<tr><td>76063</td><td>55433</td><td></td><td></td><td></td><td></td><td></td></tr>
<tr><td>994901</td><td>826767</td><td>17466</td><td>17466</td><td></td><td></td><td></td></tr>
<tr><td>7778</td><td></td><td></td><td></td><td></td><td></td><td></td></tr>
<tr><td>34630</td><td></td><td>34630</td><td>19966</td><td></td><td></td><td></td></tr>
<tr><td>1481854</td><td>1259058</td><td>58538</td><td></td><td></td><td></td><td></td></tr>
<tr><td>121965</td><td>105842</td><td>7900</td><td>7900</td><td></td><td></td><td></td></tr>
<tr><td></td><td></td><td></td><td></td><td></td><td></td><td></td></tr>
<tr><td>3122430</td><td>2266227</td><td>96908</td><td></td><td></td><td></td><td></td></tr>
<tr><td>1055631</td><td>853865</td><td>29742</td><td>7900</td><td></td><td></td><td></td></tr>
<tr><td>3125297</td><td>2459349</td><td>181519</td><td>162855</td><td>760</td><td>1560</td><td>840</td></tr>
<tr><td>500422</td><td>371863</td><td>58538</td><td></td><td></td><td></td><td></td></tr>
</table>

5-1 续表 10

指标名称	竣工房屋价值(千元)		
	商业及服务用房屋		
	其他商业及服务用房屋(居民服务业用房)	办公用房屋	科研、教育、医疗用房屋
总计	192792	171923	729525
其中：国有及国有控股企业	96908	69661	342440
一、按登记注册类型分组			
内资企业	192792	171923	729525
国有企业			
集体企业	21842	17591	45779
有限责任公司	170110	138395	546285
国有独资公司			
其他有限责任公司	170110	138395	546285
股份有限公司		3658	6816
私营企业	840	12279	130645
私营有限责任公司	840	6384	129623
私营股份有限公司		5895	1022
二、按国民经济行业分组			
房屋建筑业	192792	171923	722678
土木工程建筑业			6847
铁路、道路、隧道和桥梁工程建筑			6847
铁路工程建筑			
公路工程建筑			
市政道路工程建筑			6847
其他道路、隧道和桥梁工程建筑			
水利和内河港口工程建筑			
水源及供水设施工程建筑			
河湖治理及防洪设施工程建筑			
工矿工程建筑			
架线和管道工程建筑			
管道工程建筑			
其他土木工程建筑			
建筑安装业			
电气安装			
管道和设备安装			
其他建筑安装业			
建筑装饰和其他建筑业			
工程准备活动			
其他工程准备活动			

竣工房屋价值(千元)							
			文化、体育、娱乐用房屋	厂房及建筑物		仓库	其他未列明的房屋建筑物*
科学研究用房屋	教育用房屋	医疗用房屋(卫生医疗用房)			厂房		
23047	520162	186316	39320	385504	356747	17776	141721
21529	149850	171061		330194	329719	17000	
23047	520162	186316	39320	385504	356747	17776	141721
	40754	5025	18355	8810	810	376	62281
21529	350327	174429	2592	375004	355697	17000	79080
				187990	187515		
21529	350327	174429	2592	187014	168182	17000	79080
	6816						
1518	122265	6862	18373	1690	240	400	360
1518	122265	5840	18373	1690	240	400	360
		1022					
23047	513315	186316	39320	179157	169232	17776	130787
	6847			187515	187515		
	6847						
	6847						
				187515	187515		
				18832			10934
				18832			
							10934

5-1 续表 11

指标名称	竣工房屋价值(千元)		
	商业及服务用房屋		
	其他商业及服务用房屋(居民服务业用房)	办公用房屋	科研、教育、医疗用房屋
提供施工设备服务			
其他未列明建筑业			
三、按隶属关系分组			
中央			
省(自治区、直辖市)	102414	71614	374849
地区(州、盟、省辖市)		15532	76978
县(区、市、旗)	16336	23895	44235
镇			
村委会			
其他	74042	60882	233463
四、按企业资质等级分组			
施工总承包	192792	171022	728047
一级	96908	85193	342440
二级	95044	71449	213240
三级及以下	840	14380	172367
专业承包		901	1478
一级			
二级			
三级及以下		901	1478
五、按地区分组			
渭南市	192792	171923	729525
临渭辖区	102414	103676	546900
临渭区	102414	103676	546900
高新区			
经开区			
华州区	16336	8000	742
潼关县			
大荔县	840	1050	15163
合阳县			
澄城县			10630
蒲城县		16559	116156
白水县			7778
富平县	14664		
韩城市	58538	39535	27036
华阴市		3103	5120
六、按控股情况分组			
国有控股	96908	69661	342440
集体控股	21842	17591	45779
私人控股	15504	55473	322944
其他	58538	29198	18362

竣工房屋价值(千元)							
科学研究用房屋	教育用房屋	医疗用房屋(卫生医疗用房)	文化、体育、娱乐用房屋	厂房及建筑物	厂房	仓库	其他未列明的房屋建筑物*
				187515	187515		
21529	180730	172590		143124	142649	17000	39701
	76978		2592	20095	1263		6108
	37651	6584	18355	10619	2619	376	48715
1518	224803	7142	18373	24151	22701	400	47197
21569	520162	186316	39320	385504	356747	17776	141721
21529	149850	171061	2592	329719	329719	17000	5036
	206913	6327	18355	55545	26788	376	63353
40	163399	8928	18373	240	240	400	73332
1478							
1478							
23047	520162	186316	39320	385504	356747	17776	141721
21529	347983	177388	20947	349814	330982	17000	58389
21529	347983	177388	20947	349814	330982	17000	58389
	742			9285	810	376	
40	15093	30	420	1690	240	400	360
	10630						10000
1478	108868	5810	17953				
	4690	3088					
	27036			24715	24715		72972
	5120						
21529	149850	171061		330194	329719	17000	
	40754	5025	18355	27642	810	376	62281
1518	311196	10230	20965	5207	3757	400	79440
	18362			22461	22461		

5-2　各种分组总专包

指标名称	一、年初存货（千元）	二、年末			
		流动资产合计	应收工程款	其中：存货	固定资产合计
总计	3057742	15550946	5801107	3118507	1735315
其中：国有及国有控股企业	2216551	10964421	4057486	1872881	572431
一、按登记注册类型分组					
内资企业	3057742	15550946	5801107	3118507	1735315
国有企业	214386	1266876	822887	184588	49765
集体企业	88426	407910	60868	113876	152285
有限责任公司	2309050	11820913	4163790	1991622	1142826
国有独资公司	151553	1180582	590659	161030	155821
其他有限责任公司	2157497	10640331	3573131	1830592	987005
股份有限公司	19254	264218	106060	17531	14424
私营企业	426626	1791029	647502	810890	376015
私营有限责任公司	305383	1288923	397462	679070	311452
私营股份有限公司	121243	502106	250040	131820	64563
二、按国民经济行业分组					
房屋建筑业	2080327	8982631	4341694	2086361	949581
土木工程建筑业	955530	6218593	1285747	1008622	635201
铁路、道路、隧道和桥梁工程建筑	767139	4087126	363671	788559	346949
铁路工程建筑	1981	46302	18324	1981	32013
公路工程建筑	29224	136976	85244	32067	154822
市政道路工程建筑	100158	317919	42231	88486	33723
其他道路、隧道和桥梁工程建筑	635776	3585929	217872	666025	126391
水利和内河港口工程建筑	21167	1078611	394648	21412	176638
水源及供水设施工程建筑	19465	831728	363161	19130	151521
河湖治理及防洪设施工程建筑	1702	246883	31487	2282	25117
海洋工程建筑					
工矿工程建筑	154827	1006142	512133	185034	111198
架线和管道工程建筑		7053	6432		416
管道工程建筑		7053	6432		416
其他土木工程建筑	12397	39661	8863	13617	
建筑安装业	19536	298722	151078	17305	106073
电气安装	18758	229881	91353	9431	103851
管道和设备安装	778	68841	59725	7874	2222
其他建筑安装业					
建筑装饰和其他建筑业	2349	51000	22588	6219	44460
工程准备活动	2000	40451	20451	5800	36280
其他工程准备活动	2000	40451	20451	5800	36280

企业财务汇总表

资产负债（千元）

固定资产减值准备	固定资产原价	累计折旧		在建工程	资产合计	流动负债合计		非流动负债合计
			本年折旧				应付账款	
18178	2509219	1131104	132923	146822	17858988	11202013	5453137	385929
6561	1061228	567222	50201	2677	11777845	9045213	4796401	239982
18178	2509219	1131104	132923	146822	17858988	11202013	5453137	385929
	79306	29541	2713		1318813	1036669	697969	
	137989	39075	4298	51933	612447	97445	44886	35300
9202	1738551	845966	75223	89002	13364494	9184014	4442699	263997
6561	234663	130155	13820	2677	1339065	938426	607966	34597
2641	1503888	715811	61403	86325	12025429	8245588	3834733	229400
	28467	16373	1265		310302	116491	85051	289
8976	524906	200149	49424	5887	2252932	767394	182532	86343
2160	397342	137148	41111	5887	1686203	519347	155599	106
6816	127564	63001	8313		566729	248047	26933	86237
10617	1418716	618653	71818	75484	10301384	6407571	2648689	147177
7561	909243	414630	56774	37074	7054954	4428147	2713839	238368
3400	569129	284613	36972	2677	4483746	2629722	1764784	204892
450	48162	25431	1427	2677	78498	27034	20513	1467
2950	169918	66665	17985		302299	41891	24512	3896
	46758	14617	2298		375818	235634	78758	500
	304291	177900	15262		3727131	2325163	1641001	199029
	187215	46718	7327	34397	1405060	868023	398260	346
	154892	38494	5877	34397	1068502	709887	315850	57
	32323	8224	1450		336558	158136	82410	289
4161	151867	82683	12416		1117340	894647	547407	33130
	1032	616	59		7469	1041	1041	
	1032	616	59		7469	1041	1041	
					41339	34714	2347	
	154954	94475	3785	13264	405857	332814	69626	384
	149938	91681	3105	13264	334794	282421	21869	384
	5016	2794	680		71063	50393	47757	
	26306	3346	546	21000	96793	33481	20983	
	18100	3320	520	21000	78031	25000	20000	
	18100	3320	520	21000	78031	25000	20000	

5-2 续表 1

指标名称	一、年初存货（千元）	二、年末 流动资产合计	应收工程款	其中：存货	固定资产合计
提供施工设备服务	349	1444	347	419	7952
其他未列明建筑业		9105	1790		228
三、按隶属关系分组					
中央	1956362	7733992	2490086	1550113	404274
省(自治区、直辖市)	104713	2345453	1226329	179069	78145
地区(州、盟、省辖市)	233616	1475599	335211	240184	352635
县(区、市、旗)	215582	1413094	611856	233403	328259
镇	110	5580	3400	100	3420
村委会	4906	41707	32454	6047	3737
其他	542453	2535521	1101771	909591	564845
四、按企业资质等级分组					
施工总承包	3025136	15429390	5764745	3076240	1633223
一级	2143824	10501274	3711832	2115053	544430
二级	628758	3243221	1205514	660111	788437
三级以下	252554	1684895	847399	301076	300356
专业承包	32606	121556	36362	42267	102092
一级	12397	39661	8863	13617	
二级		16974	4188	7031	566
三级以下	20209	64921	23311	21619	101526
五、按地区分组					
渭南市	3057742	15550946	5801107	3118507	1735315
临渭辖区	2489473	11117339	3312772	2193463	932842
临渭区	2478409	10997285	3278620	2153479	883728
高新区	11064	120054	34152	39984	49114
经开区					
华州区	13206	149395	80231	14006	71638
潼关县	9269	33475	9207	5239	9743
大荔县	41935	398707	97743	60291	169939
合阳县	8635	148853	36930	15337	19589
澄城县	4996	121741	67810	12799	30782
蒲城县	192466	614178	304008	194708	196830
白水县	1649	2897		1430	
富平县	134499	753330	306351	302347	99370
韩城市	161274	2133951	1574880	318763	200434
华阴市	340	77080	11175	124	4148
六、按控股情况分组					
国有控股	2216551	10964421	4057486	1872881	572431
集体控股	97477	740442	183028	121649	286386
私人控股	720161	3565344	1444638	1052430	785258
其他	23553	280739	115955	71547	91240

资产负债（千元）

固定资产减值准备	固定资产原价	累计折旧		在建工程	资产合计	流动负债合计		非流动负债合计
			本年折旧				应付账款	
	7952				9397	5060	983	
	254	26	26		9365	3421		
4161	810577	474367	40987		8155557	6206788	3354181	238169
1950	133431	55286	7260		2559544	2199352	1049751	57
2420	427279	198898	13687	41317	1966745	929873	260976	7992
627	340540	90062	12099	63937	1924948	681061	398696	41607
	4960	1540	770		9000	3520	2430	
	5927	2190	455		45537	24389	23511	
9020	786505	308761	57665	41568	3197657	1157030	363592	98104
18178	2431847	1121427	131403	112425	17633276	11148648	5445888	385929
4161	955489	510945	56198	387	11191732	8556818	4314324	238226
11286	1090501	483835	54466	75645	4342069	1739668	831364	58984
2731	385857	126647	20739	36393	2099475	852162	300200	88719
	77372	9677	1520	34397	225712	53365	7249	
					41339	34714	2347	
	796	230	152		17540	3466		
	76576	9447	1368	34397	166833	15185	4902	
18178	2509219	1131104	132923	146822	17858988	11202013	5453137	385929
13397	1462297	750865	66892	70873	12319229	8557381	4035738	282805
13397	1407915	724097	65578	49873	12146582	8499694	3993388	282805
	54382	26768	1314	21000	172647	57687	42350	
1950	72532	33427	1458	30933	261604	70705	44823	300
	9693				52999	10084	1056	
1560	152586	20904	1767	35681	629716	190831	45240	981
627	22520	3753	248		171957	129436	72212	289
	40302	11825	1198	500	186544	45752	12600	510
	322655	135942	34371		816426	169316	57215	86237
					7000			
	98596	32852	11370	2000	873843	515667	236534	9000
644	316090	134736	14499	6835	2433397	1492974	940353	5807
	10948	6800	1120		106273	19867	7366	
6561	1061228	567222	50201	2677	11777845	9045213	4796401	239982
627	337201	141224	7967	56641	1080539	470841	96778	35684
9020	982769	345317	72129	87504	4587547	1611451	543165	106463
1970	128021	77341	2626		413057	74508	16793	3800

5-2 续表 2

指标名称	二、年末				
	负债合计	所有者权益合计	实收资本	国家资本	集体资本
总计	11783569	6075419	4386497	1904122	245889
其中：国有及国有控股企业	9291119	2486726	2208435	1880602	1159
一、按登记注册类型分组					
内资企业	11783569	6075419	4386497	1904122	245889
国有企业	1036669	282144	159889	159889	
集体企业	187799	424648	231457		213197
有限责任公司	9521653	3842841	3262686	1740713	30280
国有独资公司	976958	362107	267593	267593	
其他有限责任公司	8544695	3480734	2995093	1473120	30280
股份有限公司	134581	175721	110612	3520	2412
私营企业	902867	1350065	621853		
私营有限责任公司	558578	1127625	568473		
私营股份有限公司	344289	222440	53380		
二、按国民经济行业分组					
房屋建筑业	6659633	3641751	2262084	267101	199247
土木工程建筑业	4734726	2320228	2040576	1637021	7692
铁路、道路、隧道和桥梁工程建筑	2862306	1621440	1510683	1337743	4180
铁路工程建筑	32436	46062	26087	26087	
公路工程建筑	68025	234274	152940		4180
市政道路工程建筑	237653	138165	129656	109656	
其他道路、隧道和桥梁工程建筑	2524192	1202939	1202000	1202000	
水利和内河港口工程建筑	908888	496172	388361	183336	3512
水源及供水设施工程建筑	727349	341153	239530	127677	2353
河湖治理及防洪设施工程建筑	181539	155019	148831	55659	1159
海洋工程建筑					
工矿工程建筑	927777	189563	128907	109317	
架线和管道工程建筑	1041	6428	6000		
管道工程建筑	1041	6428	6000		
其他土木工程建筑	34714	6625	6625	6625	
建筑安装业	333198	72659	57000		25000
电气安装	282805	51989	45000		25000
管道和设备安装	50393	20670	12000		
其他建筑安装业					
建筑装饰和其他建筑业	56012	40781	26837		13950
工程准备活动	46531	31500	20500		13950
其他工程准备活动	46531	31500	20500		13950

资产负债（千元）		三、损益及分配(千元)						
法人资本	个人资本	营业收入	主营业务收入	营业成本	主营业务成本	营业税金及附加	主营业务税金及附加	其他业务利润
869419	1367067	23071986	23012368	21138434	20767089	431679	422656	5434
326661	13	14541505	14504993	13806926	13781391	178919	178348	5434
869419	1367067	23071986	23012368	21138434	20767089	431679	422656	5434
		1082517	1082517	979818	979635	16411	15989	-183
6000	12260	788217	788217	725917	725917	14519	14519	
656199	835494	17889053	17830150	16659614	16445921	298157	296140	5617
		1280028	1279030	1212495	1212495	15247	15247	439
656199	835494	16609025	16551120	15447119	15233426	282910	280893	5178
46360	58320	321319	321319	291527	291527	5999	5999	
160860	460993	2990880	2990165	2481558	2324089	96593	90009	
160860	407613	2358751	2358036	1983097	1825628	74174	67590	
	53380	632129	632129	498461	498461	22419	22419	
771119	1024617	16277055	16227028	14800163	14587464	327510	325320	4760
95800	300063	6287927	6278938	5878590	5720357	96741	89919	674
25000	143760	3941896	3939439	3742675	3584475	53496	46674	
		89337	89337	83591	83591	3153	3153	
5000	143760	312947	312947	278970	121914	11338	5764	
20000		206933	204476	181486	180342	7868	6620	
		3332679	3332679	3198628	3198628	31137	31137	
56800	144713	1313960	1308418	1143767	1143734	37080	37080	674
39200	70300	1014074	1013635	875150	875117	29004	29004	406
17600	74413	299886	294783	268617	268617	8076	8076	268
8000	11590	994745	993755	956490	956490	5442	5442	
6000		2776	2776	2755	2755	8	8	
6000		2776	2776	2755	2755	8	8	
		34550	34550	32903	32903	715	715	
	32000	454942	454942	419613	419613	6219	6219	
	20000	342221	342221	312268	312268	4163	4163	
	12000	110841	110841	105780	105780	1911	1911	
		1880	1880	1565	1565	145	145	
2500	10387	52062	51460	40068	39655	1209	1198	
500	6050	40602	40000	30413	30000	901	890	
500	6050	40602	40000	30413	30000	901	890	

5-2 续表 3

指标名称	二、年末				
	负债合计	所有者权益合计			
			实收资本	国家资本	集体资本
提供施工设备服务	5060	4337	4337		
其他未列明建筑业	4421	4944	2000		
三、按隶属关系分组					
中央	6444957	1710600	1644379	1343379	
省(自治区、直辖市)	2199410	360134	259343	218720	20100
地区(州、盟、省辖市)	993644	973101	712208	215295	32692
县(区、市、旗)	813320	1111628	778757	126728	187667
镇	3570	5430	5430		5430
村委会	24390	21147	20000		
其他	1304278	1893379	966380		
四、按企业资质等级分组					
施工总承包	11728673	5904603	4280048	1897497	245889
一级	8795045	2396687	1927407	1500777	
二级	1935618	2406451	1664959	269992	219570
三级以下	998010	1101465	687682	126728	26319
专业承包	54896	170816	106449	6625	
一级	34714	6625	6625	6625	
二级	3466	14074	8000		
三级以下	16716	150117	91824		
五、按地区分组					
渭南市	11783569	6075419	4386497	1904122	245889
临渭辖区	8906984	3412245	2922198	1718215	125020
临渭区	8828297	3318285	2850136	1686153	111070
高新区	78687	93960	72062	32062	13950
经开区					
华州区	105009	156595	50160		23500
潼关县	19054	33945	23940	6000	
大荔县	194261	435455	361361	55659	41500
合阳县	131713	40244	37265		21587
澄城县	62094	124450	70697	3520	22432
蒲城县	276936	539490	263107	100727	
白水县	4620	2380			
富平县	524680	349163	181797	1	70
韩城市	1533077	900320	464192	20000	
华阴市	25141	81132	11780		11780
六、按控股情况分组					
国有控股	9291119	2486726	2208435	1880602	1159
集体控股	561580	518959	312685		239297
私人控股	1839640	2747907	1666317	23520	1253
其他	91230	321827	199060		4180

资产负债（千元）		三、损益及分配(千元)						
		营业收入		营业成本		营业税金及附加		其他业务利润
法人资本	个人资本		主营业务收入		主营业务成本		主营业务税金及附加	
	4337	3015	3015	2429	2429	11	11	
2000		8445	8445	7226	7226	297	297	
301000		8042233	8010824	7628708	7603356	81631	81482	5349
	20523	5560007	5560007	5341773	5203385	65538	65538	-183
148838	315383	1964036	1958933	1763178	1763178	47413	46991	268
193771	270591	2477710	2455319	2249368	2199235	78917	77050	
		5470	5470	5530	5530			
17150	2850	299200	299200	206450	206450	13440	13440	
208660	757720	4723330	4722615	3943427	3785955	144740	138155	
856919	1279743	22734124	22675108	20858970	20488038	416172	407160	5434
301000	125630	13467783	13436813	12782165	12756663	148964	148815	4760
424119	751278	5603502	5597847	4937528	4612232	152968	146263	674
131800	402835	3662839	3640448	3139277	3119143	114240	112082	
12500	87324	337862	337260	279464	279051	15507	15496	
		34550	34550	32903	32903	715	715	
2000	6000	13098	13098	11748	11748	147	147	
10500	81324	290214	289612	234813	234400	14645	14634	
869419	1367067	23071986	23012368	21138434	20767089	431679	422656	5434
574798	504165	15758989	15727580	14868619	14813231	206975	206403	5316
574798	478115	15619353	15588383	14753672	14698284	202566	201994	4877
	26050	139636	139197	114947	114947	4409	4409	439
26660		112447	112447	97733	97733	1717	1717	
	17940	483549	483118	453174	453174	15571	15571	
46000	218202	837548	832445	710692	710692	33417	33177	268
50	15628	203442	203442	190013	190013	4735	4735	
	44745	262812	260355	246364	245220	7331	5777	
7000	155380	1834943	1834943	1562003	1404947	52187	46613	
		8852	8852	7660	7560	430	430	
19661	162065	589104	589104	506759	506759	12388	12388	
195250	248942	2813926	2793821	2351815	2194158	84334	83251	-150
		166374	166261	143332	143332	12594	12594	
326661	13	14541505	14504993	13806926	13781391	178919	178348	5434
42350	31038	1505376	1505376	1305740	1305740	37671	37671	
478358	1163186	6196307	6173201	5368402	5022592	201069	193086	
22050	172830	828798	828798	657366	657366	14020	13551	

5-2 续表 4

指标名称	三、损益					
	销售费用	管理费用	税 金	财务费用	利息收入	其中：利息支出
总计	101133	716424	25074	163491	11340	146104
其中：国有及国有控股企业	13370	356410	3209	85567	9796	89304
一、按登记注册类型分组						
内资企业	101133	716424	25074	163491	11340	146104
国有企业	2419	54131	657	5320	-119	5757
集体企业	186	22269	2536	3786	13	2634
有限责任公司	54099	478212	16466	110370	10607	101480
国有独资公司	54	57379	656	7974	298	7318
其他有限责任公司	54045	420833	15810	102396	10309	94162
股份有限公司	2506	12395	281	1624	143	1668
私营企业	41923	149417	5134	42391	696	34565
私营有限责任公司	32517	131484	4529	33618	677	25793
私营股份有限公司	9406	17933	605	8773	19	8772
二、按国民经济行业分组						
房屋建筑业	72860	489872	19222	118479	7611	105500
土木工程建筑业	20088	210306	4092	42538	3729	39484
铁路、道路、隧道和桥梁工程建筑	5489	80240	747	24716	2975	24760
铁路工程建筑	54	89	23	5	7	2
公路工程建筑	5432	6311	272	4383	454	2247
市政道路工程建筑	3	17899	274	284	-291	295
其他道路、隧道和桥梁工程建筑		55941	178	20044	2805	22216
水利和内河港口工程建筑	14599	82259	3045	10102	509	7410
水源及供水设施工程建筑	14167	64767	2965	10164	382	7384
河湖治理及防洪设施工程建筑	432	17492	80	-62	127	26
海洋工程建筑						
工矿工程建筑		46586	272	7724	247	7316
架线和管道工程建筑		1	1	-2	-2	
管道工程建筑		1	1	-2	-2	
其他土木工程建筑		1220	27	-2		-2
建筑安装业	7136	13747	1141	79		160
电气安装	7136	11891	1091	-76		3
管道和设备安装		1756	45	155		157
其他建筑安装业		100	5			
建筑装饰和其他建筑业	1049	2499	619	2395		960
工程准备活动		1816	602	2320		960
其他工程准备活动		1816	602	2320		960

及分配　（千元）

资产减值损失	公允价值变动收益	投资收益	营业利润	营业外收入	政府补贴	营业外支出	利润总额
37434	-29	-3852	476888	13792	114	6549	484167
36584		-3948	49224	13305	114	4656	57873
37434	-29	-3852	476888	13792	114	6549	484167
4515			9345	12214	114	57	21502
			27371	13		83	27337
32803	70	-3922	251947	1384		5554	247777
4609		-3948	-21678	151		6	-21533
28194	70	26	273625	1233		5548	269310
			7268				7268
116	-99	70	180957	181		855	180283
116	-99	70	105820			855	104965
			75137	181			75318
32324	-100	68	443751	951	114	3516	441222
6156	71	-3920	19101	12642		2958	28785
448	71	28	24373	12014		1437	34950
			2445				2445
186	71	30	6428			50	6378
		-2	-11167	12014		20	827
262			26667			1367	25300
			26153	481		1515	25119
			20822	481		1515	19788
			5331				5331
4609		-3948	-30054	147		6	-29913
			14				14
			14				14
1099			-1385				-1385
-1046			9194	199		75	9318
-1046			7885	199		75	8009
			1239				1239
			70				70
			4842				4842
			5152				5152
			5152				5152

5-2 续表 5

指标名称	三、损益					
	销售费用	管理费用	税金	财务费用	利息收入	其中：利息支出
提供施工设备服务		499	9			
其他未列明建筑业	1049	184	8	75		
三、按隶属关系分组						
中央		229146	1115	70940	8410	75373
省(自治区、直辖市)	5265	87172	1465	12105	1389	13737
地区(州、盟、省辖市)	22428	81234	2406	1189	68	1358
县(区、市、旗)	7581	69029	4781	18766	83	8950
镇		26	8	34		34
村委会	11375	53930	5136	8221	24	8245
其他	54484	195887	10163	52236	1366	38407
四、按企业资质等级分组						
施工总承包	92322	702544	22791	157762	11272	143810
一级	9138	315011	2752	93043	9908	97927
二级	51738	211093	6551	32611	704	21636
三级以下	31446	176440	13488	32108	660	24247
专业承包	8811	13880	2283	5729	68	2294
一级		1220	27	-2		-2
二级	1046	225	3	75		
三级以下	7765	12435	2253	5656	68	2296
五、按地区分组						
渭南市	101133	716424	25074	163491	11340	146104
临渭辖区	36823	410142	6050	97930	9760	96428
临渭区	36073	398344	5271	95342	9715	95468
高新区	750	11798	779	2588	45	960
经开区						
华州区	543	2585	83	1563		1554
潼关县	6050	6209	462	2530		1
大荔县	14567	23696	2387	8906	519	4668
合阳县	55	8556	110	-15	132	113
澄城县	59	4729	93	1111	21	1021
蒲城县	18651	94480	3207	14597	43	9508
白水县	15	613	303	56		
富平县	4612	16064	262	10808	8	9071
韩城市	19728	137600	8906	25971	857	23706
华阴市	30	11750	3211	34		34
六、按控股情况分组						
国有控股	13370	356410	3209	85567	9796	89304
集体控股	20345	95184	8948	11925	40	10877
私人控股	56496	243205	11768	64474	1440	44522
其他	10922	21625	1149	1525	64	1401

及分配 （千元）

资产减值损失	公允价值变动收益	投资收益	营业利润	营业外收入	政府补贴	营业外支出	利润总额
			76				76
			-386				-386
28174		-3948	-313	613		2652	-2352
8410			46590	678	114	1984	45320
-946	70	30	39082	12213		445	50850
		-4	53030	107		367	52770
			-120				-120
			5784				5784
1796	-99	70	332835	181		1101	331915
36335	-29	-3852	463516	13792	114	6549	470795
35485		-3948	80030	1238	114	5492	75776
-945	71	98	217070	12311		797	228620
1795	-100	-2	166416	243		260	166399
1099			13372				13372
1099			-1385				-1385
			-143				-143
			14900				14900
37434	-29	-3852	476888	13792	114	6549	484167
33902	70	-3918	97039	13385		5315	105145
33902	70	-3918	91895	13381		5315	99997
			5144	4			5148
		-2	8304				8304
			15				15
86	1		45915			193	45722
			98	55		101	52
		-2	3216				3216
			93025				93025
			78				78
		70	37528			1	37527
3446	-100		190932	352	114	939	190345
			738				738
36584		-3948	49224	13305	114	4656	57873
-1046			41388	212		457	41179
1796	-99	66	262936	233		1366	261803
100	70	30	123340	42		70	123312

5-2 续表 6

指标名称	三、损益及分配(千元)		建筑业企业在境外完成的营业收入	应交增值税
	应交所得税	应付职工薪酬（本年贷方累计发生额）		
总计	89431	1849023	299200	238857
其中：国有及国有控股企业	9176	779550		156326
一、按登记注册类型分组				
内资企业	89431	1849023	299200	238857
国有企业	3339	187277		34616
集体企业	4783	92618		11107
有限责任公司	58955	1067207	299200	164121
国有独资公司	805	199771		2301
其他有限责任公司	58150	867436	299200	161820
股份有限公司	1940	66405		6526
私营企业	20414	435516		22487
私营有限责任公司	14074	345077		16030
私营股份有限公司	6340	90439		6457
二、按国民经济行业分组				
房屋建筑业	80523	1281902	299200	178576
土木工程建筑业	5945	513707		48697
铁路、道路、隧道和桥梁工程建筑	3182	250015		39042
铁路工程建筑	296	6511		13
公路工程建筑	1402	54834		
市政道路工程建筑	1261	46747		
其他道路、隧道和桥梁工程建筑	223	141923		39029
水利和内河港口工程建筑	4163	103410		8214
水源及供水设施工程建筑	4130	94502		7824
河湖治理及防洪设施工程建筑	33	8908		390
海洋工程建筑				
工矿工程建筑	-1401	157762		1251
架线和管道工程建筑	1	1800		83
管道工程建筑	1	1800		83
其他土木工程建筑		720		107
建筑安装业	2153	46293		10841
电气安装	1842	25431		8863
管道和设备安装	309	20626		1804
其他建筑安装业	2	236		174
建筑装饰和其他建筑业	810	7121		743
工程准备活动	738	5666		720
其他工程准备活动	738	5666		720

5-2 续表 7

指标名称	三、损益及分配(千元)		建筑业企业在境外完成的营业收入	应交增值税
	应交所得税	应付职工薪酬（本年贷方累计发生额）		
提供施工设备服务	5	385		
其他未列明建筑业	67	1070		23
三、按隶属关系分组				
中央	-781	458231		88488
省(自治区、直辖市)	5713	146745		54168
地区(州、盟、省辖市)	12083	253483		26810
县(区、市、旗)	13470	298908		24035
镇		345		
村委会	1446	57640	299200	
其他	57500	633671		45356
四、按企业资质等级分组				
施工总承包	85589	1811813	299200	238546
一级	4939	622552		131980
二级	55185	696033		75536
三级以下	25465	493228	299200	31030
专业承包	3842	37210		311
一级		720		107
二级	83	1374		204
三级以下	3759	35116		
五、按地区分组				
渭南市	89431	1849023	299200	238857
临渭辖区	24992	911196		169052
临渭区	24226	900190		167615
高新区	766	11006		1437
经开区				
华州区	2146	20202		2109
潼关县	8	29685		
大荔县	5926	87508		1211
合阳县	27	12117		342
澄城县	345	41813		4434
蒲城县	23542	363901		24961
白水县	35	2450		
富平县	1133	55791		1293
韩城市	31064	309841	299200	35281
华阴市	213	14519		174
六、按控股情况分组				
国有控股	9176	779550		156326
集体控股	8107	196717	299200	18511
私人控股	41467	826477		51756
其他	30681	46279		12264

5-3 各种分组劳务

指标名称	企业个数	企业个数（有工作量）	建筑业总产值（千元）	装饰装修产值（千元）	资产负债（千元）				
					固定资产原价	本年折旧	资产总计	负债合计	实收资本
总计	1	1	26289	13144	1887	620	71490	70428	
一、按登记注册类型分组									
内资企业	1	1	26289	13144	1887	620	71490	70428	
有限责任公司	1	1	26289	13144	1887	620	71490	70428	
其他有限责任公司	1	1	26289	13144	1887	620	71490	70428	
二、按国民经济行业分组									
建筑装饰和其他建筑业	1	1	26289	13144	1887	620	71490	70428	
建筑装饰业	1	1	26289	13144	1887	620	71490	70428	
三、按隶属关系分组									
县(区、市、旗)	1	1	26289	13144	1887	620	71490	70428	
四、按企业资质等级分组									
劳务分包	1	1	26289	13144	1887	620	71490	70428	
一级	1	1	26289	13144	1887	620	71490	70428	
五、按地区分组									
渭南市	1	1	26289	13144	1887	620	71490	70428	
临渭区	1	1	26289	13144	1887	620	71490	70428	
六、按控股情况分组									
其他	1	1	26289	13144	1887	620	71490	70428	

分包企业汇总表

营业收入合计	主营业务收入(工程结算收入)	营业成本	主营业务成本(工程结算成本)	营业税金及附加	主营业务税金及附加(工程结算税金及附加)	销售费用	管理费用	税金	财务费用
26289	26289	15224	15224	3158	3158		518		211
26289	26289	15224	15224	3158	3158		518		211
26289	26289	15224	15224	3158	3158		518		211
26289	26289	15224	15224	3158	3158		518		211
26289	26289	15224	15224	3158	3158		518		211
26289	26289	15224	15224	3158	3158		518		211
26289	26289	15224	15224	3158	3158		518		211
26289	26289	15224	15224	3158	3158		518		211
26289	26289	15224	15224	3158	3158		518		211
26289	26289	15224	15224	3158	3158		518		211
26289	26289	15224	15224	3158	3158		518		211
26289	26289	15224	15224	3158	3158		518		211

5-3 续表 1

指标名称	损益及分配(千元)		建筑业企业期末人数	从事建筑业活动的平均人数	劳务分包其中：工程技术人员	劳务分包其中：现场施工工人	应交增值税
	营业利润	利润总额					
总计	7178	7190	232	205	26	206	
一、按登记注册类型分组							
内资企业	7178	7190	232	205	26	206	
有限责任公司	7178	7190	232	205	26	206	
其他有限责任公司	7178	7190	232	205	26	206	
二、按国民经济行业分组							
建筑装饰和其他建筑业	7178	7190	232	205	26	206	
建筑装饰业	7178	7190	232	205	26	206	
三、按隶属关系分组							
县(区、市、旗)	7178	7190	232	205	26	206	
四、按企业资质等级分组							
劳务分包	7178	7190	232	205	26	206	
一级	7178	7190	232	205	26	206	
五、按地区分组							
渭南市	7178	7190	232	205	26	206	
临渭区	7178	7190	232	205	26	206	
六、按控股情况分组							
其他	7178	7190	232	205	26	206	

主要统计指标解释

建筑业统计单位 指从事房屋、构筑物建造和设备安装活动的法人企业。建筑业法人企业应具有建筑业资质并能够独立核算，同时其应具备以下条件：①依法成立，有自己的名称、组织机构和场所，能够承担民事责任；②独立拥有和使用资产，承担负债，有权与其他单位签订合同；③独立核算盈亏，能够编制资产负债表。

建筑业总产值 是以货币形式表现的建筑业企业在一定时期内生产的建筑业产品和提供的服务的总和。建筑业总产值包括：

⑴建筑工程产值：指列入建筑工程预算内的各种工程价值。

⑵安装工程产值：指设备安装工程价值，不包括被安装设备本身的价值。

⑶其他产值：建筑业总产值中除建筑工程、安装工程以外的产值。包括房屋构筑物修理产值、非标准设备制造产值、总包企业向分包企业收取的管理费以及不能明确划分的施工活动所完成的产值。

a.房屋构筑物修理产值：指房屋和构筑物修理所完成的产值，但不包括被修理房屋、构筑物本身价值和生产设备的修理价值。

b.非标准设备制造产值：指加工制造没有定型的非标准生产设备的加工费和原材料价值(如化工厂、炼油厂用的各种罐、槽，矿井生产统一使用的各种漏斗、三角槽、阀门等)以及附属加工厂为本企业承建工程制作的非标准设备的价值。

建筑业增加值 指建筑业企业在报告期内以货币形式表现的建筑业生产经营活动的最终成果。

从2004年第一次全国经济普查开始，建筑业现价增加值按生产法和分配法(收入法)两种方法计算，以收入法的计算结果为准，即从收入的角度出发，根据生产要素在生产过程中应得的收入份额计算。具体计算方法：经济普查年度建筑业增加值按照《经济普查年度GDP核算方案》计算，非经济普查年度建筑业增加值按照《非经济普查年度GDP核算方案》计算。

房屋建筑施工面积 指在报告期内施过工的全部房屋建筑面积，包括本期新开工的房屋面积、上期施工跨入本期继续施工的房屋面积、上期停缓建在本期恢复施工的房屋面积、本期竣工的房屋面积及本期施工后又停缓建的房屋面积。

房屋建筑竣工面积 指在报告期内房屋建筑按照设计要求全部完工，达到了使用条件，经验收鉴定合格，正式移交使用单位的房屋建筑面积。

六、交通运输、邮政电信和服务业

资料整理：许培杰　苏华

资料校对：苏华

6.交通运输、邮政电信和服务业

2016 年全市				
公路客运量	9319	万人	比上年增长	–0.2%
公路客运周转量	286749	万人公里	比上年增长	–0.2%
公路货运量	16249	万吨	比上年增长	5.2%
公路货运周转量	3047182	万吨公里	比上年增长	5.4%

6-1　全市民用车辆拥有量（2016 年）

单位：辆

指标名称	总计	总计中		总计中		报废
		营运	非营运	进口	新注册	
合　　计	445640	61873	382652	5854	56722	3665
一、汽车	418182	53025	364042	5784	55256	3659
1. 载客汽车	357910	8987	347808	5725	48671	1455
其中：大型	2755	2050	329	11	477	130
中型	2429	1257	433	29	241	277
小型	342489	5680	336809	5667	47870	1030
微型	10237		10237	18	83	18
2. 载货汽车	56800	42481	14319	54	6333	2159
其中：重型	23568	23298	270	13	2250	690
中型	4311	4204	107		108	363
轻型	28694	14880	13814	41	3975	1103
微型	227	99	128			3
3. 其它汽车	3472	1557	1915	5	252	45
其中：三轮汽车	766	748	18		37	5
低速货车	343	327	16		39	
二、电车						
1. 无轨						
2. 有轨						
三、摩托车	19228	637	18591	67	160	
1. 普通	19209	637	18572	67	160	
2. 轻便	19		19			
四、挂车	8230	8211	19	3	1306	6

6-2　全社会客货运输（吞吐）量（2016 年）

指标名称	单位	2016 年	同比
公路客运量	万人	9319	-0.23
公路客运周转量	万人公里	286749	-0.20
公路货运量	万吨	16249	5.24
公路货运周转量	万吨公里	3047182	5.38

6-3 分县市区电信业务量（2016 年）

单位：户

县市区	移动电话			固话电话			宽带用户		
	总数	城市	农村	总数	城市	农村	总数	城市	农村
渭南市	4847083	1136018	1716392	734732	315058	338573	922096	304593	276838
临渭辖区	1074380	358202	232234	166970	52762	56700	229810	51009	46361
华州区	254851	49800	116016	35807	16624	17864	47304	16072	14607
潼关县	162046	45352	48438	19326	8807	9464	23979	8514	7738
大荔县	562227	105754	238395	89825	41851	44974	116358	40459	36774
合阳县	353009	73175	123440	52996	24833	26687	65013	24009	21821
澄城县	343729	89068	113316	48890	22568	24253	56323	21819	19831
蒲城县	635470	108728	264060	105731	48678	52311	126062	47061	42772
白水县	253427	56722	95852	34990	16219	17430	41413	15681	14252
富平县	573279	75554	273982	93136	43257	46486	108865	41821	38010
韩城市	418917	132914	129446	56569	25388	27283	68015	24545	22308
华阴市	215748	40749	81213	30492	14071	15121	38954	13603	12364

注：1、移动电话总数指标为移动、电信、联通三家运营商数据之和，城市，农村指标为移动一家运营商数据。
2、固话电话总数指标为电信、联通两家运营商数据之和，城市、农村指标为电信一家运营商数据。
3、宽带用户总数指标为移动、电信、联通三家运营商数据之和，城市、农村指标为电信一家运营商数据。

6-4 分县市区邮政通信业务情况（2016 年）

单位：件

县市区	函件总数	国内函件	义务兵免费信函	国际函件	邮送广告	包裹	特快专递
渭南市	1246970	1246729	19	241		1279228	279152
临渭辖区	590847	590742	14	105		217405	56748
华州区	14198	14181	3	17		150562	22753
潼关县	3392	3392				15253	16992
大荔县	228824	228820		4		175176	31643
合阳县	34115	34115				72023	14484
澄城县	11934	11934				87668	30076
蒲城县	56512	56512				180199	27504
白水县	38772	38758		14		59422	12196
富平县	58667	58666		1		189297	17399
韩城市	79072	79000		72		85001	29093
华阴市	130637	130609	2	28		47222	20264

6-4 续表 1

县市区	汇票（张）	报纸累计份数（份）	杂志累计份数（份）	报刊流转额（元）	集邮邮票（枚）	集邮品册数（册）
渭南市	50581	71391232	1822827	79467727.91	3805017	90499
临渭辖区	29741	12550762	355443	14577015.86	1480022	29188
华州区	2411	4683121	128563	5365108.44	164273	4103
潼关县	234	2989078	70781	3321991.90	211999	3044
大荔县	1463	8136284	166814	8599339.89	95261	4931
合阳县	804	5325675	167529	6056947.27	203435	3928
澄城县	2625	5183226	136943	5669958.47	232502	4036
蒲城县	1481	7883923	167587	8711671.15	276442	1566
白水县	1095	4026840	98187	4373644.09	139015	2323
富平县	2569	7341704	193992	8192317.00	101490	1414
韩城市	7200	8689268	182330	9303104.59	326806	4691
华阴市	958	4581351	154658	5296629.25	573772	31275

6-4 续表 2

县市区	城市投递段道（条）	农村投递路线总长度（单程）公里	邮政局所总数	邮政报刊图书销售点（处）	邮政储蓄点（处）	自有房屋面积（平方米）	生产用房面积（平方米）	邮政汽车（辆）	邮政计算机总数（台）
渭南市	150	17465.22	187	1	87	108514.18	74482.43	121	540
临渭辖区	51	2309.60	26		9	33797.55	18173.39	27	112
华州区	10	1046.10	13		8	3909.73	3909.73	7	47
潼关县	4	779.90	6		3	6632.90	5007.90	7	31
大荔县	13	2195.00	19		12	18295.81	14757.71	10	47
合阳县	10	1461.00	14		9	7809.96	7599.96	10	36
澄城县	8	1339.00	14		6	2885.40	1124.12	9	39
蒲城县	16	2600.00	28		13	12532.20	5113.20	11	82
白水县	6	1079.00	12		6	1156.67	3237.30	9	
富平县	8	2638.00	24		12	8791.55	7576.55	10	59
韩城市	11	1435.88	17		5	7846.12	3723.34	14	36
华阴市	13	581.74	14	1	4	4856.29	4259.23	7	51

6-4 续表 3

县市区	邮政业务收入（万元）	设有局所的乡、镇（个）	已通邮的行政村（个）	开办邮政储蓄业务的乡、镇（个）	按固定班期投递邮件的乡、镇（个）	开办185特快查询业务的县市（个）	城区每日平均投递次数（次）	农村每周平均投递次数（次）
渭南市	41192.56	107	2297	87	127	11	17.5	56.49
临渭辖区	6989.63	15	500	9	25	1	2.0	5.18
华州区	2782.65	9	121	8	10	1	1.5	4.92
潼关县	1315.34	3	18	3	6	1	2.0	4.00
大荔县	4477.60	15	272	12	12	1	1.0	5.00
合阳县	3439.85	11	127	9	12	1	2.0	6.00
澄城县	2802.51	9	163	6	11	1	2.0	6.00
蒲城县	5755.78	15	275	13	15	1	1.0	6.00
白水县	1917.42	6	124	6	8	1	2.0	5.95
富平县	4869.11	14	337	12	16	1	2.0	3.00
韩城市	3834.52	6	246	5	6	1	1.0	4.90
华阴市	3008.15	4	114	4	6	1	1.0	5.54

6-5 全市按行业分企业信息化及电子商务情况（2016 年）

行业	企业数（个）	期末使用计算机数（台）	每百人使用计算机数（台）	企业拥有网站数（个）	每百家企业拥有网站数（个）
总　计	1531	43330	17	797	52
采矿业	70	6954	15	29	41
制造业	412	12754	17	295	72
电力、热力、燃气及水生产和供应业	20	2096	30	5	25
建筑业	130	4789	7	62	48
批发和零售业	437	4511	19	183	42
交通运输、仓储和邮政业	45	1604	18	20	44
住宿和餐饮业	178	2692	23	75	42
信息传输、软件和信息技术服务业	4	3981	130	4	100
房地产业	147	1496	21	71	48
租赁和商务服务业	12	432	11	5	42
科学研究和技术服务业	24	292	12	17	71
水利、环境和公共设施管理业	6	300	25	5	83
居民服务、修理和其他服务业	5	46	25	3	60
教育	13	722	32	9	69
卫生和社会工作	18	542	39	8	44
文化、体育和娱乐业	10	119	25	6	60

6-5 续表 1

行业	有电子商务交易活动的企业		电子商务销售金额（万元）	电子商务采购金额（万元）
	企业数个）	比重（%）		
总　计	141	9.2	399946	378096
采矿业	3	4.3	32472	2779
制造业	53	12.9	13354	31657
电力、热力、燃气及水生产和供应业	1	5.0		5
建筑业	7	5.4	1	26101
批发和零售业	28	6.4	337246	311203
交通运输、仓储和邮政业	8	17.8	4556	16
住宿和餐饮业	17	9.6	180	6
信息传输、软件和信息技术服务业	2	50.0	2064	767
房地产业	9	6.1	425	207
租赁和商务服务业	2	16.7		9
科学研究和技术服务业	5	20.8	204	27
水利、环境和公共设施管理业	3	50.0	8844	5191
居民服务、修理和其他服务业	1	20.0		3
教育				
卫生和社会工作	1	5.6		5
文化、体育和娱乐业	1	10.0	600	120

6-6　分县市区企业信息化及电子商务情况（2016 年）

县市区	企业数（个）	期末使用计算机数（台）	每百人使用计算机数（台）	企业拥有网站数（个）	每百家企业拥有网站数（个）	有电子商务交易活动的企业		电子商务销售金额（万元）	电子商务采购金额（万元）
						企业数（个）	比重（%）		
渭南市	1531	43330	17	797	52	141	9.2	399946	378096
临渭辖区	364	17041	23	192	53	34	9.3	307786	316938
临渭区	267	11815	23	135	51	25	9.4	6174	28930
高新区	97	5226	25	57	59	9	9.3	301612	288008
经开区									
华州区	65	3201	19	39	60	7	10.8	6192	6122
潼关县	60	748	12	8	13	1	1.7		523
大荔县	145	1245	12	74	51	13	9.0	526	219
合阳县	108	1225	18	58	54	9	8.3	9460	6183
澄城县	71	1731	11	23	32	5	7.0	31423	1783
蒲城县	166	3321	9	95	57	12	7.2	874	943
白水县	92	1038	15	66	72	12	13.0	9570	24
富平县	137	3533	19	86	63	22	16.1	10440	27813
韩城市	239	8483	14	116	49	18	7.5	2622	3323
华阴市	84	1764	17	40	48	8	9.5	21053	14225

6-7 规模以上服务业主要经济指标（2016 年）

单位：万元

分组	单位数（个）	资产总计	负债合计	所有者权益合计	营业收入
总计	154	2552395	1234972	1317423	869854
按登记注册类型分					
内资企业	152	2538058	1228631	1309427	855089
国有企业	7	234386	192183	42203	214715
集体企业	3	1969	1352	617	3989
股份合作企业	1	346	211	136	759
有限责任公司	64	1581927	693090	888837	210318
国有独资公司	8	680511	264375	416136	71676
其他有限责任公司	56	901416	428716	472701	138642
股份有限公司	16	560301	287761	272540	374726
私营企业	39	108266	32165	76101	33472
私营独资企业	14	26722	15028	11695	8560
私营合伙企业	2	1150	654	496	1389
私营有限责任公司	21	76113	14214	61899	22299
私营股份有限公司	2	4281	2269	2012	1224
其他企业	22	50864	21870	28995	17112
港、澳、台商投资企业	1	6297	2503	3794	5000
合资经营企业(港或澳、台资)	1	6297	2503	3794	5000
外商投资企业	1	8040	3838	4202	9765
中外合作经营企业	1	8040	3838	4202	9765
按国民经济行业分					
铁路运输业	1	15931	10318	5613	253
道路运输业	25	166353	101598	64755	105401
装卸搬运和运输代理业	1	516	363	153	1734
仓储业	17	291544	204156	87387	201538
邮政业	1	26010	12745	13266	41193
电信、广播电视和卫星传输服务	4	471409	228410	242999	322042
物业管理	16	11374	7969	3405	6505
商务服务业	12	457913	230405	227508	38866
研究和试验发展	1	2015	1713	302	790
专业技术服务业	6	63485	54089	9397	35487
科技推广和应用服务业	17	28633	15119	13515	11407
水利管理业	3	118078	18395	99683	7229
公共设施管理业	4	819338	311723	507615	57631
居民服务业	2	227	30	197	501
机动车、电子产品和日用产品修理业	3	1541	772	769	1073
教育	13	48528	24006	24522	12968
卫生	18	19098	9212	9886	19798
广播、电视、电影和影视录音制作业	5	7704	3128	4576	2857
文化艺术业	2	1833	728	1105	1873
娱乐业	3	864	94	770	710
按隶属关系分					
中央	5	176305	144310	31995	111852
省(自治区、直辖市)	11	974385	487992	486394	394487
地(区、市、州、盟)	19	643947	292978	350969	140337
县(区、市、旗)	60	585560	234858	350703	150787
镇	1	5134	2318	2816	7918
村委会	1	374	373	0	973
其他	57	166689	72143	94546	63500

6-7 续表 1

单位：万元

分组	营业成本	销售费用	管理费用	财务费用	投资收益
总计	664418	64462	65358	16772	8377
按登记注册类型分					
内资企业	655636	64253	64909	16697	8359
国有企业	211102	4452	10276	1685	
集体企业	3201	162	519	-1	
股份合作企业	678		33	27	
有限责任公司	156827	14752	32426	11339	8326
国有独资公司	47393	6832	16916	7041	3217
其他有限责任公司	109434	7920	15510	4298	5110
股份有限公司	247111	43024	16614	2086	
私营企业	23682	1522	3005	1074	
私营独资企业	7298	211	1742	79	
私营合伙企业	1272		44	38	
私营有限责任公司	14322	1311	1069	933	
私营股份有限公司	790		151	24	
其他企业	13035	341	2035	487	33
港、澳、台商投资企业	4654	82	29	-12	
合资经营企业(港或澳、台资)	4654	82	29	-12	
外商投资企业	4129	127	421	87	18
中外合作经营企业	4129	127	421	87	18
按国民经济行业分					
铁路运输业			503	451	
道路运输业	70658	6305	8437	2579	101
装卸搬运和运输代理业	1428		212		
仓储业	204216	6672	5731	2377	
邮政业	30413		3773	182	
电信、广播电视和卫星传输服务	211290	38788	9917	-163	
物业管理	4772	359	1160	154	
商务服务业	29953	4573	7189	2782	5027
研究和试验发展	583	15	11	198	
专业技术服务业	27180		6167	394	
科技推广和应用服务业	8652	433	688	384	33
水利管理业	10408	1671	1808	9	
公共设施管理业	32823	3824	13244	6985	3217
居民服务业	227	273	82	12	
机动车、电子产品和日用产品修理业	834	32	143	10	
教育	10767	40	1523	276	
卫生	15948	1279	2939	73	
广播、电视、电影和影视录音制作业	2232	80	1484	51	
文化艺术业	1493	110	221	10	
娱乐业	540	7	128	6	
按隶属关系分					
中央	109806	3357	7777	894	
省(自治区、直辖市)	275192	42915	19620	2614	5027
地(区、市、州、盟)	89362	6975	21150	8255	3299
县(区、市、旗)	131763	7719	9537	3583	21
镇	7108	342	151	99	
村委会	776	4	132		
其他	50411	3149	6991	1328	30

6-7 续表 2

单位：万元

分组	营业利润	利润总额	应付职工薪酬	本年应交增值税	从事服务业活动的从业人员年平均人数（人）
总计	43914	69831	118145	29710	27130
按登记注册类型分					
内资企业	38905	64823	116354	28864	26955
国有企业	-12321	7763	23392	316	2947
集体企业	82	110	1054	60	155
股份合作企业	9	9	115		146
有限责任公司	1301	6126	40625	3439	11964
国有独资公司	-4499	-2201	18650	419	4450
其他有限责任公司	5800	8326	21976	3021	7514
股份有限公司	43775	44574	39619	24477	7157
私营企业	4868	4972	7055	567	3010
私营独资企业	-441	-447	4088	2	1436
私营合伙企业	22	22	269	4	118
私营有限责任公司	5031	5142	2674	560	1446
私营股份有限公司	256	256	24		10
其他企业	1191	1270	4495	6	1576
港、澳、台商投资企业	232	232	1163	428	79
合资经营企业(港或澳、台资)	232	232	1163	428	79
外商投资企业	4777	4776	628	417	96
中外合作经营企业	4777	4776	628	417	96
按国民经济行业分					
铁路运输业	-701	-701	180		47
道路运输业	16606	17128	17808	3139	6222
装卸搬运和运输代理业	88	101	305	44	64
仓储业	-16789	3317	5130	142	1344
邮政业	6700	6674	14530	116	1098
电信、广播电视和卫星传输服务	40547	42498	22377	22946	3422
物业管理	446	474	2825	208	1120
商务服务业	-436	206	13800	1126	3904
研究和试验发展	-22	-7	125		40
专业技术服务业	973	1067	9992	1322	1454
科技推广和应用服务业	1311	1394	1364	60	715
水利管理业	-6897	-5565	4436	289	848
公共设施管理业	3610	3565	11632	147	2640
居民服务业	-11	69	130	1	111
机动车、电子产品和日用产品修理业	42	42	109	15	53
教育	-176	519	7175	26	2223
卫生	-387	-403	5305	94	1413
广播、电视、电影和影视录音制作业	-1034	-587	465	26	187
文化艺术业	36	36	195	1	121
娱乐业	6	3	263	9	104
按隶属关系分					
中央	-10155	7711	19614	544	1707
省(自治区、直辖市)	37804	43447	34449	24465	5517
地(区、市、州、盟)	16690	17288	29997	2714	8678
县(区、市、旗)	-2043	473	14630	702	4995
镇	209	209	272	71	164
村委会	60	60	38		11
其他	1349	644	19146	1213	6058

6-8 分县市区规模以上服务业主要经济指标（2016 年）

单位：万元

县市区	单位数（个）	资产总计	负债总计	所有者权益合计	营业收入	营业成本	销售费用	管理费用
渭南市	154	2552395	1234972	1317423	869854	664418	64462	65358
临渭辖区	33	958935	475483	483452	450637	325265	42113	21680
临渭区	22	578194	314921	263273	406352	285046	42019	17743
高新区	11	380741	160562	220179	44285	40219	94	3937
经开区								
华州区	12	72385	52075	20310	92506	86652	2244	1627
潼关县	3	1853	680	1173	3320	2272	77	358
大荔县	13	54060	22886	31174	13251	9993	1155	837
合阳县	9	30416	13481	16935	3482	1344	911	1601
澄城县	5	25495	19361	6135	22630	19377	68	1364
蒲城县	22	135435	91185	44250	81154	82928	3473	4521
白水县	10	45072	20410	24662	30550	26177	1259	1017
富平县	10	31199	16706	14493	8394	5646	256	1102
韩城市	28	621821	283805	338015	62096	54359	6160	15538
华阴市	9	575724	238900	336824	101834	50405	6746	15713

6-8 续表 1

单位：万元

县市区	财务费用	投资收益	营业利润	利润总额	应付职工薪酬	本年应交增值税	从事服务业活动的从业人员年平均人数（人）
渭南市	16772	8377	43914	69831	118145	29710	27130
临渭辖区	860	83	39407	49400	55329	24558	10764
临渭区	466	-3	39615	49452	43002	23416	6124
高新区	394	86	-208	-52	12327	1142	4640
经开区							
华州区	1283		636	2329	4383	321	1125
潼关县			387	387	620		290
大荔县	355		681	681	2581	351	1165
合阳县	49		-593	-593	1373	7	648
澄城县	405		1451	1454	5424	773	701
蒲城县	826	33	-9544	1040	6505	20	1985
白水县	478		1497	1481	2102	230	966
富平县	596		731	838	2650	105	865
韩城市	3832	5026	-13677	-10150	20254	1446	4848
华阴市	8088	3235	22938	22964	16924	1899	3773

主要统计指标解释

货(客)运量 指在一定时期内，各种运输工具实际运送的货物(旅客)数量。该指标是反映运输业为国民经济和人民生活服务的数量指标，也是制定和检查运输生产计划、研究运输发展规模和速度的重要指标。货运按吨计算，客运按人计算。货物不论运输距离长短、货物类别，均按实际重量统计。旅客不论行程远近或票价多少，均按一人一次客运量统计；半价票、小孩票也按一人统计。

货物(旅客)周转量 指在一定时期内，由各种运输工具运送的货物(旅客)数量与其相应运输距离的乘积之总和。该指标可以反映运输业生产的总成果，也是编制和检查运输生产计划，计算运输效率、劳动生产率以及核算运输单位成本的主要基础资料。计算货物周转量通常按发出站与到达站之间的最短距离，也就是计费距离计算。计算公式为：

货物（旅客）周转量=Σ（货物（旅客）运输量×运输距离）

民用汽车拥有量 指报告期末，在公安交通管理部门按照《机动车注册登记工作规范》，已注册登记领有民用车辆牌照的全部汽车数量。汽车拥有量统计的主要分类：根据汽车结构分为载客汽车、载货汽车及其他汽车；根据汽车所有者不同分为个人(私人)汽车、单位汽车；根据汽车的使用性质分为营运汽车、非营运汽车；根据汽车大小规格不同载客汽车分为大型、中型、小型和微型，载货汽车分为重型、中型、轻型和微型。

邮电业务总量 指以货币形式表示的邮电企业为社会提供各类邮电服务的总数量，是用于观察邮电业务发展变化总趋势的综合性总量指标。分别按邮政业务总量和电信业务总量统计。邮电业务总量是以各类业务的实物量分别乘以相应的不变单价，得出各类业务的货币量再加总求得。

移动电话用户 指在电信运营企业营业网点办理开户登记手续，通过移动电话交换机进入移动电话网，占用移动电话号码的各类电话用户。包括GSM数字移动电话用户、CDMA数字移动电话用户和电信运营企业发行的报告期末已激活充值的能异地漫游的各种智能卡用户。

固定电话用户 指在电信运营企业营业网点办理开户登记手续并已接入固定电话网上的全部电话用户。包括普通电话用户、公用电话用户、窄带综合业务数字网（N—ISDN）用户、智能网专用接入终端用户等。按行政区划分为城市电话用户和农村电话用户。

城市电话用户 指直辖市、省辖市、地级市、县级市的市区、市郊区及县城范围内接入局用交换机的电话用户。包括分布在农村地区县团级以上建制的独立工矿区、林区、驻军等电话用户。

农村电话用户 指县城关镇以下的集镇和农村接入局用交换机的电话用户。

七、批发、零售贸易和餐饮业

资料整理：白 萍　王 宏

资料校对：白 萍　王 宏

7.批发、零售贸易和餐饮业

2016 年全市			
社会消费品零售总额	574.01 亿元	比上年增长	14.1%
餐饮收入	65.55 亿元	比上年增长	10.2%
商品零售	508.46 亿元	比上年增长	14.6%

7-1 分县市区社会消费品零售总额（2010-2016年）

单位：万元

县市区	2010年	2011年	2012年	2013年	2014年	2015年	2016年
渭南市	2407658.5	2840790.9	3349539.0	3876997.3	4419776.9	5032507.6	5740098.2
临渭辖区	607185.6	716306.8	889531.0	1037532.4	1196605.2	1361380.5	1560768.2
临渭区	530842.6	620680.4	717625.1	774031.6	882317.3	1007955.3	1164267.7
高新区	76343.0	95626.3	171905.9	263500.8	314287.9	353425.2	396500.5
经开区							
华州区	95374.9	112154.3	130094.4	155118.5	175058.4	198928.8	225232.0
潼关县	61103.5	71911.9	88602.2	105971.9	121674.4	138247.8	156679.2
大荔县	302530.7	356177.6	412645.9	475266.3	537857.9	612249.1	694628.2
合阳县	159208.3	188553.6	218052.5	250668.6	286438.2	327164.1	373719.9
澄城县	149647.8	177016.5	203271.1	234267.1	265571.0	302865.7	345756.6
蒲城县	294484.3	347602.9	403465.3	466659.5	529634.4	603487.7	688507.1
白水县	110574.0	131006.8	150522.8	177283.6	202725.6	231955.5	263575.4
富平县	286719.5	338063.7	390652.6	451395.4	511263.4	581530.8	661499.8
韩城市	215139.4	253057.4	289209.8	326807.5	369903.0	421443.5	482435.7
华阴市	125690.5	148939.4	173491.6	196026.5	223045.2	253254.1	287296.1

7-2 全市限额以上法人企业数（2016 年）

行　业	企业数（个）
渭南市	625
批发业	59
零售业	385
住宿业	54
餐饮业	127

7-3 全市社会消费品零售总额（2016 年）

单位：万元

指标	2016 年	同比增减（±%）
社会消费品零售总额	5740098.2	14.1
按销售单位所在地分		
1、城镇	4315680.0	14.2
#城区	2507303.3	16.5
2、乡村	1424418.2	13.8
按消费形态分		
1、餐饮收入	655517.7	10.2
2、商品零售	5084580.5	14.6

7-4　全市限额以上批发零售业商品零售类值（2016 年）

单位：万元

指标名称	2016 年	2015 年	增速(%)
合　　计	3171271.4	2601100.2	21.9
1.粮油、食品类	273432.4	224453.7	21.8
#粮油类	72474.4	59890.6	21.0
肉禽蛋类	20923.8	19416.9	7.8
水产品类	8776.6	7115.7	23.3
蔬菜类	23087.8	19811.4	16.5
干鲜果品类	54758.9	41917.5	30.6
2.饮料类	48675.7	40181.5	21.1
3.烟酒类	98802.4	82541.0	19.7
4.服装、鞋帽、针纺织品类	326969.1	267946.4	22.0
#服装类	200479.6	164483.8	21.9
鞋帽类	78024.7	64533.6	20.9
针纺织品类	48464.8	38929.0	24.5
5.化妆品类	44459.3	37202.7	19.5
6.金银珠宝类	130856.0	104526.3	25.2
7.日用品类	95004.3	78942.1	20.3
#儿童玩具类	9013.9	8493.9	6.1
8.五金、电料类	33040.5	28164.0	17.3
9.体育、娱乐用品类	8017.2	6842.3	17.2
#照相机类	372.9	351.0	6.2
10.书报杂志类	83927.9	78381.7	7.1
11.电子出版物及音像制品类	2586.8	2209.0	17.1
12.家用电器和音像器材类	220238.6	186404.8	18.2
13.中西药品类	155115.4	126304.1	22.8
#西药类	87792.4	71619.4	22.6
中草药及中成药类	43542.2	35767.2	21.7
14.文化办公用品类	18502.8	19704.4	-6.1
#计算机及其配套产品	222.6	36.5	509.9
15.家具类	132615.8	107396.2	23.5
16.通讯器材类	35415.8	30290.9	16.9
17.煤炭及制品类	43650.1	36554.5	19.4
18.石油及制品类	675766.7	533128.1	26.8
19.建筑及装潢材料类	51311.5	41210.6	24.5
20.机电产品及设备类	5872.1	5849.8	0.4
21.汽车类	639004.8	525298.2	21.6
22.其他类	48006.2	37567.9	27.8

主要统计指标解释

批发业 指批发商向批发、零售单位及其他企事业、机关单位批量销售生活用品和生产资料的活动，以及从事进出口贸易和贸易经纪与代理的活动。批发商可以对所批发的货物拥有所有权，并以本单位、公司的名义进行交易活动；也可以不拥有货物的所有权，而以中介身份做代理销售商。还包括各类商品批发市场中固定摊位的批发活动。

零售业 指百货商店、超级市场、专门零售商店、品牌专卖店、售货摊等主要面向最终消费者（如居民等）的销售活动。包括以互联网、邮政、电话、售货机等方式的销售活动，还包括在同地点，后面加工生产，前面销售的店铺（如前店后厂的面包房）。不包括：谷物、种子、饲料、牲畜、矿产品、生产用原料、化工原料、农用化工产品、机械设备（用车、计算机及通信设备等除外）等生产资料的销售（批发业）；非零售单位附带的零售活动（如汽车修理单位销售汽车零件）；商业零售单位所在商厦的物业管理（物业管理）；商业零售单位所在的商品市场、商业大厦的市场管理活动（市场管理）。

住宿业 指有偿为顾客提供临时住宿的服务活动，不包括提供长期住宿场所的活动（如出租房屋、公寓等）。

餐饮业 指在一定场所，对食物进行现场烹饪、调制，并出售给顾客主要供现场消费的服务活动。

社会消费品零售总额 指批发和零售业、餐饮业、新闻出版业、邮政业和其他服务业等，售予城乡居民用于生活消费的商品和社会集团用于公共消费的商品之总量。社会消费品零售总额包括：

一、批发和零售业企业（单位）售予城乡居民用于生活消费和社会集团用于公共消费的商品。包括：

1.售予城乡居民的各种生活消费品；

2.售予入境旅游的外国人、华侨、港澳台同胞的各类商品；

3.售予行政事业单位、社会团体、军队和武警等机构的商品，以及以零售方式售予各类企业的商品。具体包括：用于非生产和社会交往的办公用品，如通讯设备、计算器具和设备、电讯网络设备、文印设备、音像视听器材和设备、纸张、本册、文具及装订文印材料、家具、日用电器、针纺织品、清洁卫生用品、文体用品、奖品、纪念品、礼品等；供内部人员乘坐的交通工具和燃料；用于办公设施修缮的各类配件、材料、工具等；用于取暖和防暑降温的设备、燃料、材料及食品等；专用于教学的用品和设备；非营利医疗机构的中、西药品、中药材和医疗设备器材；非专用的劳动保护用品；不对外营业的内部食堂用的餐具、炊具、设备、清洁卫生工具和食品、燃料等；军队、武警用于其人员生活的衣着品和个人用品；其他各类非生产性设备和用品。

二、餐饮业出售的主食、菜肴、烟酒饮料和其他商品。

三、新闻出版业、邮政业售予城乡居民、企事业单位、军队和武警等机构的书报杂志、音像制品、邮品等。

四、其他服务业出售的食品、烟酒饮料、服装鞋帽、日常生活用品、医药保健用品、艺术品、工艺美术品、玩具、殡葬用品以及其他消费品。

批发和零售业商品购进、销售、库存总额 指各种登记注册类型的批发和零售业企业(单位)以本企业(单位)为总体的，从国内、国外市场购进的商品总量，销售和出口的商品总量、库存的商品总量等情况。该指标可以反映商品流转过程中商品的购进、销售、库存之间的比例关系和存在的问题。

购进总额 指从本企业(单位)以外的单位和个人购进(包括从境外直接进口)作为转卖或加工后转卖的商品总额。它反映批发和零售业从国内、国外市场上购进商品的总量。商品购进包括：(1)从工农业生产者购进的商品；(2)从出版社、报社的出版发行部门购进的图书、杂志和报纸；(3)从各种登记注册类型的批发和零售业企业(单位)购进的商品；(4)从其他单位购进的商品，如从机关、团体、企业等单位购进的剩余物资，从住宿和餐饮业、其他服务业购进的商品，从海关、市场管理部门购进的缉私和没收的商品，从居民手中收购的废旧商品等；(5)从国(境)外直接进口的商品。不包括企业(单位)为自身经营用和未通过买卖行为而收入的商品以及销售退回、商品升溢等。

销售总额 指对本企业(单位)以外的单位和个人出售(包括对境外直接出口)的商品总额。它反映批发和零售业在国内市场上销售商品以及出口商品的总量。商品销售包括：(1)售给城乡居民和社会集团消费用的商品；(2)售给工业、农业、建筑业、运输邮电业、批发和零售业、住宿和餐饮业、其他服务业等作为生产、经营使用的商品；(3)售给批发和零售业作为转卖或加工后转卖的商品；(4)对国(境)外直接出口的商品。不包括出售本企业(单位)自用的废旧包装用品，未通过买卖行为付出的商品，经本单位介绍、由买卖双方直接结算、本单位只收取手续费的业务，购货退出的商品以及商品损耗和损失等。

库存总额 指报告期末各种登记注册类型的批发和零售业企业(单位)已取得所有权的商品。它反映批发和零售业企业(单位)的商品库存情况和对市场商品供应的保证程度。商品库存包括：(1)存放在批发和零售业经营单位(如门市部、批发站、经营处)仓库、货场、货柜和货架中的商品；(2)挑选、整理、包装中的商品；(3)已记入购进而尚未运到本单位的商品，即发货单或银行承兑凭证已到而货未到的商品；(4)寄放他处的商品，如因购货方拒绝承付而暂时存放在购货方的商品和已办完加工成品收回手续而未提回的商品；(5)委托其他单位代销(未作销售或调出)尚未售出的商品；(6)代其他单位购进尚未交付的商品。不包括所有权不属于本单位的商品、委托外单位加工生产尚未收回成品的商品、外贸企业代理其他单位从国外进口尚未付给订货单位的商品、代国家物资储备部门保管的商品等。

住宿和餐饮业营业额 指住宿和餐饮业法人企业（单位）在经营活动中因提供服务或销售商品等取得的收入。包括：客房收入、餐费收入、商品销售额和其他收入。客房收入指住宿和餐饮业法人企业（单位）在经营活动中因提供住宿服务取得的收入。餐费收入指住宿和餐饮业法人企业、（单位）因为顾客提供就餐服务取得的收入，包括经烹饪、调制加工后出售的各种食品，如主食、炒菜、凉拌菜等的收入。商品销售额指住宿和餐饮业法人企业（单位）伴随服务而出售商品所取得的收入（含增值税）。其他收入指营业收入中除客房收入、餐费收入、商品销售额以外的其他收入，包括娱乐、健身和商务服务等。

连锁企业（或称连锁店、连锁公司） 指在核心企业或总店的领导下，由分散的、经营同类商品或服务的企业或活动单位，采取共同方针，实行集中采购和分散销售的有机结合，通过规范化经营，实现规模效益的经济联合组织形式。一般连锁店应由若干个分店组成。其经营特征：(1)经营同类商品；(2)使用统一商号；(3)统一采购配送，采购与销售相分离（部分商品可根据物流合理和保质保鲜原则，由供应商直接送货到门店，其余均由总部统一配送）。

连锁门店的形式分为直营连锁和加盟连锁。

直营连锁也叫正规连锁。指连锁门店均由总部独资或控股开设，在总部的直接领导下统一经营。总部采取纵深似的管理方式，直接下令掌管所有的零售门店，零售门店也必须完全接受总部指挥。这是大型垄断商业资本通过吞并、兼并或独资、控股等途径，发展壮大自身实力和规模的一种形式。

加盟连锁包括特许连锁和自由连锁两种形式。

特许连锁指各连锁门店（被特许人）通过合同形式，取得使用总部（特许人）商标、商号、经营技术和销售总部开发的商品的特许权，各加盟连锁门店为独立法人，在总部指导下统一经营。

自由连锁也称自愿连锁。指连锁公司的门店均为独立法人，各自的资产所有权关系不变，在公司总部的指导下共同经营。各成员店使用共同的店名，与总部订阅有关购、销、宣传等方面的合同，并按合同开展经营活动。在合同规定的范围之外，各成员店可以自由活动。根据自愿原则，各成员店可自由加入连锁体系，也可自由退出。

八、固定资产投资和房地产

资料整理：丁宇姝　陈思思

资料校对：丁宇姝　陈思思

8.固定资产投资和房地产

2016 年全市				
全社会固定资产投资	2289.5	亿元	比上年增长	10.6%
#固定资产投资	2233.6	亿元	比上年增长	12.9%
#房地产开发	97.0	亿元	比上年增长	–0.4%
新增固定资产	1297.6	亿元	比上年增长	–13.7%
房屋竣工面积	377.4	万平方米	比上年增长	–12.7%

8-1　全市固定资产投资完成情况（2010-2016年）

单位：万元

指标名称	2010年	2011年	2012年	2013年
本年完成投资	5662702	8031552	106501911	13579479
按性质分				
新建	3752143	4554326	6633840	10040749
扩建	1034261	1665062	1963480	990504
改建和技术改造	803041	1025437	1060854	1420314
按构成分				
建筑安装工程	3499064	5071962	7370257	10092068
设备工器具购置	1471731	2082126	2276510	2170902
其他费用	691907	877464	1003424	1316509
新增固定资产	3139057	4846067	6630630	9996150
房屋施工面积（平方米）	13126178	1671309	28060458	25036528
房屋竣工面积（平方米）	3234198	4167870	3555115	5752063
按行业划分				
（一）农、林、牧、渔业	262478	443218	614682	1205137
（二）采矿业	709203	796669	954735	1188738
（三）制造业	1993932	3177016	3345283	3398286
（四）电力、热力、燃气及水的生产和供应业	342706	388314	315005	277372
（五）建筑业	63857	89038	167779	76740
（六）批发和零售业	125704	209227	333735	597485
（七）交通运输、仓储和邮政业	185642	198326	408691	554415
（八）住宿和餐饮业	40665	68875	326727	651072
（九）信息传输、软件和信息技术服务业	43240	40693	25340	14382
（十）金融业	1112	2524	3480	330
（十一）房地产业	471849	763666	1574888	2714644
（十二）租赁和商务服务业	20590	20117	80263	135114
（十三）科学研究和技术服务业	27485	4390	21487	26702
（十四）水利、环境和公共设施管理业	882392	1182390	1756564	2149597
（十五）居民服务和其他服务业	8913	21805	60219	61908
（十六）教育	96336	109490	142483	176376
（十七）卫生和社会工作	104047	202366	70314	149721
（十八）文化、体育和娱乐业	58752	121949	143807	149474
（十九）公共管理和社会组织	223799	191479	304709	51986

8-1 续表 1

单位：万元

指标名称	2014 年	2015 年	2016 年
本年完成投资	16463384	19782196	22335584
按性质分			
新建	13024084	15963930	18898219
扩建	955307	1379554	1138695
改建和技术改造	1426401	1209986	1056814
按构成分			
建筑安装工程	12932920	16312923	16729803
设备工器具购置	2068880	1873463	3103582
其他费用	1461584	1595810	2502199
新增固定资产	15416561	15030259	12976461
房屋施工面积（平方米）	23881987	21120334	26555009
房屋竣工面积（平方米）	7290597	4323727	3774256
按行业划分			
（一）农、林、牧、渔业	1993019	2850845	3425572
（二）采矿业	1163642	907142	461556
（三）制造业	2829073	2948365	2829355
（四）电力、热力、燃气及水的生产和供应业	488879	1074430	1303807
（五）建筑业	11185	16100	
（六）批发和零售业	1115295	709400	778307
（七）交通运输、仓储和邮政业	739914	1107648	1075326
（八）住宿和餐饮业	597637	356520	484030
（九）信息传输、软件和信息技术服务业	4536	72441	99374
（十）金融业	4099	10389	18756
（十一）房地产业	3035554	3475627	3391886
（十二）租赁和商务服务业	152623	95370	155001
（十三）科学研究和技术服务业	266980	247691	382759
（十四）水利、环境和公共设施管理业	3143166	3748171	5655522
（十五）居民服务和其他服务业	52041	205250	341741
（十六）教育	263790	369167	554714
（十七）卫生和社会工作	175219	331860	506335
（十八）文化、体育和娱乐业	261564	540147	702626
（十九）公共管理和社会组织	165168	715633	168917

8-2 分县市区全社会固定资产投资（2010-2016 年）

单位：万元

县市区	2010 年				2011 年			
	全社会投资	固定资产投资	农村私人建房投资	跨区域投资	全社会投资	固定资产投资	农村私人建房投资	跨区域投资
渭南市	7018658	5662702	285739	1070217	9129320	8031552	419046	716055
临渭辖区	1755371	1466082	40389	248900	2185582	1919684	58298	210000
临渭区	1241069	1001631	36738	202700	1556899	1304915	54384	200000
高新区	514302	464451	3651	46200	628683	614769	3914	10000
经开区								
华州区	654586	491007	17879	145700	819978	768280	25298	26400
潼关县	219418	161590	8528	49300	256600	236533	12067	8000
大荔县	421179	323720	44059	53400	549320	437288	62032	50000
合阳县	314402	283272	18530	12600	550737	424518	28629	100000
澄城县	601397	476633	24347	100417	806804	678768	45481	100000
蒲城县	939500	697497	54603	187400	1087565	1000077	80086	20000
白水县	260766	187018	19848	53900	377599	283894	23705	70000
富平县	443911	359972	40539	43400	632245	556883	57362	18000
韩城市	945013	835513	12500	97000	1204021	1156334	19287	30000
华阴市	514302	464451	3651	46200	585214	569293	6801	10000
不分县市			866	32000	73655			73655

8-2 续表 1

单位：万元

县市区	2012 年				2013 年			
	全社会投资	固定资产投资	农村私人建房投资	跨区域投资	全社会投资	固定资产投资	农村私人建房投资	跨区域投资
渭南市	11722131	10650191	403570	668370	14676169	13579479	412090	684600
临渭辖区	2668691	2562941	57750	48000	3323831	3206501	58830	58500
临渭区	1855671	1757871	53800	44000	2364278	2255448	54830	54000
高新区	813020	805070	3950	4000	959553	951053	4000	4500
经开区								
华州区	1035243	998743	26500	10000	1307663	1269563	27100	11000
潼关县	333952	317032	12920	4000	436580	419350	13230	4000
大荔县	693220	577220	64000	52000	935331	810051	65280	60000
合阳县	619193	565743	28450	25000	779109	720069	29040	30000
澄城县	950932	905132	29800	16000	1203338	1154948	30390	18000
蒲城县	1404123	1330823	72300	1000	1652167	1573167	74000	5000
白水县	441076	380276	25800	35000	611437	545027	26410	40000
富平县	815418	745018	61400	9000	1030333	956183	62650	11500
韩城市	1565642	1532142	18500	15000	2007864	1972974	18890	16000
华阴市	756271	735121	6150	15000	962916	951646	6270	5000
不分县市	438370			438370	425600			425600

8-2 续表 2

单位：万元

县市区	2014 年				2015 年			
	全社会投资	固定资产投资	农村私人建房投资	跨区域投资	全社会投资	固定资产投资	农村私人建房投资	跨区域投资
渭南市	17656144	16463384	413760	779000	20852116	19782196	433920	636000
临渭辖区	3992616	3708456	59160	225000	4899145	4639475	59670	200000
临渭区	2450558	2173008	52550	225000	2957061	2701961	55100	200000
高新区	1203723	1199713	4010		1478573	1476503	2070	
经开区	338335	335735	2600		463511	461011	2500	
华州区	1527463	1402213	27250	98000	1742333	1693833	28500	20000
潼关县	538087	519807	13280	5000	577135	540835	14300	22000
大荔县	1175836	1040336	65500	70000	1281863	1103613	70250	108000
合阳县	967484	903344	29140	35000	1162898	1112298	30600	20000
澄城县	1412965	1240415	30550	142000	1593556	1416356	32200	145000
蒲城县	2143040	2060800	74240	8000	2573714	2487814	77900	8000
白水县	772468	685968	26500	60000	891993	801093	27900	63000
富平县	1299752	1223902	62850	13000	1573095	1493995	66100	13000
韩城市	2523942	2487942	19000	17000	3112607	3072607	20000	20000
华阴市	1216491	1190201	6290	20000	1443777	1420277	6500	17000
不分县市	86000			86000				

8-2 续表 3

单位：万元

县市区	2016 年			
	全社会投资	固定资产投资	农村私人建房投资	跨区域投资
渭南市	22895184	22335584	447900	111700
临渭辖区	5649994	5577424	61570	11000
临渭区	3268859	3200859	57000	11000
高新区	1776177	1774107	2070	
经开区	604958	602458	2500	
华州区	1880227	1830727	29500	20000
潼关县	639384	612584	14800	12000
大荔县	1468776	1386176	72600	10000
合阳县	1356451	1319851	31600	5000
澄城县	1027127	978927	33200	15000
蒲城县	3030153	2944753	80400	5000
白水县	926857	888057	28800	10000
富平县	1858445	1770015	68430	20000
韩城市	4067211	4043011	20500	3700
华阴市	990559	984059	6500	
不分县市				

8-3 分县市区全社会固定资产投资(2016 年)

县市区	全社会投资（万元）					
	固定资产投资			农村私人建房投资	跨区域投资	全社会投资
	房地产	项目投资	合计			
渭南市	969542	21366042	22335584	447900	111700	22895184
临渭辖区	600989	4976435	5577424	61570	11000	5649994
临渭区	457028	2743831	3200859	57000	11000	3268859
高新区	143961	1630146	1774107	2070		1776177
经开区		602458	602458	2500		604958
华州区	3337	1827390	1830727	29500	20000	1880227
潼关县		612584	612584	14800	12000	639384
大荔县	42636	1343540	1386176	72600	10000	1468776
合阳县	26717	1293134	1319851	31600	5000	1356451
澄城县	2785	976142	978927	33200	15000	1027127
蒲城县	16708	2928045	2944753	80400	5000	3030153
白水县		888057	888057	28800	10000	926857
富平县	90700	1679315	1770015	68430	20000	1858445
韩城市	174550	3868461	4043011	20500	3700	4067211
华阴市	11120	972939	984059	6500		990559

8-3 续表 1

县市区	同比增长（±%）					
	固定资产投资			农村私人建房投资	跨区域投资	全社会投资
	房地产	项目投资	合计			
渭南市	-0.4	13.6	12.9	3.2	-76.7	10.6
临渭辖区	-1.1	23.4	20.2	3.2	-93.3	16.2
临渭区	16.7	18.8	18.5	3.4	-93.3	11.9
高新区	-33.4	29.3	20.2			20.1
经开区		30.7	30.7			30.5
华州区	-48.4	8.3	8.1	3.5		9.2
潼关县	-100.0	13.6	13.3	3.5	-29.4	11.8
大荔县	-39.0	30.0	25.6	3.3	-90.7	14.6
合阳县	-28.0	20.0	18.7	3.3	-75.0	16.6
澄城县	-73.5	-30.6	-30.9	3.1	-85.7	-33.9
蒲城县	-0.2	18.5	18.4	3.2	-37.5	17.7
白水县		10.9	10.9	3.2	-73.7	6.9
富平县	12.8	18.8	18.5	3.5		19.1
韩城市	26.8	31.8	31.6	2.5	-81.5	30.7
华阴市	115.9	-31.2	-30.7			-30.6

8-4　全市固定资产投资完成情况（2016 年）

指标名称	本年完成（万元）	同比增长（±%）
总　　计	22335584	12.9
其中：国有及国有控股	14657863	65.0
其中：住宅	1437154	69.0
其中：民间投资	7564135	-30.8
按产业分		
第一产业	2621839	24.2
第二产业	4563712	-5.1
第三产业	15150033	17.8
按性质分		
新建	18898219	18.4
扩建	1138695	-17.5
改建和技术改造	1056814	-12.7
按构成分		
建筑安装工程	16729803	2.6
设备工器具购置	3103582	65.7
其他费用	2502199	56.8
自年初累计新增固定资产	12976461	-13.7
本年施工项目个数（个）	3405	15.2
其中：亿元以上项目	619	139.9
其中：本年新开工	2836	15.4
全部投产项目个数（个）	2415	-0.6
房屋施工面积（平方米）	26555009	25.7
其中：住宅	11802062	9.6
房屋竣工面积（平方米）	3774256	-12.7
其中：住宅	1821805	-10.9
按行业划分		
（一）农、林、牧、渔业	3425572	20.1
农业	1716121	25.1
林业	340924	46.9
畜牧业	543591	11.5
渔业	21203	8.8
农、林、牧、渔服务业	803733	8.3

8-4 续表 1

指标名称	本年完成（万元）	同比增长（±%）
（二）采矿业	461556	-49.1
煤炭开采和洗选业	156014	-72.5
石油和天然气开采业	117853	83.4
有色金属矿采选业	162418	37.8
开采辅助活动	25271	-79.6
（三）制造业	2829355	-4.0
农副食品加工业	324812	50.3
食品制造业	178183	12.3
酒、饮料和精制茶制造业	71833	24.1
烟草制品业	4800	-93.2
纺织业	15950	-60.8
纺织服装和服饰业	11745	
皮革、毛皮、羽毛(绒)及其制品业	4683	8.9
木材加工及木、竹、藤、棕、草制品业	7200	22.5
家具制造业	9630	-31.5
造纸及纸制品业	33145	-53.6
文教体育用品制造业	20174	97.2
石油加工、炼焦及核燃料加工业	92240	-26.4
化学原料及化学制品制造业	442174	-17.7
医药制造业	60828	2.1
橡胶和塑料制品业	129990	-23.9
非金属矿制品业	275909	-9.1
黑色金属冶炼和压延加工业	70831	-31.6
有色金属冶炼和压延加工业	65078	24.2
金属制品业	26456	-65.2
通用设备制造业	97798	-26.6
专用设备制造业	115998	-36.5
汽车制造业	185931	202.9
铁路、船舶、航空航天等制造业	10000	63.9
电气机械及器材制造业	499742	34.0

8-4 续表 2

指标名称	本年完成（万元）	同比增长（±%）
计算机、通信和其他电子设备制造业	45632	44.3
仪器仪表制造业	1890	-93.5
其他制造业	11278	6.3
废弃资源综合利用业	9690	-27.8
金属制品、机械和设备修理业	5735	-31.7
（四）电力、热力、燃气及水的生产和供应业	1303807	21.3
电力、热力的生产和供应业	853900	34.1
燃气生产和供应业	79238	-54.1
水的生产和供应业	370669	39.8
（五）建筑业		
（六）批发和零售业	778307	9.7
批发业	314065	66.8
零售业	464242	-10.9
（七）交通运输、仓储和邮政业	1075326	-3.6
铁路运输业	8960	
道路运输业	882826	20.2
航空运输业	8000	
装卸搬运和运输代理业	49080	-58.0
仓储业	126460	-47.2
（八）住宿和餐饮业	484030	35.8
住宿业	334986	20.5
餐饮业	149044	89.7
（九）信息传输、软件和信息技术服务业	99374	37.2
电信、广播电视和卫星传输服务业	81211	100.0
互联网和相关服务业	1812	-77.8
软件和信息技术服务业	16351	-30.9
（十）金融业	18756	80.5

8-4 续表 3

指标名称	本年完成（万元）	同比增长（±%）
其他金融业	18756	
（十一）房地产业	3391886	-2.4
房地产业	3391886	-2.4
（十二）租赁和商务服务业	155001	62.5
租赁业	13995	38.9
商务服务业	141006	65.3
（十三）科学研究和技术服务业	382759	59.7
研究与试验发展	33555	87.5
专业技术服务业	49340	-20.4
科技交流和推广服务业	299864	87.7
（十四）水利、环境和公共设施管理业	5655522	50.6
水利管理业	611276	-2.7
生态保护和环境治理业	269209	-8.5
公共设施管理业	4775037	68.6
（十五）居民服务和其他服务业	341741	68.2
居民服务业	163809	53.6
机动车、电子产品和日用产品修理业	102048	467.3
其他服务业	75884	-3.3
（十六）教育	554714	50.3
教育	554714	50.3
（十七）卫生和社会工作	506335	52.6
卫生	357885	29.6
社会工作	148450	166.7
（十八）文化、体育和娱乐业	702626	30.1
广播、电视、电影和影视录音制作业	16030	-20.6
文化艺术业	433327	56.1
体育	156045	-5.5
娱乐业	97224	26.0
（十九）公共管理和社会组织	168917	-76.4
国家机构	48733	-84.4
社会保障	67088	38.8
群众团体、社会团体和其他成员组织	4500	-72.9
基层群众自治组织	48596	-85.7

8-5 全市民间投资完成情况（2016 年）

指标名称	本年完成（万元）	同比增长（±%）
计划总投资	18792591	-5.2
本年完成投资	7564135	-30.8
施工项目个数（个）	977	-35.0
其中：本年新开工	744	-40.0
本年投产项目个数（个）	682	-45.6
按行业分		
（一）农、林、牧、渔业	1204006	-35.4
农业	613515	-31.4
林业	25739	-56.6
畜牧业	316814	-25.8
渔业	9000	-39.6
农、林、牧、渔服务业	238938	-49.0
（二）采矿业	414875	-31.2
煤炭开采和洗选业	146987	-67.1
石油和天然气开采业	80452	
有色金属矿采选业	162418	1704.6
开采辅助活动	25018	-78.0
（三）制造业	2048401	-15.9
农副食品加工业	292433	40.8
食品制造业	143753	0.1
酒、饮料和精制茶制造业	40913	-29.3
烟草制品业	4800	
纺织业	10350	-74.6
纺织服装和服饰业	11745	
皮革、毛皮、羽毛(绒)及其制品业	4683	8.9
木材加工及木、竹、藤、棕、草制品业	4200	-28.5
家具制造业	9630	-31.5
造纸及纸制品业	23605	-65.5
文教体育用品制造业	17446	221.3
石油加工、炼焦及核燃料加工业	92240	43.5
化学原料及化学制品制造业	367831	6.2

8-5 续表 1

指标名称	本年完成（万元）	同比增长（±%）
医药制造业	53515	-9.0
橡胶和塑料制品业	121690	-28.2
非金属矿制品业	178659	-39.0
黑色金属冶炼和压延加工业	70831	51.5
有色金属冶炼和压延加工业	4988	-50.2
金属制品业	26456	-65.2
通用设备制造业	28372	-78.7
专用设备制造业	74073	-52.8
汽车制造业	61090	6.5
铁路、船舶、航空航天等制造业	10000	63.9
电气机械及器材制造业	331641	-9.2
计算机、通信和其他电子设备制造业	45632	57.6
仪器仪表制造业	1890	-93.5
其他制造业	510	-95.2
废弃资源综合利用业	9690	49.1
金属制品、机械和设备修理业	5735	-31.7
（四）电力、热力、燃气及水的生产和供应业	553168	44.9
电力、热力的生产和供应业	450238	127.0
燃气生产和供应业	63075	-53.1
水的生产和供应业	39855	-18.7
（五）建筑业		
（六）批发和零售业	391213	-34.1
批发业	136530	-16.4
零售业	254683	-40.8
（七）交通运输、仓储和邮政业	160796	-57.5
道路运输业	33748	-39.3
装卸搬运和运输代理业	42960	-63.3
仓储业	84088	-57.6
（八）住宿和餐饮业	296054	5.5
住宿业	218634	-12.2
餐饮业	77420	143.5

8-5 续表 2

指标名称	本年完成（万元）	同比增长（±%）
（九）信息传输、软件和信息技术服务业	13515	-56.9
互联网和相关服务业	1812	262.4
软件和信息技术服务业	11703	-45.9
（十）金融业		
（十一）房地产业	1119224	-57.3
房地产业	1119224	-57.3
（十二）租赁和商务服务业	92727	22.1
租赁业	1548	-20.6
商务服务业	91179	23.2
（十三）科学研究和技术服务业	261052	93.8
研究与试验发展	20700	115.6
专业技术服务业	40428	46.5
科技交流和推广服务业	199924	105.1
（十四）水利、环境和公共设施管理业	541909	-49.3
水利管理业	20014	-45.4
生态保护和环境治理业	43498	-69.1
公共设施管理业	478397	-46.3
（十五）居民服务和其他服务业	52449	-37.6
居民服务业	35774	-25.6
机动车、电子产品和日用产品修理业	11017	-38.8
其他服务业	5658	-68.6
（十六）教育	99113	99.8
教育	99113	99.8
（十七）卫生和社会工作	122418	138.6
卫生	42587	23.2
社会工作	79831	377.1
（十八）文化、体育和娱乐业	189730	17.3
文化艺术业	135571	77.0
体育	29380	-40.3
娱乐业	24779	-4.9
（十九）公共管理和社会组织	3485	-96.8
国家机构	2863	151.1
基层群众自治组织	622	-99.4

8-6　全市工业投资情况（2016 年）

指标名称	本年完成（万元）	同比增长（±%）
本年完成投资	4594718	-6.8
按构成分		
建筑安装工程	2854510	-15.9
设备工器具购置	1248981	21.0
其他费用	491227	-2.4
本年资金来源合计	3867716	-15.8
1.上年末结余资金	53287	-52.5
2.本年资金来源小计	3814429	-14.9
(1)国家预算资金	80832	-26.9
(2)国内贷款	169395	-14.9
(3)债券		
(4)利用外资	824	-90.2
(5)自筹资金	3547344	-12.1
其中：企、事业单位自有资金	678431	64.3
(6)其他资金来源	16034	-87.6
施工项目个数（个）	495	-22.5
其中：本年新开工	382	-25.1
本年投产项目个数（个）	348	-34.8
按行业划分		
采矿业	461556	-49.1
煤炭开采和洗选业	156014	-72.5
石油和天然气开采业	117853	83.4
有色金属矿采选业	162418	37.8
开采辅助活动	25271	-79.6
制造业	2829355	-4.0
农副食品加工业	324812	50.3
食品制造业	178183	12.3
酒、饮料和精制茶制造业	71833	24.1
烟草制品业	4800	-93.2
纺织业	15950	-60.8

8-6 续表 1

指标名称	本年完成（万元）	同比增长（±%）
纺织服装和服饰业	11745	
皮革、毛皮、羽毛(绒)及其制品业	4683	8.9
木材加工及木、竹、藤、棕、草制品业	7200	22.5
家具制造业	9630	-31.5
造纸及纸制品业	33145	-53.6
文教体育用品制造业	20174	97.2
石油加工、炼焦及核燃料加工业	92240	-26.4
化学原料及化学制品制造业	442174	-17.7
医药制造业	60828	2.1
橡胶和塑料制品业	129990	-23.9
非金属矿制品业	275909	-9.1
黑色金属冶炼和压延加工业	70831	-31.6
有色金属冶炼和压延加工业	65078	24.2
金属制品业	26456	-65.2
通用设备制造业	97798	-26.6
专用设备制造业	115998	-36.5
汽车制造业	185931	202.9
铁路、船舶、航空航天等制造业	10000	63.9
电气机械及器材制造业	499742	34.0
计算机、通信和其他电子设备制造业	45632	44.3
仪器仪表制造业	1890	-93.5
其他制造业	11278	6.3
废弃资源综合利用业	9690	-27.8
金属制品、机械和设备修理业	5735	-31.7
电力、热力、燃气及水的生产和供应业	1303807	21.3
电力、热力的生产和供应业	853900	34.1
燃气生产和供应业	79238	-54.1
水的生产和供应业	370669	39.8

8-7　全市固定资产投资资金来源情况（2016 年）

指标名称	本年完成（万元）	同比增长（±%）
一、本年资金来源合计	19189867	5.1
1.上年末结余资金	615617	-14.8
2.本年资金来源小计	18574250	5.9
(1)国家预算资金	1847354	-10
(2)国内贷款	1088995	124.0
(3)债券	3000	1204.3
(4)利用外资	7824	-72.8
(5)自筹资金	15073389	8.9
#企、事业单位自有资金	1849058	-4.2
(6)其他资金来源	553688	-51.4
二、各项应付款合计	4239352	76.4
#工程款	2099088	154.8

8-8　全市房地产开发投资资金来源（2016 年）

单位：万元

指标名称	总计	国有	集体	私营	股份
一、本年资金来源合计	1099655	23873	1600	9543	819728
1.上年末结余资金	133976	4127	200	800	81919
2.本年资金来源小计	965679	19746	1400	8743	737809
国内贷款	60456				60432
#银行贷款	59371				59347
#非银行金融机构贷款	1085				1085
利用外资					
#外商直接投资					
自筹资金	486850	10368	1400	1000	352292
#自有资金	84141	1270	1400	1000	68756
其他资金来源	418373	9378		7743	325085
#定金及预收款	212042	2205		2773	167171
个人按揭贷款	121679	2743		4970	80892
二、本年各项应付款合计	535610	3706		100	440900
#工程款	157350	2940			116791

8-9 全市房地产开发投资主要指标及构成（2016 年）

指标名称	房地产开发	中央	省属	地方	县	其它
一、企业单位数（个）	136	2	2	132		
二、本年完成投资（万元）	969542	7640		101553	290465	569884
#配套工程投资						
1. 按构成分						
建筑工程	633289	5905		48334	185494	393556
安装工程	225202	1650		41539	86972	95041
设备工器具购置	23533	50		785	4016	18682
其他费用	87518	35		10895	13983	62605
#旧建筑物购置费	20137			6934	1571	11632
#土地购置费	55227			2943	11713	40571
2. 按工程用途分						
住宅	722885	7505		72353	191802	451225
别墅、高档公寓	880					880
办公楼	24992			12110	10162	2720
商业营业用房	204542	100		15180	86752	102510
其他	17123	35		1910	1749	13429
三、本年新增固定资产（万元）	379354		8053		133595	237706
四、房屋建筑面积及竣工价值						
房屋施工面积（平方米）	10968191	158667	223790	651671	2330532	7603531
#住宅	8148594	134600	176590	491336	1678626	5667442
房屋竣工面积（平方米）	1632580		33160		473620	1125800
#住宅	1188346		19560		336650	832136
竣工房屋价值（万元）	350614		8053		130255	212306
#住宅	216405		5477		61274	149654

8-9 续表 1

指标名称	按登记注册类型分				
	内资				
		国有	集体	私营	股份
一、企业单位数（个）	135	5	2	46	83
二、本年完成投资　（万元）	969542	20152	800	226160	722430
#配套工程投资					
1. 按构成分					
建筑工程	633289	13926	600	165206	453557
安装工程	225202	1029	200	22458	201515
设备工器具购置	23533	50		671	22812
其他费用	87518	5147		37825	44546
#旧建筑物购置费	20137	579		4885	14673
#土地购置费	55227	4543		22930	27754
2. 按工程用途分					
住宅	722885	12020	800	145109	564956
别墅、高档公寓	880			880	
办公楼	24992			25	24967
商业营业用房	204542	7847		70194	126501
其他	17123	285		10832	6006
三、本年新增固定资产　（万元）	379354	7023		31074	341257
四、房屋建筑面积及竣工价值					
房屋施工面积　（平方米）	10968191	301409	2000	2830372	7834410
#住宅	8148594	268184	2000	2039621	5838789
房屋竣工面积　（平方米）	1632580	27420		182926	1422234
#住宅	1188346	24220		149679	1014447
竣工房屋价值　（万元）	350614	7023		27858	315733
#住宅	216405	6127		23184	187094

8-10　分县市区房地产开发投资和新增固定资产（2016 年）

单位：万元

县市区	计划总投资	自开始建设至本年底累计完成投资	本年完成投资	本年新增固定资产
渭南市	5679522	3678871	969542	379354
临渭辖区	3203095	2093663	600989	129683
临渭区	2658715	1584655	457028	55603
高新区	544380	509008	143961	74080
经开区				
华州区	160902	77343	3337	
潼关县				
大荔县	289082	265170	42636	9582
合阳县	185540	162923	26717	36750
澄城县	101426	34774	2785	15076
蒲城县	118961	66888	16708	21000
白水县				
富平县	659189	356562	90700	25694
韩城市	685838	528018	174550	136583
华阴市	275489	93530	11120	4986

8-11　分县市区按构成和工程用途分的房地产开发投资（2016 年）

单位：万元

县市区	按构成分						按工程用途分			
	建筑工程	安装工程	设备工器具购置	其他费用	旧建筑物购置费	土地购置费	住宅	办公楼	商业营业用房	其他
渭南市	633289	225202	23533	87518	20137	55227	722885	24992	204542	17123
临渭辖区	360563	182976	19473	37977	16627	20287	467780	20387	108289	4533
临渭区	280264	147591	2296	26877	16627	9187	371773	20387	60739	4129
高新区	80299	35385	17177	11100		11100	96007		47550	404
经开区										
华州区	2050	613		674			3212		98	27
潼关县										
大荔县	35736	1850	2250	2800		2800	36188		6002	446
合阳县	19973	6744					21507		4930	280
澄城县	1485	390	610	300		300	1825		610	350
蒲城县	14058	2650					13960		2710	38
白水县										
富平县	56669	2360	1150	30521	3500	26606	53454		27242	10004
韩城市	132850	26664		15036		5034	117330	2605	53170	1445
华阴市	9905	955	50	210	10	200	7629	2000	1491	

8-12 分县市区商品房销售情况（2016 年）

县市区	商品房销售面积（平方米）	住宅	办公楼	商业营业用房	其他	商品房销售额（万元）	住宅	办公楼	商业营业用房	其他
渭南市	1744756	159612	36126	86392	26111	549065	602066	15943	42246	9668
临渭辖区	658865	569514	36126	32740	20485	224832	350270	15943	22604	7015
临渭区	583734	505728	36126	23661	18219	200518	159872	15943	18506	6197
高新区	75131	63786		9079	2266	24314	190398		4098	818
经开区										
华州区	9426	9426				2146	2146			
潼关县										
大荔县	178695	160417		18278		42650	36095		6555	
合阳县	84762	84762				21117	21117			
澄城县	10778	10778				3258	3258			
蒲城县	40393	40393				11598	11598			
白水县										
富平县	180006	173097		6909		55840	5698			
韩城市	528944	495354		27965	5626	171818	156328		12837	2653
华阴市	52887	52387		500		15806	15556		250	

8-13 分县市区房地产开发面积及造价（2016 年）

县市区	施工房屋面积（平方米）	住宅	竣工房屋面积（平方米）	住宅	竣工房屋价值（万元）	住宅	竣工房屋造价（元/平方米）	住宅
渭南市	10968191	8148094	1632580	1188346	350614	214405	2148	1804
临渭辖区	5048522	3624832	396531	145833	123770	26333	3121	1806
临渭区	3973311	3069259	252103	123503	52878	20973	2097	1698
高新区	1075211	555573	144428	22330	70892	5360	4908	2400
经开区								
华州区	321277	294043						
潼关县								
大荔县	503272	439330	61851	58490	9269	8551	1499	1462
合阳县	869500	714761	159801	159801	32919	32919	2060	2060
澄城县	262600	202271	60580	43780	15076	11604	2489	2651
蒲城县	522130	511143	173293	173293	21000	21000	1212	1212
白水县								
富平县	1397039	896453	93074	61684	19043	12475	2046	2022
韩城市	1759511	1230179	669950	527965	124551	96537	1859	1828
华阴市	284340	235082	17500	17500	4986	4986	2849	2849

8-14　分县市区房地产开发经营情况（2016 年）

单位：万元

县市区	主营业务收入	土地转让收入	商品房屋销售收入	房屋出租收入	其他收入	主营业务成本	主营业务税金及附加
渭南市	5787493	1223	5617008	22765	146497	4825568	342610
临渭辖区	3087135		3068142	18973	20	2645992	205170
临渭区	2786059		2767066	18973	20	2403514	184901
高新区	301076		301076			242478	20269
经开区							
华州区	31196		31077		119	17602	1961
潼关县							
大荔县	391158	1223	389082	853		246935	15947
合阳县	315603		295923		19680	272434	11738
澄城县	118525		85893	1689	30943	114225	5442
蒲城县	299315		299315			233768	20396
白水县	1				1		951
富平县	728399		728399			721214	34564
韩城市	784552		687568	1250	95734	554007	44368
华阴市	31609		31609			19391	2073

8-15　分县市区房地产开发企业基本情况（2016 年）

单位：万元

县市区	开发企业个数（个）	实收资本	资产总计	本年折旧	负债合计	所有者权益合计	本年应付工资总额
渭南市	136	3619251	32367037	24735	28230122	4136915	191950
临渭辖区	48	1605877	15002325	12590	13180042	1822283	121577
临渭区	40	1161570	12543717	10322	11075625	1468092	110874
高新区	8	444307	2458608	2268	2104417	354191	10703
经开区							
华州区	8	121240	722502	3089	622380	100122	6584
潼关县							
大荔县	12	279361	1236009	1707	684798	551211	12005
合阳县	10	190822	1272018	1675	974048	297970	4338
澄城县	4	37199	553061	624	437828	115233	2672
蒲城县	6	35882	686722	309	629597	57125	4186
白水县	1	100000	169921	75	169452	469	460
富平县	12	298548	3633225	1759	3346115	287110	12122
韩城市	24	453721	6880554	2472	6414080	466474	19571
华阴市	11	496601	2210700	435	1771782	438918	8435

主要统计指标解释

全社会固定资产投资 是以货币形式表现的在一定时期内全社会建造和购置固定资产的工作量以及与此有关的费用的总称。该指标是反映固定资产投资规模、结构和发展速度的综合性指标,又是观察工程进度和考核投资效果的重要依据。全社会固定资产投资按登记注册类型可分为国有、集体、个体、联营、股份制、外商、港澳台商、其他等。

固定资产投资（不含农户） 指城镇和农村各种登记注册类型的企业、事业、行政单位及城镇个体户进行的计划总投资500万元及500万元以上的建设项目投资和房地产开发投资，包含原口径的城镇固定资产投资加上农村企事业组织项目投资，该口径自2011年起开始使用。

房地产开发投资 指各种登记注册类型的房地产开发法人单位统一开发的包括统代建、拆迁还建的住宅、厂房、仓库、饭店、宾馆、度假村、写字楼、办公楼等房屋建筑物和配套的服务设施，土地开发工程（如道路、给水、排水、供电、供热、通讯、平整场地等基础设施工程）的投资；不包括单纯的土地交易活动。

固定资产投资的资金来源 根据固定资产投资的资金来源不同，分为国家预算内资金、国内贷款、利用外资、自筹资金和其他资金。

(1)国家预算内资金：分为财政拨款和财政安排的贷款两部分。包括中央财政的基本建设基金(分经营性基金和非经营性基金两部分)、专项支出(如煤代油专项等)、收回再贷、贴息资金，财政安排的挖潜改造和新产品试制支出、城建支出、商业部门简易建筑支出、不发达地区发展基金等资金中用于固定资产投资的资金；地方财政中由国家统筹安排的资金等。

(2)国内贷款：指报告期固定资产投资单位向银行及非银行金融机构借入的用于固定资产投资的各种国内借款，包括银行利用自有资金及吸收的存款发放的贷款、上级主管部门拨入的国内贷款、国家专项贷款、地方财政专项资金安排的贷款、国内储备贷款、周转贷款等。

(3)利用外资：指报告期收到的用于固定资产建造和购置的国外资金(包括设备、材料、技术在内)。包括对外借款(外国政府、国际金融组织贷款、出口信贷、外国银行商业贷款、对外发行债券和股票)、外商直接投资及外商其他投资。不包括我国自有外汇资金(国家外汇、地方外汇、留成外汇、调剂外汇和中国银行自有资金发行的外汇贷款等)。计算利用外资时，需要折算成人民币，折算中所使用的外汇汇率按现汇计算，即按使用外汇时的汇率计算。

(4)自筹资金：指固定资产投资单位报告期收到的，由各地区、各部门及企、事业单位筹集用于固定资产投资的预算外资金，包括中央各部门、各级地方和企、事业单位的自筹资金。

(5)其他资金：指在报告期收到的除以上各种资金之外其他用于固定资产投资的资金，包括企业或金融机构通过发行各种债券筹集到的资金、群众集资、个人资金、无偿捐赠的资金及其他单位拨入的资金等。

固定资产投资按国民经济行业分 根据建设项目建成投产后的主要产品或主要用途及社会经济活动性质来确定国民经济行业。一般情况下，一个建设项目或一个企业、事业单位只能属于一种国民经济行业。

固定资产投资按隶属关系分 是按建设单位或企业、事业、行政单位的主管上级机关确定的。

（1）中央：是指中共中央、人大常委会和国务院各部、委、局、总公司以及直属机构直接领导的建设项目和企业、事业、行政单位。这些单位的固定资产投资计划由国务院各部门直接编制和下达，建设中所需物资、主要设备以及建设中的问题都由中央有关部门安排和解决。

（2）地方：是由省（自治区、直辖市）、地区（州、盟、省辖市）、县（旗、县级市）三级政府及业务主管部门直接领导和管理的建设项目、企业、事业、行政单位。地方项目还包括不隶属以上各级政府及主管部门的建设项目和企业、事业单位，如外商投资企业和无主管部门的企业等。

固定资产投资按建设性质分 根据整个建设项目情况来确定。建设项目的性质一般分为新建、扩建、改建和技术改造、迁建、恢复。房地产开发单位、农村投资、城镇工矿区私人建房投资不划分建设性质。

(1)新建：一般指从无到有开始建设的企业、事业和行政单位或建设项目。有的单位原有基础很小，经过建设后新增的固定资产价值超过该企、事业、行政单位原有固定资产价值(原值)三倍以上的也应作为新建。

(2)扩建：指在厂内或其他地点，为扩大原有产品的生产能力(或效益)或增加新的产品生产能力，而增建主要的生产车间(或主要工程)、分厂、独立的生产线。行政、事业单位在原单位增建业务用房(如学校增建教学用房、医院增建门诊部、病房等)也作为扩建。

现有企、事业单位为扩大原有主要产品生产能力或增加新的产品生产能力，增建一个或几个主要生产车间(或主要工程)、分厂，同时进行一些更新改造工程的，也应作为扩建。

(3)改建和技术改造：指现有企业、事业单位，对原有设施进行技术改造或更新(包括相应配套的辅助性生产、生活福利设施) 的建设项目。现有企业、事业单位为适应市场变化的需要，而改变企业的主要产品种类(如军工企业转产民用品等) 的建设项目，应作为改建。原有产品生产作业线由于各工序(车间)之间能力不平衡，为填平补齐充分发挥原有生产能力而增建不增加本企业主要产品设计能力的车间，也应作为改建。技术改造是指企业、事业单位在现有基础上，用先进的技术代替落后的技术，用先进的工艺和装备代替落后的工艺和装备，以改变企业落后的技术经济面貌，实现以内涵为主的扩大再生产，达到提高产品质量、促进产品更新换代、节约能源、降低消耗、扩大生产规模、全面提高社会经济效益的目的。技术改造具体包括以下内容：机器设备和工具的更新改造；生产工艺改革、节约能源和原材料的改造；厂房建筑和公共设施的改造；劳动条件和生产环境的改造等。

固定资产投资按构成分　固定资产投资活动按其工作内容和实现方式分为建筑安装工程，设备、工具、器具购置，其他费用三个部分。

(1)建筑安装工程(建筑安装工作量)：指各种房屋、建筑物的建造工程和各种设备、装置的安装工程。包括各种房屋建造工程；各种用途设备基础和各种工业窑炉的砌筑工程及金属结构工程；为施工而进行的各种准备工作和临时工程以及完工后的清理工作等；铁路、道路的铺设，矿井的开凿及石油管道的架设等；水利工程；防空地下建筑等特殊工程；列入房屋工程预算内的暖气、卫生、通风、照明、煤气等设备的价值及装设油饰工程；列入建筑工程预算内的各种管道(蒸汽、压缩空气、石油、给排水等管道)、电力、电讯电缆导线等的敷设工程；以及各种机械设备的安装工程；为测定安装工程质量，对设备进行的试运工作；房地产开发单位进行的商品房屋开发建设工程、土地开发工程。

在安装工程中，不包括被安装设备本身的价值。

(2)设备、工具、器具购置：指建设单位或企、事业单位购置或自制的，达到固定资产标准的设备、工具、器具的价值。新建单位及扩建单位的新建车间，按照设计或计划要求购置或自制的全部设备、工具、器具，不论是否达到固定资产标准均计入“设备、工具、器具购置”中。

(3)其他费用：指在固定资产建造和购置过程中发生的，除上述几项内容以外的各种应分摊计入固定资产的费用。

施工项目　指报告期内进行过建筑或安装施工活动的项目。凡是报告期内施过工的建设项目，不论施工时间长短，均作为施工项目统计。施工项目个数可以反映一定时期固定资产投资的实际规模，与同期全部建成投产项目个数相比，可以从建设速度的角度反映固定资产投资的效果。根据建设项目施工活动的不同性质，施工项目又分为：本年正式施工项目、本年收尾项目和以前年度全部停缓建项目。

全部建成投产项目　工业项目指设计文件规定形成生产能力的主体工程及其相应配套的辅助设施全部建成，经负荷试运转，证明具备生产设计规定合格产品的条件，并经过验收鉴定合格或达到竣工验收标准，与生产性工程配套的生活福利设施可以满足近期正常生产的需要，正式移交生产的建设项目。非工业项目指设计文件规定的主体工程和相应的配套工程全部建成，能够发挥设计规定的全部效益，经验收鉴定合格或达到竣工验收标准，正式移交使用的建设项目。

新增生产能力(或工程效益)　指通过固定资产投资活动而增加的设计能力(或工程效益)，该指标是以实物形态表现的反映固定资产投资成果的指标，也是考核投资经济效果的重要依据之一。

新增生产能力(或工程效益)一般有以下几种表现形式：

(1)用产品数量表示，以工程在单位时间内(一般是一年)所能生产的产品数量(即年产量)表示。如原煤开采用万吨／年表示，化学农药用吨／年表示，拖拉机制造用台／年表示等。某些化工产品由于含量差别较大，按其设计含量计算折合量表示，如硫酸、纯碱、烧碱等。

(2)用单位时间内所能处理的原料数量表示，以工程每天(或小时)所能处理原料的数量表示。如机制糖工程日处理原料吨，食用植物油日处理原料吨，城市污水处理能力用万吨／日表示等。

(3)用新增加的主要设备的数量或容量表示，如新增棉布织机、丝织机等台数，毛纺锭等锭数，发电厂新增发电机组容量用千瓦表示等。

(4)用建筑物容积、容量、面积、长度表示，是非工业项目或工程新增效益的一种表现形式。如铁路投产里程、新建公路、水库容量、粮食仓库、学校学生席位、医院病床、有效灌溉面积等。

根据工程的特点，有时需要用两种或两种以上的复合计量单位表示新增生产能力(或工程效益)，如新增内燃机生产能力同时用年产台数、千瓦数表示等。

为了规范新增生产能力(或工程效益)的名称和计算单位，国家统计局制订了《新增生产能力(或工程效益)目录及代码》。各固定资产投资单位在统计新增生产能力(或工程效益)时，必须按目录中规定的名称、计量单位和代码填报。

房屋建筑面积　指房屋建筑物勒脚以上外墙外围的水平截面面积，包括房屋建筑物的有效面积和结构面积。该指标是从实物形态上反映建设规模和建设成果的重要指标之一，也是检查工程形象进度、计算工程造价、分析投资效果、研究施工任务和建筑材料之间平衡情况的重要依据。

住宅建筑面积　指施工和竣工房屋建筑面积中供居住用的房屋建筑面积。

施工面积　指报告期内施工的全部房屋建筑面积。包括本期新开工的面积和上期开工跨入本期继续施工的房屋面积，以及上期已停建在本期恢复施工的房屋面积。本期竣工和本期施工后又停缓建的房屋，其建筑面积仍计入本期房屋施工面积中。

竣工面积　指在报告期内房屋建筑按照设计要求已经全部完工，达到住人和使用条件，经验收鉴定合格(或达到竣工验收标准)，正式移交使用单位的各栋房屋建筑面积的总和。

房屋建筑面积竣工率　指一定时期内房屋竣工面积占同期房屋施工面积的比率。

新增固定资产　指报告期内已经完成建造和购置过程，并已交付生产或使用单位的固定资产价值。该指标是表示固定资产投资成果的价值指标，也是反映建设进度，计算固定资产投资效果的重要指标。

项目建成投产率 指一定时期内全部建成投产项目个数与同期施工项目个数的比率。该指标是从建设单位建设速度的角度反映投资效果的指标。

固定资产交付使用率 指一定时期新增固定资产与同期完成投资额的比率。该指标是反映固定资产动用速度，衡量建设过程中宏观投资效果的综合指标。由于新增固定资产是较长时期内形成的结果，而投资额则是当年完成的，因此，该指标一般适宜于反映较长时期内固定资产的动用情况。

商品房销售面积 指报告期内出售商品房屋的合同总面积(即双方签署的正式买卖合同中所确定的建筑面积)。由现房销售建筑面积和期房销售建筑面积两部分组成。

商品房销售额 指报告期内出售商品房屋的合同总价款(即双方签署的正式买卖合同中所确定的合同总价)。该指标与商品房销售面积同口径，由现房销售额和期房销售额两部分组成。

九、劳动工资

资料整理：杨会芳

资料校对：杨会芳

9.劳动工资

2016 年全市				
年底从业人员	45.04	万人	比上年下降	1.5%
从业人员工资总额	222.14	亿元	比上年增长	6.5%
从业人员年平均工资	49376	元	比上年增长	7.9%

9-1　全市城镇非私营单位从业人员人数（2010-2016 年）

单位：万人

年 份	就业人员人数	第一产业	第二产业	第三产业	年末职工人数	国有单位	城镇集体单位	其他单位
2010	37.35	1.06	14.45	21.84	35.47	26.04	1.81	7.62
2011	38.99	1.02	15.31	22.66	36.69	26.31	1.14	9.24
2012	39.24	0.99	14.24	24.01	36.83	26.99	1.07	8.77
2013	47.06	0.66	19.73	26.67	43.78	25.51	1.12	17.15
2014	46.75	0.64	19.52	26.59	43.14	23.71	1.10	18.33
2015	45.74	0.56	18.60	26.58	42.02	22.92	1.04	18.06
2016	45.04	0.62	17.02	27.40	40.32	22.22	0.98	17.12

9-2　全市城镇非私营单位就业人员平均工资（2010-2016 年）

单位：元

年 份	平均工资	国有单位	城镇集体单位	其他单位
2010	28084	29175	20358	26159
2011	33096	34820	20343	32085
2012	38368	40511	24157	34021
2013	40337	42174	28503	38676
2014	42508	43641	32402	41695
2015	45775	47963	34142	43831
2016	49376	52485	39325	46124

9-3 全市城镇私营单位分行业就业人员平均工资（2010-2016 年）

单位：元

行 业	2010 年	2011 年	2012 年	2013 年	2014 年	2015 年	2016 年
总 计	12697	16481	20881	25146	29897	31493	34732
农、林、牧、渔业	8086	10454	21370	16358	27111	26342	37279
采矿业	15754	21084	26738	29497	35040	35628	42801
制造业	12967	15310	23461	27424	32207	33195	35905
电力、燃气及水生产和供应业	14760	18133	21557	19881	34351	29063	28436
建筑业	13574	19054	26541	26070	29766	28269	34073
批发和零售业	14309	19612	21115	19157	24538	28405	31372
交通运输、仓储和邮政业	13377	19759	20156	18894	28132	33904	34218
住宿和餐饮业	14933	19326	16280	25801	20075	23521	25980
信息传输、软件和信息技术服务业	11823	15272	21802	19057	39163	41554	43190
金融业	14789	20772	27892	25735	45696	47726	45936
房地产业	13770	19081	19455	25681	27475	27757	32096
租赁和商务服务业	12277	18955	26274	20064	22536	19028	21725
科学研究和技术服务业	9131	12707	18524	22800	38374	34235	37229
水利、环境和公共设施管理业	13540	17372	20927	26552	49317	44647	49763
居民服务、修理和其他服务业	13466	15926	22789	23373	26996	31574	34351
教育	15741	17485	14993	27565	28128	34936	35417
卫生和社会工作	13137	16175	18640	25355	29031	27585	32253
文化、体育和娱乐业	10882	14810	21518	19811	30684	29885	33630

9-4 全市城镇非私营单位分行业就业人员人数(2016年)

单位：人

行 业	合 计	国有单位	城镇集体单位	其他单位	#企业
总 计	450381	239470	10664	200247	255546
第一产业	6177	5890	242	45	3478
农、林、牧、渔业	6177	5890	242	45	3478
第二产业	170165	31774	5802	132589	169567
采矿业	43837	18934	343	24560	43837
制造业	70099	3876	864	65359	70053
电力、燃气及水生产和供应业	10522	3672		6850	9970
建筑业	45707	5292	4595	35820	45707
第三产业	274039	201806	4620	67613	82501
批发和零售业	20503	2848	1210	16445	20327
交通运输、仓储和邮政业	12766	7668	102	4996	8645
住宿和餐饮业	7729	866	395	6468	7634
信息传输、软件和信息技术服务业	3240	150		3090	3222
金融业	25218	1663	1200	22355	25117
房地产业	6657	1263	361	5033	6049
租赁和商务服务业	4906	1011	125	3770	4164
科学研究和技术服务业	9373	8063	223	1087	2927
水利、环境和公共设施管理业	14530	13594	121	815	827
居民服务、修理和其他服务业	1032	554		478	466
教育	70745	68837	68	1840	1876
卫生和社会工作	26119	24487	746	886	664
文化、体育和娱乐业	4297	3935	35	327	533
公共管理、社会保障和社会组织	66924	66867	34	23	50

9-5 全市城镇非私营单位企业、事业、机关人数和工资(2016 年)

指 标	合 计	企 业	事 业	机 关	民间非盈利组织	其 他
一、就业人员年末人数（人）	450381	255546	135763	58433	23	616
#女 性	176435	82896	73459	19712	14	354
#在岗职工及劳务派遣人数	403212	217886	128265	56559	23	479
1.国有单位	239470	46884	133826	58433		327
2.集体单位	10664	9217	1447			
3.其他单位	200247	199445	490		23	289
二、就业人员工资总额（万元）	2221356	1208006	705800	304917	59	2475
#在岗职工及劳务派遣工资总额	2064077	1068704	692457	300867	59	1990
三、就业人员平均工资(元)	49376	47229	52141	52509	25783	38548
四、在岗职工及劳务派遣平均工资(元)	51057	48725	54018	53484	25783	42072
1.国有单位	54303	55923	54130	53484		58660
2.集体单位	40739	39486	50517			
3.其他单位	47354	47354				

9-6 分县市区城镇非私营单位就业人员年末人数(2016 年)

单位：人

县市区	就业人员年末人数	国有单位	城镇集体单位	其他单位
渭南市	450381	239470	10664	200247
临渭辖区	135824	50938	3603	81283
临渭区	116035	48432	3253	64350
高新区	19789	2506	350	16933
经开区				
华州区	26190	11521	758	13911
潼关县	13205	8093	139	4973
大荔县	29966	23722	516	5728
合阳县	25874	19976	1185	4713
澄城县	31218	24042	1159	6017
蒲城县	42085	30694	442	10949
白水县	17624	11941	286	5397
富平县	34948	20066	853	14029
韩城市	70811	24576	762	45473
华阴市	22636	13901	961	7774

注：临渭区的数据包含经开区。

9-7 全市城镇非私营单位就业人员分行业工资总额(2016 年)

单位：万元

行业	工资总额	国有单位	城镇集体单位	其他单位
总计	2221356	1265632	41193	914531
农、林、牧、渔业	24519	23220	1167	133
采矿业	269565	114273	3003	152289
制造业	307465	26853	2626	277987
电力、燃气及水生产和供应业	69409	17193		52215
建筑业	219999	31776	15043	173180
批发和零售业	74737	17657	3401	53679
交通运输、仓储和邮政业	47601	30841	404	16356
住宿和餐饮业	21772	2926	796	18050
信息传输、软件和信息技术服务业	24168	540		23628
金融业	111107	9194	7558	94355
房地产业	27456	5677	1102	20677
租赁和商务服务业	17467	4543	447	12477
科学研究和技术服务业	47790	41536	1440	4814
水利、环境和公共设施管理业	57957	54145	675	3138
居民服务、修理和其他服务业	5401	3303		2099
教育	389080	384057	301	4722
卫生和社会工作	141133	134938	2858	3337
文化、体育和娱乐业	19938	18482	185	1271
公共管理、社会保障和社会组织	344793	344480	189	124

9-8　全市城镇非私营单位就业人员分行业平均工资(2016 年)

单位：元

行　　业	平均工资	国有单位	城镇集体单位	其他单位
总　　计	49376	52485	39325	46124
农、林、牧、渔业	39746	39496	48231	27604
采矿业	58663	56537	88312	59959
制造业	43939	68870	32904	42585
电力、燃气及水生产和供应业	65455	47066		75119
建筑业	48818	49681	33451	50679
批发和零售业	36652	61803	28319	32865
交通运输、仓储和邮政业	36992	40242	39559	32058
住宿和餐饮业	28308	32948	20144	28168
信息传输、软件和信息技术服务业	74340	36453		76147
金融业	45089	58007	63404	43154
房地产业	42065	45636	30955	41967
租赁和商务服务业	35633	43724	35792	33379
科学研究和技术服务业	50550	50958	64565	44578
水利、环境和公共设施管理业	39200	38906	55744	42001
居民服务、修理和其他服务业	55285	59614		49615
教育	55658	56200	44250	31481
卫生和社会工作	54422	55455	38316	39071
文化、体育和娱乐业	46890	47475	52857	39222
公共管理、社会保障和社会组织	51812	51809	55529	54087

9-9 全市城镇非私营单位在岗职工（含劳务派遣）分行业平均工资(2016年)

单位：元

行　　业	平均工资	国有单位	城镇集体单位	其他单位
总　　计	51057	54303	40739	47354
农、林、牧、渔业	39862	39615	48231	27604
采矿业	62127	63535	88312	60758
制造业	42772	68870	33749	41289
电力、燃气及水生产和供应业	65641	47133		75377
建筑业	48587	43586	34175	51343
批发和零售业	36822	62924	28668	32891
交通运输、仓储和邮政业	40703	45945	45192	32823
住宿和餐饮业	28271	33064	20144	28120
信息传输、软件和信息技术服务业	74404	36752		76164
金融业	77224	69557	64977	80910
房地产业	42557	46722	31048	42458
租赁和商务服务业	36679	44137	36915	34486
科学研究和技术服务业	50949	51299	66446	45011
水利、环境和公共设施管理业	46498	46488	55744	44979
居民服务、修理和其他服务业	55919	60647		49596
教育	56234	56799	44250	31481
卫生和社会工作	55533	56159	50385	39758
文化、体育和娱乐业	47541	47873	52857	42339
公共管理、社会保障和社会组织	52683	52681	55529	54087

9-10 分县市区城镇非私营单位就业人员工资总额(2016 年)

单位：万元

县市区	就业人员工资总额			
		国有单位	城镇集体单位	其他单位
渭南市	22213560	12656324	411931	9145305
临渭辖区	6978549	2980261	142950	3855338
临渭区	6051749	2809288	119950	3122511
高新区	926800	170973	23000	732827
经开区				
华州区	1457010	611982	28359	816669
潼关县	636204	374097	3239	258868
大荔县	1394347	1138804	20950	234593
合阳县	1062863	851252	35072	176539
澄城县	1588719	1327267	45865	215587
蒲城县	2065188	1626846	9867	428475
白水县	801412	608568	13284	179560
富平县	1570974	1035166	36861	498947
韩城市	3428039	1339144	45190	2043705
华阴市	1230255	762937	30294	437024

注：临渭区的数据包含经开区。

9-11 分县市区城镇非私营单位就业人员平均工资(2016 年)

单位：万元

县市区	就业人员平均工资			
		国有单位	城镇集体单位	其他单位
渭南市	49376	52485	39325	46124
临渭辖区				
临渭区	52613	58372	37136	49044
高新区	45179	65784	71875	41650
经开区				
华州区	55290	53064	37168	58101
潼关县	47713	46242	23302	50709
大荔县	47255	48312	40444	43307
合阳县	40693	41814	29722	38537
澄城县	50064	53919	39641	36166
蒲城县	48610	52049	22425	39714
白水县	45411	50854	46448	33283
富平县	45409	51583	45062	36393
韩城市	48854	53145	60093	46218
华阴市	54902	55462	34741	56173

注：临渭区的数据包含经开区。

主要统计指标解释

就业人员 指在一定年龄以上，有劳动能力，为取得劳动报酬或经营收入而从事一定社会劳动的人员。具体指年满16周岁，为取得报酬或经营利润，在调查周内从事了1小时（含1小时）以上的劳动或由于学习、休假等原因在调查周内暂时处于未工作状态，但有工作单位或场所的人口。

单位就业人员 指报告期末最后一日24时在本单位中工作，并取得工资或其他形式劳动报酬的人员数。该指标为时点指标，不包括最后一日当天及以前已经与单位解除劳动合同关系的人员，是在岗职工、劳务派遣人员及其他就业人员之和。就业人员不包括：

(1)离开本单位仍保留劳动关系，并定期领取生活费的人员；

(2)利用课余时间打工的学生及在本单位实习的各类在校学生；

(3)本单位因劳务外包而使用的人员。

城镇私营和个体就业人员 城镇私营就业人员指在工商管理部门注册登记，其经营地址设在县城关镇(含县城关镇)以上的私营企业就业人员，包括私营企业投资者和雇工。城镇个体就业人员指在工商管理部门注册登记，并持有城镇户口或在城镇长期居住，经批准从事个体工商经营的就业人员，包括个体经营者和在个体工商户劳动的家庭帮工和雇工。

国有单位 指资产归国家所有的经济组织。包括按《中华人民共和国企业法人登记管理条例》规定登记注册的非公司制的经济组织，以及中央、地方各级国家机关、事业单位和社会团体。

集体单位 指生产资料归集体所有，并按《中华人民共和国企业法人登记管理条例》规定登记注册的经济组织。

其他单位 包括股份合作单位、联营单位、有限责任公司、股份有限公司、港澳台商投资单位以及外商投资单位等其他登记注册类型单位。

在岗职工 指在本单位工作且与本单位签订劳动合同，并由单位支付各项工资和社会保险、住房公积金的人员，以及上述人员中由于学习、病伤、产假等原因暂未工作仍由单位支付工资的人员。在岗职工还包括：

(1)应订立劳动合同而未订立劳动合同人员(如使用的农村户籍人员)；

(2)处于试用期人员；

(3)编制外招用的人员；

(4)派往外单位工作，但工资仍由本单位发放的人员(如挂职锻炼、外派工作等情况)。

工资总额 指根据《关于工资总额组成的规定》(1990年1月1日国家统计局发布的一号令)进行修订，在报告期内(季度或年度)直接支付给本单位全部就业人员的劳动报酬总额。包括计时工资、计件工资、奖金、津贴和补贴、加班加点工资、特殊情况下支付的工资，是在岗职工工资总额、劳务派遣人员工资总额和其他就业人员工资总额之和。

工资总额是税前工资，包括单位从个人工资中直接为其代扣或代缴的房费、水费、电费、住房公积金和社会保险基金个人缴纳部分等。

工资总额不论是计入成本的还是不计入成本的，不论是以货币形式支付的还是以实物形式支付的，均应列入工资总额的计算范围。

平均工资 指单位就业人员在一定时期内平均每人所得的工资额。它表明一定时期工资收入的高低程度，是反映就业人员工资水平的主要指标。计算公式为：

$$平均工资=\frac{报告期就业人员工资总额}{报告期就业人员平均人数}$$

平均工资指数 指报告期就业人员平均工资与基期就业人员平均工资的比率，是反映不同时期就业人员货币工资水平变动情况的相对数。计算公式为：

$$平均工资指数=\frac{报告期就业人员平均工资}{基期就业人员平均工资}\times 100\%$$

平均实际工资指数 就业人员平均实际工资指扣除物价变动因素后的就业人员平均工资。就业人员平均实际工资指数是反映实际工资变动情况的相对数，表明就业人员实际工资水平提高或降低的程度。计算公式为：

$$平均实际工资指数=\frac{报告期就业人员平均工资指数}{报告期城镇居民消费价格指数}\times 100\%$$

城镇登记失业人员 指有非农业户口，在一定的劳动年龄内(16 周岁至退休年龄)，有劳动能力，无业而要求就业，并在当地劳动保障部门进行失业登记的人员。

城镇登记失业率 城镇登记失业人员与城镇单位就业人员(扣除使用的农村劳动力、聘用的离退休人员、港澳台及外方人员)、城镇单位中的不在岗职工、城镇私营业主、个体户主、城镇私营企业和个体就业人员、城镇登记失业人员之和的比。

十、财政金融

资料整理：雷 鸣

资料校对：雷 鸣

10.财政金融

2016 年全市				
地方财政收入	65.69	亿元	比上年增长	8.8%
财政支出	352.51	亿元	比上年增长	4.9%
金融机构年末存款余额	2061	亿元	比上年增长	12.2%
金融机构年末贷款余额	1035	亿元	比上年增长	12.5%

10-1 全市市县区级财政一般预算收支平衡表（2016 年）

单位：万元

县市区	地方财政收入			财政支出		
	2016 年	2015 年	同比±%	2016 年	2015 年	同比±%
渭南市	656930	720571	-8.8	3525107	3360881	4.9
市本级	131273	142669	-8.0	438554	453199	-3.2
本　级	115531	131423	-12.1	384365	409338	-6.1
卤阳湖	3371	3196	5.5	9340	9226	1.2
经开区	12371	8050	53.7	44849	34635	29.5
临渭区	34109	35854	-4.9	421865	385432	9.5
高新区	26150	31549	-17.1	50604	46621	8.5
华州区	21600	30000	-28.0	171039	183378	-6.7
潼关县	22306	31742	-29.7	136600	142800	-4.3
大荔县	19603	21111	-7.1	323746	300869	7.6
合阳县	18006	26008	-30.8	253021	233900	8.2
澄城县	28526	40300	-29.2	239836	236656	1.3
蒲城县	55300	65534	-15.6	372132	348416	6.8
白水县	11300	24200	-53.3	206769	188745	9.5
富平县	45000	44634	0.8	372205	350247	6.3
韩城市	216239	187655	15.2	386603	344624	12.2
华阴市	27518	39315	-30.0	152133	145994	4.2

10-2 全市财政一般预算收支决算表（2016年）

指　　标	2016年	指　　标	2016年
财政收入	656930	财政支出	3525107
一、税收收入税	414645	一、一般公共服务支出	313536
1、增值税	134652	二、外交支出	
2、营业税	80649	三、国防支出	421
3、企业所得税	21794	四、公共安全支出	153201
4、企业所得税退税		五、教育支出	710553
5、个人所得税	11041	六、科学技术支出	19652
6、资源税	18995	七、文化体育与传媒支出	83935
7、城市维护建设税	31191	八、社会保障和就业支出	537355
8、房产税	12818	九、医疗卫生与计划生育支出	410579
9、印花税	9142	十、节能环保支出	104051
10、城镇土地使用税	7350	十一、城乡社区支出	195269
11、土地增值税	8959	十二、农林水支出	611673
12、车船使用和牌照税	13194	十三、交通运输支出	67079
13、耕地占用税	37845	十四、资源勘探信息等支出	37102
14、契税	27015	十五、商业服务业等支出	23660
15、烟叶税		十六、金融支出	343
16、其他税收收入		十七、援助其他地区支出	
二、非税收入	242285	十八、国土海洋气象等支出	29248
1、专项收入	102762	十九、住房保障支出	181970
2、行政事业性收费收入	59973	二十、粮油物资储备支出	11778
3、罚没收入	27598	二十一、债务付息支出	31374
4、国有资本经营收入	19251	二十二、其他支出(类)	2328
5、国有资源（资产）有偿使用收入	22904		
6、其他收入（款）	9797		

10-3　全市金融机构信贷收支表（2016年）

来源项目名称	金额	运用项目名称	金额
一、各项存款	20615940	一、各项贷款	10353499
（一）境内存款	20615134	（一）境内贷款	10353499
1. 住户存款	14634711	1. 住户贷款	3949498
（1）活期存款	5223416	（1）短期贷款	1487146
（2）定期及其他存款	9411296	消费贷款	157681
2. 非金融企业存款	3319057	经营贷款	1329465
（1）活期存款	2352426	（2）中长期贷款	2462352
（2）定期及其他存款	966631	消费贷款	1653902
3. 广义政府存款	2610158	经营贷款	808451
（1）财政性存款	149185	2. 非金融企业及机关团体贷	6404000
（2）机关团体存款	2460973	（1）短期贷款	1415031
4. 非银行业金融机构存款	51209	（2）中长期贷款	3290721
（二）境外存款	806	（3）票据融资	1692521
二、金融债券		（4）融资租赁	
三、卖出回购资产		（5）各项垫款	5728
四、借款及非银行业金融机构拆入	65	3. 非银行业金融机构贷款	
五、联行往来（净）		（二）境外贷款	
六、应付及暂收款	425616	二、债券投资	1089934
七、各项准备	652880	#境外债券	
八、所有者权益	-14417	三、股权及其他投资	1241
#实收资本	147944	四、买入返售资产	
九、其他	-2141421	五、存放非银行业金融机构款项	
		六、联行往来（净）	7839708
		#境内存放二级准备金	1062407
		七、金银占款	
		八、外汇买卖	
		九、应收及预付款	74505
		十、投资性房地产	
		十一、固定资产	179776
资金来源总计	19538663	资金运用总计	19538663

主要统计指标解释

财政收入 指国家财政参与社会产品分配所取得的收入，是实现国家职能的财力保证。主要包括：

（1）各项税收：包括国内增值税、国内消费税、进口货物增值税和消费税、出口货物退增值税和消费税、营业税、企业所得税、个人所得税、资源税、城市维护建设税、房产税、印花税、城镇土地使用税、土地增值税、车船税、船舶吨税、车辆购置税、关税、耕地占用税、契税、烟叶税等。

（2）非税收入：包括专项收入、行政事业性收费、罚没收入和其他收入。

财政支出 指国家财政将筹集起来的资金进行分配使用，以满足经济建设和各项事业的需要。主要包括：

（1）一般公共服务：指政府提供基本公共管理与服务的支出，包括人大事务、政协事务、政府办公厅（室）及相关机构事务、发展与改革事务、统计信息事务、财政事务、税收事务、审计事务、海关事务、人力资源事务、纪检监察事务、人口与计划生育事务、商贸事务、知识产权事务、工商行政管理事务、国土资源事务、海洋管理事务、测绘事务、地震事务、气象事务、民族事务、宗教事务、港澳台侨事务、档案事务、共产党事务、民主党派事务及工商联事务、群众团体事务、彩票事务等。

（2）外交：指政府外交事务支出，包括外交行政管理、驻外机构、对外援助、国际组织、对外合作与交流、边界勘界联检等方面的支出。

（3）国防：指政府用于国防方面的支出，包括用于现役部队、预备役部队、民兵、国防科研事业、专项工程、国防动员等方面的支出。

（4）公共安全：指政府维护社会公共安全方面的支出，包括武装警察、公安、国家安全、检察、法院、司法行政、监狱、劳教、国家保密、缉私警察等。

（5）教育：指政府教育事务支出，包括教育行政管理、学前教育、小学教育、初中教育、普通高中教育、普通高等教育、初等职业教育、中专教育、技校教育、职业高中教育、高等职业教育、广播电视教育、留学生教育、特殊教育、干部继续教育、教育机关服务等。

（6）科学技术：指用于科学技术方面的支出，包括科学技术管理事务、基础研究、应用研究、技术研究与开发、科技条件与服务、社会科学、科学技术普及、科技交流与合作等。

（7）文化教育与传媒：指政府在文化、文物、体育、广播影视、新闻出版等方面的支出。

（8）社会保障和就业：指政府在社会保障与就业方面的支出，包括社会保障和就业管理事务、民政管理事务、财政对社会保险基金的补助、补充全国社会保障基金、行政事业单位离退休、企业改革补助、就业补助、抚恤、退役安置、社会福利、残疾人事业、城市居民最低生活保障、其他城镇社会救济、农村社会救济、自然灾害生活救助、红十字事务等。

（9）医疗卫生：指政府医疗卫生方面的支出，包括医疗卫生管理事务支出、医疗服务支出、医疗保障支出、疾病预防控制支出、卫生监督支出、妇幼保健支出、农村卫生支出等。

（10）环境保护：指政府环境保护支出，包括环境保护管理事务支出、环境监测与监察支出、污染治理支出、自然生态保护支出、天然林保护工程支出、退耕还林支出、风沙荒漠治理支出、退牧还草支出、已垦草原退耕还草、能源节约利用、污染减排、可再生能源和资源综合利用等支出。

（11）城乡社区事务：指政府城乡社区事务支出，包括城乡社区管理事务支出、城乡社区规划与管理支出、城乡社区公共设施支出、城乡社区住宅支出、城乡社区环境卫生支出、建设市场管理与监督支出等。

（12）农林水事务：指政府农林水事务支出，包括农业支出、林业支出、水利支出、扶贫支出、农业综合开发支出等。

（13）交通运输：指政府交通运输和邮政业方面的支出，包括公路运输支出、水路运输支出、铁路运输支出、民用航空运输支出、邮政业支出等。

（14）工业商业金融等事务：指政府对工业、商业及金融等方面的支出，包括采掘业支出、制造业支出、建筑业支出、工业和信息产业监管支出、国有资产监管支出、商业流通事务支出、金融业监管支出、旅游业管理与服务支出等。

中央财政收入和地方财政收入 指按现行分税制财政体制划分的中央本级收入和地方本级收入。属于中央财政的收入包括关税，进口货物增值税和消费税，出口货物退增值税和消费税，消费税，铁道部门、各银行总行、各保险公司总公司等集中交纳的营业税和城市维护建设税，增值税75%部分，纳入共享范围的企业所得税60%部分，未纳入共享范围的中央企业所得税、中央企业上交的利润，个人所得税60%部分，车辆购置税，船舶吨税，证券交易印花税97%部分，海洋石油资源税，中央非税收入等。属于地方财政的收入包括营业税（不含铁道部门、各银行总行、各保险公司总公司集中交纳的营业税），地方企业上交利润，城市维护建设税（不含铁道部门、各银行总行、各保险公司总公司集中交纳的部分），房产税，城镇土地使用税，土地增值税，车船税，耕地占用税，契税，烟叶税，印花税，增值税25%部分，纳入共享范围的企业所得税40%部分，个人所得税40%部分，证券交易印花税3%部分，海洋石油资源税以外的其他资源税，地方非税收入等。

信贷资金 指金融机构以信用方式积聚和分配的货币资金。金融机构信贷资金的来源有各项存款、金融债券、对国际金融机构负债、流通中现金、其他项目等；信贷资金的运用有各项贷款、有价证券及投资、金银占款、外汇占款、财政借款及在国际金融机构中的资产等。

存款 指企业、机关、团体或居民根据资金必须收回的原则，把货币资金存入银行或其他信贷机构保管并取得一定利息的一种信用活动形式。根据存款对象或性质的不同可划分为单位存款、个人存款、财政性存款、临时性存款、委托存款、其他存款等科目。它是银行信贷资金的主要来源。

贷款 指银行或其他信贷机构根据资金必须归还的原则，按一定利率，为企业、个人等提供资金的一种信用活动形式。银行贷款分为境内贷款和境外贷款，境内贷款有短期贷款、中长期贷款、融资租赁、票据融资等。

保险公司 在中国境内的、经过保险监督管理部门批准设立，并依法登记注册的各类商业保险公司。

保险金额 指保险人承担赔偿或者给付保险金责任的最高限额。

保费 指投保人为取得保险人在约定范围内所承担赔偿责任而支付给保险人的费用。

赔款 指保险人根据保险合同的规定，向被保险人支付的赔偿保险责任损失的金额。

给付 包括死伤医疗给付和满期给付。死伤医疗给付是指保险人根据人寿保险及长期健康保险合同的规定，因被保险人在保险期内发生保险责任范围内的保险事故支付给被保险人(或受益人)的金额。满期给付是指被保险人生存期满，保险人按人寿保险合同规定支付给被保险人的满期保险金额。

十一、文教、卫生、广电和科技

资料整理：王 瑛

资料校对：王 瑛

11.文教、卫生、广电和科技

2016 年全市		
公共图书馆藏书量	1001.7	千册（件）
在校学生人数	53.9	万人
职业中学	2.13	万人
普通中学	23.47	万人
小　　学	28.3	万人
卫生机构数	4291	个
#医院、卫生院	342	个
卫生技术人员	30575	个
电视人口覆盖率	97.59	%
广播人口覆盖率	96	%
从事科技活动人员	9219	千人
专利申请量	472	个
专利授权量	176	个

11-1 全市教育事业基本情况（2016 年）

项目	学校个数(个)	班 数(个)	毕业生数(人)	招生数(人)	在 校 学生数(人)	毕业班学生数(人)	教职工数(人)	
							总计	#专任教师
幼儿园	1188	7509	74233	115984	196733	71941	20426	11531
小学	753	7633	43045	56007	282559	42195	19752	17480
普通中学	314	4845	87991	76404	234703	80918	30333	25084
初中	254	2737	45543	42136	124707	41601	17945	15235
高中	60	2108	42448	34268	109996	39317	12388	9849
职业中学	31		21316	7301	21316	7075	2663	1791
初中								
高中	31		21316	7301	21316	7075	2663	1791
渭南电大	1	668	1548	1767	4457	1763	17	17

11-2 分县市区幼儿园基本情况（2016 年）

县市区	园数(所)	班数(个)	招生数(人)	在园幼儿(人)	教职工数(人)	
					总计	#专任教师
渭南市	1188	7509	115984	196733	20426	11531
临渭辖区	233	1425	27320	37581	4241	2165
临渭区	194	1139	21470	29946	3403	1735
高新区	18	161	2620	4380	595	282
经开区	21	125	3230	3255	243	148
华州区	60	415	8329	10448	1537	814
潼关县	18	158	2530	4901	637	315
大荔县	145	1168	22245	29414	1905	1172
合阳县	133	558	8072	14251	1344	860
澄城县	82	408	5349	11675	952	671
蒲城县	191	1178	9527	28828	3195	1700
白水县	73	397	8871	9973	957	594
富平县	100	893	13735	26237	2810	1625
韩城市	85	542	6243	13745	1796	1015
华阴市	68	367	3763	9680	1052	600

11-3 分县市区小学基本情况（2016 年）

县市区	学校数（所）	招生数（人）	在校学生数（人）	教职工数(人)		毕业生数（人）
				总计	#专任教师	
渭南市	753	56007	282559	19752	17480	43045
临渭辖区	123	10264	51451	3251	3068	7890
临渭区	102	8768	44580	2771	2599	6919
高新区	5	813	3717	248	242	470
经开区	16	683	3154	232	227	501
华州区	37	3072	14738	1441	1215	2208
潼关县	13	1618	8847	756	681	1410
大荔县	180	7478	37366	2791	2495	5507
合阳县	48	3867	21072	1428	1278	3435
澄城县	11	3190	16897	867	729	2743
蒲城县	127	9097	44884	2448	2159	6267
白水县	21	2673	14138	1109	1049	2172
富平县	122	7627	37884	2966	2655	5770
韩城市	41	4204	20982	1483	1172	3697
华阴市	30	2917	14300	1212	979	1946

11-4 分县市区普通中学基本情况（2016 年）

县市区	总计（所）	初中				高中				完全中学（所）	九年一贯制（所）
		学校数（所）	招生数（人）	毕业生数（人）	在校学生数(人)	学校数（所）	招生数（人）	毕业生数（人）	在校学生数(人)		
渭南市	314	254	42136	45543	124707	60	34268	42448	109996	12	83
临渭辖区	55	42	8073	9143	24596	13	8269	10080	27258	3	7
临渭区	45	36	7164	8030	21977	9	6785	9282	22681		5
高新区	4	1	277	399	775	3	500	798	1478	2	1
经开区	6	5	632	714	1844	1	984		3099	1	1
华州区	11	8	1984	2128	6016	3	1425	1805	4153		
潼关县	5	4	1172	1484	3622	1	1263	1004	3045		1
大荔县	38	34	5252	5496	15326	4	3278	4201	10991		3
合阳县	27	24	3487	4140	10462	3	2727	3454	9019		8
澄城县	24	19	2714	3639	8535	5	2748	4085	9644	2	12
蒲城县	52	43	6117	5992	17320	9	4088	5151	13987	2	18
白水县	16	13	2079	2413	6447	3	1640	2808	5736	1	1
富平县	45	35	5770	5862	16718	10	4487	5990	13737	4	18
韩城市	29	22	3603	3722	10406	7	3438	2876	9635		12
华阴市	12	10	1885	1524	5259	2	905	994	2791		3

11-5 分县市区职业中学基本情况（2016 年）

县市区	学校数（所）	招生数（人）	毕业生数（人）	在校学生（人）	教职工数（人）	
					总计	#专任教师
渭南市	31	7301	8250	21316	2663	1791
临渭辖区	15	2401	3179	9123	1102	656
临渭区	12	2198	2985	8191	1034	615
高新区	3	203	194	932	68	41
经开区						
华州区	1			141	36	25
潼关县	1	72	7	112	78	47
大荔县	4	698	141	904	133	68
合阳县	2	1380	1421	3665	202	181
澄城县	1	473	445	1261	209	158
蒲城县	1	816	641	1808	201	150
白水县	1	218	484	877	123	104
富平县	3	957	1294	2565	316	230
韩城市	1	229	591	747	188	119
华阴市	1	57	47	113	75	53

11-6 全市卫生事业基本情况（2016 年）

	机构数（个）	床位数（个）	人员数（人）	#卫生技术人员（人）				其他技术人员（人）	管理人员（人）	工勤人数（人）
				小计	#执业医师	#执业助理医师	#注册护士			
总计	971	26972	33880	19372	6379	1624	11370	269	1979	2278
一、医院	145	18768	20528	13117	4072	692	8353	145	1119	1337
二、卫生院	197	6267	6736	2890	880	663	1347	9	320	396
三、诊所、卫生所、医务室	514		1083	778	499	52	227			28
四、社区卫生服务中心（站）	70	196	964	623	250	81	293	6	87	34
五、采供血机构	1		91	1			1	8	7	18
六、妇幼保健院（所、站）	12	1741	2842	1665	531	100	1034	27	242	254
七、疾病预防控制中心(防疫站)	12		942	264	131	31	102	53	105	109
八、卫生监督所	12		522					10	64	91
九、医学科学研究机构	1		10					1	3	1
十、医学在职培训机构	3		80	9	5	1	3	10	23	6
十一、其他卫生机构	4		82	25	11	4	10		9	4

11-7　分县市区广播电视基本情况（2016 年）

县市区	无线广播				
	台数（个）	节目套数（套）	年播时间（小时）	本年制作节目（小时）	广播人口覆盖率（%）
渭南市合计	1	9	33545	16366	96.00
地市级小计	1	2	13766	9286	
县市区小计		7	19779	7080	96.00
临渭辖区					99.33
临渭区					
高新区					
经开区					
华州区		1	3128	981	95.01
潼关县					99.74
大荔县		1	2625	420	93.41
合阳县					92.83
澄城县		1	2065	970	99.72
蒲城县		1	4430	785	91.19
白水县					96.04
富平县		1	2336	1212	98.00
韩城市		1	3390	2497	99.60
华阴市		1	1805	215	92.81

11-7 续表 1

县市区	电视				收转卫星节目的站(座)
	台数（座）	节目套数（套）	年播时间（小时）	本年制作节目（小时）	
渭南市合计	11	12	47584:45	8988:55	
地市级小计	1	2	10787:45	1958:55	
县市区小计	10	10	36797	7030	
临渭辖区					
临渭区					
高新区					
经开区					
华州区	1	1	3380	525	
潼关县	1	1	4552	492	
大荔县	1	1	3629	552	
合阳县	1	1	2451	419	
澄城县	1	1	3060	1190	
蒲城县	1	1	2235	326	
白水县	1	1	5020	527	
富平县	1	1	2488	565	
韩城市	1	1	5595	1866	
华阴市	1	1	4387	568	

11-8 规模以上工业企业研究与实验发展（R&D）人员和经费支出情况（2015年）

	R&D人员合计（人）	#1.参加项目人员	2.管理和服务人员	#女性	#研究人员	#1.全时人员	2.非全时人员
总计	6230	5278	952	1211	2178	3594	2636
一、按企业规模分组							
大型	3103	2290	813	510	1236	1755	1348
中型	671	612	59	190	245	376	295
小型	2405	2330	75	497	679	1450	955
微型	51	46	5	14	18	13	38
二、按隶属关系分组							
中央	501	436	65	87	215	292	209
省(自治区、直辖市)	2700	2042	658	456	965	1533	1167
地(区、市、州、盟)	279	249	30	54	125	177	102
县(区、市、旗)	1313	1225	88	289	356	713	600
街道	40	40		14	19	8	32
镇	78	76	2	13	27	37	41
乡							
居委会	9	9		2	3	8	1
村委会							
其他	1310	1201	109	296	468	826	484

11-8 续表 1

	R&D经费内部支出合计（元）	1.基础研究支出	2.应用研究支出	3.试验发展支出	1.政府资金	2.企业资金	3.境外资金	4.其他资金
总计	171172.4		6051.6	165120.8	1752.5	166457.2		2962.7
一、按企业规模分组								
大型	66641.0		1031.9	65609.1	419.7	63943.3		2278.0
中型	15822.1		22.2	15799.9	292.6	15529.5		
小型	85550.4		4997.5	80552.9	1040.2	83825.5		684.7
微型	3158.9			3158.9		3158.9		
二、按隶属关系分组								
中央	8456.1			8456.1		8456.1		
省(自治区、直辖市)	54747.3		1031.9	53715.4	684.3	54063.0		
地(区、市、州、盟)	7396.2		522.7	6873.5	166.1	7230.1		
县(区、市、旗)	46169.5		1457.2	44712.3	514.2	45205.3		450.0
街道	3153.6		1306.3	1847.3		3153.6		
镇	4812.1			4812.1	50.0	4527.4		234.7
乡								
居委会	560.0			560.0		560.0		
村委会								
其他	45877.6		1733.5	44144.1	337.9	43261.7		2278.0

11-8 续表 2

	R&D 人员合计(人)	#1. 参加项目人员	2. 管理和服务人员	#女性	#研究人员	#1. 全时人员	2. 非全时人员
三、按登记注册类型分组							
内资企业	6033	5085	948	1192	2145	3439	2594
国有企业	453	308	145	11	227	231	222
集体企业							
股份合作企业							
联营企业							
有限责任公司	4707	3955	752	980	1630	2701	2006
国有独资公司	1268	777	491	221	468	791	477
其他有限责任公司	3439	3178	261	759	1162	1910	1529
股份有限公司	218	216	2	41	94	174	44
私营企业	568	519	49	139	189	272	296
私营独资企业	42	41	1	9	10	21	21
私营合伙企业							
私营有限责任公司	394	372	22	86	124	227	167
私营股份有限公司	132	106	26	44	55	24	108
其他企业	87	87		21	5	61	26
港、澳、台商投资企业							
外商投资企业	197	193	4	19	33	155	42
中外合资经营企业	181	181		15	25	143	38
中外合作经营企业							
外资企业	16	12	4	4	8	12	4
外商投资股份有限公司							
其他外商投资企业							

R&D经费内部支出合计（元）	#1. 基础研究支出	2. 应用研究支出	3. 试验发展支出	1. 政府资金	2. 企业资金	3. 境外资金	4. 其他资金
166052.7		6051.6	160001.1	1752.5	161337.5		2962.7
6176.2		511.9	5664.3	70.0	6106.2		
128854.0		5509.7	123344.3	1456.9	126712.4		684.7
13083.3		520.0	12563.3	300.0	12783.3		
115770.7		4989.7	110781.0	1156.9	113929.1		684.7
7066.1			7066.1	48.0	7018.1		
22538.0		30.0	22508.0	177.6	20082.4		2278.0
1970.4			1970.4		1970.4		
12069.6		30.0	12039.6	176.6	11893.0		
8498.0			8498.0	1.0	6219.0		2278.0
1418.4			1418.4		1418.4		
5119.7			5119.7		5119.7		
4997.3			4997.3		4997.3		
122.4			122.4		122.4		

11-8 续表 3

	R&D人员合计（人）	#1.参加项目人员	2.管理和服务人员	#女性	#研究人员	#1.全时人员	2.非全时人员
四、按国民经济行业大类分组							
采矿业	1664	988	676	207	721	844	820
煤炭开采和洗选业	543	394	149	13	243	235	308
石油和天然气开采业							
黑色金属矿采选业							
有色金属矿采选业	1121	594	527	194	478	609	512
非金属矿采选业							
开采辅助活动							
其他采矿业							
制造业	4013	3748	265	933	1370	2340	1673
农副食品加工业	439	422	17	126	124	248	191
食品制造业	156	156		32	32	106	50
酒、饮料和精制茶制造业	102	89	13	17	45	37	65
烟草制品业							
纺织业	19	19		8	2	9	10
纺织服装、服饰业							
皮革、毛皮、羽毛及其制品和制鞋业							
木材加工和木、竹、藤、棕、草制品业	59	58	1	21	30	23	36
家具制造业							
造纸和纸制品业	33	33		7	8	11	22
印刷和记录媒介复制业	8	8		8	4	7	1
文教、工美、体育和娱乐用品制造业	20	20		4	1	13	7
石油加工、炼焦和核燃料加工业	154	133	21	37	48	31	123
化学原料和化学制品制造业	729	681	48	191	290	427	302
医药制造业	122	120	2	21	19	57	65
化学纤维制造业	22	20	2	9	10	18	4
橡胶和塑料制品业	40	40		6	14	20	20
非金属矿物制品业	105	102	3	23	30	65	40
黑色金属冶炼和压延加工业	342	342		70	110	171	171
有色金属冶炼和压延加工业	118	62	56	31	54	58	60
金属制品业	37	37		6	13	31	6
通用设备制造业	278	265	13	31	61	219	59
专用设备制造业	796	762	34	204	316	486	310
汽车制造业	7	5	2	2	4	6	1
铁路、船舶、航空航天和其他运输设备制造业	39	39		6	2	26	13
电气机械和器材制造业	232	186	46	47	103	199	33
计算机、通信和其他电子设备制造业	51	46	5	14	23	42	9
仪器仪表制造业	73	73		4	15	28	45
其他制造业	32	30	2	8	12	2	30
废弃资源综合利用业							
金属制品、机械和设备修理业							
电力、热力、燃气及水生产和供应业	553	542	11	71	87	410	143
电力、热力生产和供应业	532	521	11	66	79	403	129
燃气生产和供应业	21	21		5	8	7	14
水的生产和供应业							

R&D经费内部支出合计（元）	#1.基础研究支出	2.应用研究支出	3.试验发展支出	1.政府资金	2.企业资金	3.境外资金	4.其他资金
18599.9		511.9	18088.0	395.0	18204.9		
7308.1		511.9	6796.2	70.0	7238.1		
11291.8			11291.8	325.0	10966.8		
142581.3		3719.7	138861.6	1281.5	138337.1		2962.7
21800.6		900.0	20900.6	268.3	21082.3		450.0
2673.3		170.4	2502.9	30.0	2643.3		
7256.5			7256.5		7256.5		
1421.8		101.8	1320.0		1421.8		
4487.6		1306.3	3181.3		4487.6		
1593.7			1593.7		1593.7		
146.0			146.0		146.0		
510.6			510.6		510.6		
12107.8			12107.8	1.0	9828.8		2278.0
25904.5		1219.0	24685.5	301.9	25367.9		234.7
4832.2			4832.2	20.0	4812.2		
1555.0			1555.0		1555.0		
1809.7			1809.7		1809.7		
3228.8			3228.8	58.0	3170.8		
16814.0			16814.0	16.4	16797.6		
2321.0		22.2	2298.8		2321.0		
603.0			603.0		603.0		
7283.7			7283.7	83.0	7200.7		
14253.8			14253.8	350.9	13902.9		
420.0			420.0		420.0		
640.0			640.0	10.0	630.0		
4403.6			4403.6	72.0	4331.6		
4103.2			4103.2		4103.2		
385.8			385.8	70.0	315.8		
2025.1			2025.1		2025.1		
9991.2		1820.0	8171.2	76.0	9915.2		
8624.1		1820.0	6804.1		8624.1		
1367.1			1367.1	76.0	1291.1		

11-8 续表 4

	R&D人员合计（人）	#1. 参加项目人员	2. 管理和服务人员	#女性	#研究人员	#1. 全时人员	2. 非全时人员
五、按经济成分分组							
公有经济	3320	2507	813	601	1332	1867	1453
非公有经济	2910	2771	139	610	846	1727	1183
六、按企业控股情况分组							
国有控股	3312	2500	812	599	1328	1865	1447
集体控股	8	7	1	2	4	2	6
私人控股	2087	1956	131	491	647	1220	867
港澳台商控股	180	180		20	13	149	31
外商控股	27	23	4	5	13	13	14
其他	616	612	4	94	173	345	271
七、按全国地区分组							
渭南市	6230	5278	952	1211	2178	3594	2636
临渭辖区	1210	1158	52	268	376	782	428
华州区	940	441	499	200	465	532	408
潼关县	363	281	82	43	102	204	159
大荔县	352	325	27	92	150	227	125
合阳县	54	53	1	10	23	24	30
澄城县	585	500	85	111	249	260	325
蒲城县	757	646	111	120	294	506	251
白水县	105	89	16	20	37	55	50
富平县	656	634	22	137	204	391	265
韩城市	620	574	46	130	214	207	413
华阴市	588	577	11	80	64	406	182

注：临渭区的数据包含经开区。

R&D经费内部支出合计（元）	#1.基础研究支出	2.应用研究支出	3.试验发展支出	1.政府资金	2.企业资金	3.境外资金	4.其他资金
63351.7		1054.1	62297.6	745.3	62606.4		
107820.7		4997.5	102823.2	1007.2	103850.8		2962.7
62706.6		1054.1	61652.5	745.3	61961.3		
645.1			645.1		645.1		
84139.7		4497.0	79642.7	757.2	80419.8		2962.7
1508.0			1508.0		1508.0		
769.7			769.7		769.7		
21403.3		500.5	20902.8	250.0	21153.3		
171172.4		6051.6	165120.8	1752.5	166457.2		2962.7
23168.9		764.9	22404.0	1058.6	22110.3		
10747.5			10747.5	325.0	10422.5		
5948.2			5948.2	10.0	5938.2		
18104.7			18104.7	30.0	18074.7		
2903.8			2903.8	50.0	2619.1		234.7
13759.1		490.2	13268.9	80.0	13679.1		
31066.9		2046.5	29020.4	108.2	30958.7		
10300.0		2200.0	8100.0		9850.0		450.0
18313.8		30.0	18283.8	15.0	18298.8		
27042.3			27042.3	65.7	24698.6		2278.0
9817.2		520.0	9297.2	10.0	9807.2		

11-9 规模以上工业企业研究与实验发展（R&D）项目情况（2015 年）

	项目数（项）	参加项目人员（人）	项目人员折合全时当量（人年）	研发项目经费内部支出（万元）	政府资金
总计	438	5278	2744	161583.7	1535.2
一、按项目来源分组					
国家科技项目	3	44		725.6	107.6
地方科技项目	34	335		10550.8	670.2
其他企业委托研发项目	11	387		3113.2	
本企业自选研发项目	387	4450		142178.0	752.4
来自境外的研发项目					
其他研发项目	3	62		5016.1	5.0
二、按项目合作形式分组					
与境外机构合作					
与国内高校合作	80	836		34772.1	726.0
与境内独立研究机构合作	53	612		15102.5	161.0
与境内注册外商独资企业合作	1	9		11.2	
与境内注册其他企业合作	25	642		9984.2	238.2
独立完成	272	2927		98026.6	400.0
其他	7	252		3687.1	10.0
三、按项目活动类型分组					
基础研究					
应用研究	20	232		5661.0	35.0
试验发展	418	5046		155922.7	1500.2
四、按项目成果形式分组					
论文或专著	3	78		6497.1	1.0
自主研制的新产品原型或样机、样件、样品、配方、新装置	116	1043		35414.7	620.2
自主开发的新技术或新工艺、新工法	295	3902		116232.5	626.5
发明专利	14	128		2599.8	217.5
实用新型专利					
外观设计专利					
带有技术、工艺参数的图纸、技术标准、操作规范					
基础软件	10	127		839.6	70.0
应用软件					
其他					

11-9 续表 1

	项目数（项）	参加项目人员（人）	项目人员折合全时当量（人年）	研发项目经费内部支出（万元）	政府资金
五、按项目技术经济目标分组					
科学原理的探索、发现	7	44		195.8	
技术原理的研究	34	388		12414.8	47.0
开发全新产品	183	1974		79615.8	762.6
增加产品功能或提高性能	133	1644		33095.9	581.0
提高劳动生产率	24	220		3470.9	5.6
减少能源消耗或提高能源使用效率	34	726		17625.2	116.0
节约原材料	6	74		2878.4	20.0
减少环境污染	12	125		5698.3	
其他	5	83		6588.6	3.0
六、按企业规模分组					
大型	174	2290	1011	62537.3	
中型	48	612	376	15685.8	
小型	213	2330	1337	80264.1	
微型	3	46	20	3096.5	
七、按隶属关系分组					
中央	24	436	265	8319.0	
省(自治区、直辖市)	154	2042	878	50842.4	
地(区、市、州、盟)	38	249	163	6744.6	
县(区、市、旗)	96	1225	713	44012.6	
街道	3	40	23	2391.8	
镇	9	76	29	4640.3	
乡					
居委会	1	9	9	560.0	
村委会					
其他	113	1201	665	44073.0	

11-9 续表 2

	项目数（项）	参加项目人员（人）	项目人员折合全时当量（人年）	研发项目经费内部支出（万元）	政府资金
八、按登记注册类型分组					
内资企业	433	5085	2644	156469.4	
国有企业	34	308	231	5916.4	
集体企业					
股份合作企业					
联营企业					
有限责任公司	320	3955	1999	121131.4	
国有独资公司	54	777	95	13062.0	
其他有限责任公司	266	3178	1904	108069.4	
股份有限公司	29	216	140	6664.4	
私营企业	49	519	273	21338.8	
私营独资企业	2	41	20	1944.5	
私营合伙企业					
私营有限责任公司	43	372	201	10998.8	
私营股份有限公司	4	106	52	8395.5	
其他企业	1	87	1	1418.4	
港、澳、台商投资企业					
外商投资企业	5	193	100	5114.3	
中外合资经营企业	3	181	99	4997.3	
中外合作经营企业					
外资企业	2	12	1	117.0	
外商投资股份有限公司					
其他外商投资企业					

11-9 续表 3

	项目数（项）	参加项目人员（人）	项目人员折合全时当量（人年）	研发项目经费内部支出（万元）	
					政府资金
九、按国民经济行业大类分组					
采矿业	97	988	614	18308.8	
煤炭开采和洗选业	46	394	317	7048.3	
石油和天然气开采业					
黑色金属矿采选业					
有色金属矿采选业	51	594	297	11260.5	
非金属矿采选业					
开采辅助活动					
其他采矿业					
制造业	323	3748	2031	133865.9	
农副食品加工业	45	422	217	21346.6	
食品制造业	5	156	32	2510.4	
酒、饮料和精制茶制造业	5	89	32	7246.9	
烟草制品业					
纺织业	3	19	11	1421.5	
纺织服装、服饰业					
皮革、毛皮、羽毛及其制品和制鞋业					
木材加工和木、竹、藤、棕、草制品业	4	58	30	3725.8	
家具制造业					
造纸和纸制品业	2	33	15	1480.8	
印刷和记录媒介复制业	1	8	1	146.0	
文教、工美、体育和娱乐用品制造业	1	20	1	340.5	
石油加工、炼焦和核燃料加工业	8	133	54	10774.2	
化学原料和化学制品制造业	79	681	330	24791.6	
医药制造业	14	120	93	4409.8	
化学纤维制造业	1	20	11	1520.0	
橡胶和塑料制品业	7	40	20	1646.2	
非金属矿物制品业	10	102	84	3033.5	
黑色金属冶炼和压延加工业	17	342	267	14949.9	
有色金属冶炼和压延加工业	8	62	27	2192.3	
金属制品业	5	37	26	585.5	
通用设备制造业	13	265	130	6823.0	
专用设备制造业	59	762	513	13678.4	
汽车制造业	1	5	1	420.0	
铁路、船舶、航空航天和其他运输设备制造业	3	39	16	640.0	
电气机械和器材制造业	25	186	73	4130.5	
计算机、通信和其他电子设备制造业	2	46	28	3665.3	
仪器仪表制造业	4	73	3	366.7	
其他制造业	1	30	14	2020.5	
废弃资源综合利用业					
金属制品、机械和设备修理业					
电力、热力、燃气及水生产和供应业	18	542	100	9409.0	
电力、热力生产和供应业	14	521	90	8188.2	
燃气生产和供应业	4	21	10	1220.8	
水的生产和供应业					

11-9 续表 4

	项目数（项）	参加项目人员（人）	项目人员折合全时当量（人年）	研发项目经费内部支出（万元）	政府资金
十、按经济成分分组					
公有经济	204	2507	1191	60340.4	
非公有经济	234	2771	1553	101243.3	
十一、按企业控股情况分组					
国有控股	203	2500	1188	59695.3	
集体控股	1	7	3	645.1	
私人控股	179	1956	1036	79154.4	
港澳台商控股	2	180	113	1508.0	
外商控股	3	23	5	764.3	
其他	50	612	399	19816.6	
十二、按全国地区分组					
渭南市	438	5278	2744	161583.7	
临渭辖区	129	1158	606	21878.3	
华州区	58	441	68	10613.0	
潼关县	6	281	242	5938.2	
大荔县	15	325	135	16825.4	
合阳县	8	53	24	2899.1	
澄城县	52	500	280	12675.9	
蒲城县	64	646	405	28987.3	
白水县	5	89	22	10300.0	
富平县	37	634	379	16822.5	
韩城市	41	574	434	25099.2	
华阴市	23	577	150	9544.8	

11-10 规模以上工业企业新产品开发、生产及销售情况（2015 年）

	新产品开发项目数（项）	新产品开发经费支出(万元)	新产品产值（万元）	新产品销售收入（万元）	出口
总计	384	131687.9	292089.5	259864.9	19817.0
一、按企业规模分组					
大型	109	32094.4	60229.2	60197.7	1187.1
中型	65	16247.5	70771.1	43190.6	7969.8
小型	207	80187.1	160409.2	155895.5	10660.1
微型	3	3158.9	680.0	581.1	
二、按隶属关系分组					
中央	23	6090.6	33596.1	33604.6	1187.1
省(自治区、直辖市)	101	28434.8	53800.0	53300.0	8469.8
地(区、市、州、盟)	39	6560.5	10673.4	9653.5	
县(区、市、旗)	92	41477.3	143411.8	106652.5	6258.5
街道	3	3059.4		3586.0	
镇	9	4812.1	4500.0	4490.0	
乡					
居委会	1	560.0			
村委会	1	26.0			
其他	115	40667.2	46108.2	48578.3	3901.6
三、按登记注册类型分组					
内资企业	379	126568.2	287589.5	257764.9	19317.0
国有企业	20	1531.4			
集体企业					
股份合作企业					
联营企业					
有限责任公司	277	100151.7	256931.7	228138.0	16467.4
国有独资公司	38	8961.1	888.9	888.9	
其他有限责任公司	239	91190.6	256042.8	227249.1	16467.4
股份有限公司	31	7224.0	4471.4	4175.0	

11-10 续表 1

	新产品开发项目数（项）	新产品开发经费支出（万元）	新产品产值（万元）	新产品销售收入（万元）	
					出口
私营企业	50	16242.7	26186.4	25451.9	2849.6
私营独资企业	1	530.0	3492.6	3959.6	
私营合伙企业					
私营有限责任公司	47	13416.2	19267.5	17807.4	
私营股份有限公司	2	2296.5	3426.3	3684.9	2849.6
其他企业	1	1418.4			
港、澳、台商投资企业					
外商投资企业	5	5119.7	4500.0	2100.0	500.0
中外合资经营企业	3	4997.3	4500.0	2100.0	500.0
中外合作经营企业					
外资企业	2	122.4			
外商投资股份有限公司					
其他外商投资企业					
四、按国民经济行业大类分组					
采矿业	64	9145.5			
煤炭开采和洗选业	24	2073.4			
石油和天然气开采业					
黑色金属矿采选业					
有色金属矿采选业	40	7072.1			
非金属矿采选业					
开采辅助活动					
其他采矿业					

11-10续表2

	新产品开发项目数（项）	新产品开发经费支出（万元）	新产品产值（万元）	新产品销售收入（万元）	
					出口
制造业	310	117365.3	281033.1	250411.9	19817.0
农副食品加工业	44	22940.1	34364.1	35814.2	2849.6
食品制造业	3	2502.9	650.0	702.0	
酒、饮料和精制茶制造业	6	8142.5	4650.0	2510.2	
烟草制品业					
纺织业	2	1320.0			
纺织服装、服饰业					
皮革、毛皮、羽毛及其制品和制鞋业					
木材加工和木、竹、藤、棕、草制品业	3	4340.4		3586.0	
家具制造业					
造纸和纸制品业	1	153.3	3492.6	3959.6	
印刷和记录媒介复制业	1	146.0			
文教、工美、体育和娱乐用品制造业	1	510.6	31.0	31.0	
石油加工、炼焦和核燃料加工业	1	1265.8			
化学原料和化学制品制造业	88	18048.5	68865.6	38434.2	1057.4
医药制造业	5	2832.4			
化学纤维制造业	1	1555.0			
橡胶和塑料制品业	9	1963.3	8933.1	8757.7	
非金属矿物制品业	10	5141.9	783.1	2666.4	
黑色金属冶炼和压延加工业	12	9962.6	25633.1	25633.1	
有色金属冶炼和压延加工业	7	2298.8	3000.0	2564.1	
金属制品业	3	230.0	370.0	364.0	
通用设备制造业	13	6447.7	6286.3	5478.4	500.0
专用设备制造业	66	15076.1	77458.4	74968.4	9156.9
汽车制造业	1	420.0			
铁路、船舶、航空航天和其他运输设备制造业	3	640.0			
电气机械和器材制造业	19	4339.1	42873.4	42775.1	6253.1
计算机、通信和其他电子设备制造业	5	4643.7	525.0	485.0	
仪器仪表制造业	5	419.5	3117.4	1682.5	
其他制造业	1	2025.1			
废弃资源综合利用业					
金属制品、机械和设备修理业					
电力、热力、燃气及水生产和供应业	10	5177.1	11056.4	9453.0	
电力、热力生产和供应业	7	3842.7	9085.0	7768.0	
燃气生产和供应业	3	1334.4	1971.4	1685.0	
水的生产和供应业					

11-10 续表 3

	新产品开发项目数（项）	新产品开发经费支出（万元）	新产品产值（万元）	新产品销售收入（万元）	出口
五、按经济成分分组					
公有经济	154	38985.6	102365.1	103655.0	9156.9
非公有经济	230	92702.3	189724.4	156209.9	10660.1
六、按企业控股情况分组					
国有控股	153	38340.5	102365.1	103655.0	9156.9
集体控股	1	645.1			
私人控股	173	75196.8	131606.2	129642.5	10160.1
港澳台商控股	2	1508.0	1500.0	1000.0	500.0
外商控股	3	769.7			
其他	52	15227.8	56618.2	25567.4	
七、按全国地区分组					
渭南市	384	131687.9	292089.5	259864.9	19817.0
临渭辖区	144	18416.3	146561.0	109815.7	14722.9
华州区	42	6375.5	1186.0	852.5	5.4
潼关县	4	2587.7			
大荔县	17	19367.0			
合阳县	9	3070.8			
澄城县	30	10774.1	35433.8	32308.6	
蒲城县	65	28446.7	36149.0	39997.7	3901.6
白水县	4	8920.0	3000.0	3900.0	
富平县	31	14016.5	34596.1	34564.6	1187.1
韩城市	28	14870.9	35163.6	38425.8	
华阴市	10	4842.4			

11-11　规模以上工业企业自主知识产权保护情况（2015年）

	专利申请数（件）	发明专利	有效发明专利数（件）	境外授权	已被实施
总计	463	246	506	11	132
一、按企业规模分组					
大型	133	55	36		14
中型	56	19	52		11
小型	271	169	415	11	107
微型	3	3	3		
二、按隶属关系分组					
中央	36	30	13		13
省(自治区、直辖市)	92	32	44		3
地(区、市、州、盟)	28	9	25		4
县(区、市、旗)	87	28	53	10	9
街道					
镇					
乡					
居委会					
村委会					
其他	220	147	371	1	103
三、按登记注册类型分组					
内资企业	463	246	506	11	132
国有企业	3	2			
集体企业					
股份合作企业					
联营企业					
国有联营企业					
集体联营企业					
国有与集体联营企业					
其他联营企业					
有限责任公司	267	109	186	11	47
国有独资公司	43	16	21		
其他有限责任公司	224	93	165	11	47
股份有限公司	17	7	24		2
私营企业	176	128	296		83
私营独资企业					
私营合伙企业					
私营有限责任公司	176	128	296		83
私营股份有限公司					
其他企业					

11-11 续表 1

	专利申请数（件）	发明专利	有效发明专利数（件）	境外授权	已被实施
港、澳、台商投资企业					
合资经营企业(港或澳、台资)					
合作经营企业(港或澳、台资)					
港、澳、台商独资经营企业					
港、澳、台商投资股份有限公司					
其他港澳台投资企业					
外商投资企业					
中外合资经营企业					
中外合作经营企业					
外资企业					
外商投资股份有限公司					
其他外商投资企业					
四、按国民经济行业大类分组					
采矿业	48	22	17		2
煤炭开采和洗选业	6	5			
石油和天然气开采业					
黑色金属矿采选业					
有色金属矿采选业	42	17	17		2
非金属矿采选业					
开采辅助活动					
其他采矿业					
制造业	405	223	489	11	130
农副食品加工业	36	10	24		10
食品制造业	1	1			
酒、饮料和精制茶制造业			3		
烟草制品业					
纺织业					
纺织服装、服饰业					
皮革、毛皮、羽毛及其制品和制鞋业					
木材加工和木、竹、藤、棕、草制品业					

11-11 续表 2

	专利申请数（件）	发明专利	有效发明专利数（件）	境外授权	已被实施
家具制造业					
造纸和纸制品业					
印刷和记录媒介复制业					
文教、工美、体育和娱乐用品制造业					
石油加工、炼焦和核燃料加工业	3	2	3		
化学原料和化学制品制造业	165	147	300	10	98
医药制造业					
化学纤维制造业					
橡胶和塑料制品业					
非金属矿物制品业	4	1			
黑色金属冶炼和压延加工业	12				
有色金属冶炼和压延加工业	3	2			
金属制品业	2		2		
通用设备制造业	8	1	7		1
专用设备制造业	108	49	51		16
汽车制造业					
铁路、船舶、航空航天和其他运输设备制造业					
电气机械和器材制造业	52	6	89	1	
计算机、通信和其他电子设备制造业	11	4	10		5
仪器仪表制造业					
其他制造业					
废弃资源综合利用业					
金属制品、机械和设备修理业					
电力、热力、燃气及水生产和供应业	10	1			
电力、热力生产和供应业	10	1			
燃气生产和供应业					
水的生产和供应业					

11-11 续表 3

	专利申请数（件）	发明专利	有效发明专利数（件）	境外授权	已被实施
五、按经济成分分组					
公有经济	138	66	126	1	14
非公有经济	325	180	380	10	118
六、按企业控股情况分组					
国有控股	138	66	126	1	14
集体控股					
私人控股	287	172	360	10	107
港澳台商控股					
外商控股					
其他	38	8	20		11
七、按全国地区分组					
渭南市	463	246	506	11	132
市辖区					
临渭区	133	30	151	1	14
华县	43	18	32	10	4
潼关县					
大荔县	17	10	5		1
合阳县					
澄城县	15	1	9		4
蒲城县	159	143	272		89
白水县					
富平县	61	33	16		13
韩城市	34	10	21		7
华阴市	1	1			

11-11 续表 4

	专利所有权转让及许可数（项）	专利所有权转让与许可收入（万元）	发表科技论文（篇）	拥有注册商标（件）	境外注册	形成国家或行业标准（项）
总计	27	1892.5	390	1064	2	54
一、按企业规模分组						
大型	3		337	9		31
中型			18	249		4
小型	24	1892.5	35	804	2	19
微型				2		
二、按隶属关系分组						
中央			25	1		
省(自治区、直辖市)	3		319	9		34
地(区、市、州、盟)			8	47		3
县(区、市、旗)	3	750.6	31	104	1	13
街道						
镇			1			
乡						
居委会						
村委会						
其他	21	1141.9	6	903	1	4
三、按登记注册类型分组						
内资企业	27	1892.5	390	1064	2	54
国有企业			81	1		
集体企业						
股份合作企业						
联营企业						
国有联营企业						
集体联营企业						
国有与集体联营企业						
其他联营企业						
有限责任公司	12	1890.5	300	422	2	52
国有独资公司			49	1		31
其他有限责任公司	12	1890.5	251	421	2	21
股份有限公司			6	3		1
私营企业	15	2.0	3	638		1
私营独资企业						
私营合伙企业						
私营有限责任公司	15	2.0	3	638		1
私营股份有限公司						
其他企业						

11-11 续表 5

	专利所有权转让及许可数（项）	专利所有权转让与许可收入（万元）	发表科技论文（篇）	拥有注册商标（件）	境外注册	形成国家或行业标准（项）
港、澳、台商投资企业						
合资经营企业(港或澳、台资)						
合作经营企业(港或澳、台资)						
港、澳、台商独资经营企业						
港、澳、台商投资股份有限公司						
其他港澳台投资企业						
外商投资企业						
中外合资经营企业						
中外合作经营企业						
外资企业						
外商投资股份有限公司						
其他外商投资企业						
四、按国民经济行业大类分组						
采矿业			150	2		32
煤炭开采和洗选业			99	1		
石油和天然气开采业						
黑色金属矿采选业						
有色金属矿采选业			51	1		32
非金属矿采选业						
开采辅助活动						
其他采矿业						
制造业	27	1892.5	236	1062	2	22
农副食品加工业	2	450.6	7	15		1
食品制造业				1		
酒、饮料和精制茶制造业						
烟草制品业						
纺织业						
纺织服装、服饰业						
皮革、毛皮、羽毛及其制品和制鞋业						
木材加工和木、竹、藤、棕、草制品业						

11-11 续表 6

	专利所有权转让及许可数（项）	专利所有权转让与许可收入（万元）	发表科技论文（篇）	拥有注册商标（件）	境外注册	形成国家或行业标准（项）
家具制造业						
造纸和纸制品业						
印刷和记录媒介复制业						
文教、工美、体育和娱乐用品制造业						
石油加工、炼焦和核燃料加工业	3		8			
化学原料和化学制品制造业	17	602.0	42	990	1	6
医药制造业						
化学纤维制造业						
橡胶和塑料制品业				1		
非金属矿物制品业						
黑色金属冶炼和压延加工业			136			
有色金属冶炼和压延加工业			3			
金属制品业				45		
通用设备制造业				1		
专用设备制造业	5	839.9	35	5		13
汽车制造业						
铁路、船舶、航空航天和其他运输设备制造业						
电气机械和器材制造业			2	2	1	2
计算机、通信和其他电子设备制造业			3	2		
仪器仪表制造业						
其他制造业						
废弃资源综合利用业						
金属制品、机械和设备修理业						
电力、热力、燃气及水生产和供应业			4			
电力、热力生产和供应业			4			
燃气生产和供应业						
水的生产和供应业						

11-11 续表 7

	专利所有权转让及许可数（项）	专利所有权转让与许可收入（万元）	发表科技论文（篇）	拥有注册商标（件）	境外注册	形成国家或行业标准（项）
五、按经济成分分组						
公有经济			343	12	1	34
非公有经济	27	1892.5	47	1052	1	20
六、按企业控股情况分组						
国有控股			343	12	1	34
集体控股						
私人控股	24	1892.5	37	759	1	19
港澳台商控股						
外商控股						
其他	3		10	293		1
七、按全国地区分组						
渭南市	27	1892.5	390	1064	2	54
市辖区						
临渭区	5	839.9	26	309	1	16
华县			76	7	1	32
潼关县						
大荔县			3	3		
合阳县						
澄城县	1	100.6	66	6		1
蒲城县	18	952.0	28	736		5
白水县				1		
富平县	3		33	1		
韩城市			158	1		
华阴市						

主要统计指标解释

普通高等学校 指按国家规定的设置标准和审批程序批准举办的，通过全国普通高等学校统一招生考试，招收高中毕业生为主要培养对象，实施高等学历教育的全日制大学、独立设置的学院和高等专科学校、高等职业学校及其他机构（独立学院和分校、大专班）。

大学、独立设置的学院主要实施本科层次以上教育。高等专科学校、高等职业学校实施专科层次教育。其他机构是承担国家普通招生计划任务不计校数的机构，包括独立学院、普通高等学校分校、大专班和批准筹建的普通高等学校等。独立学院指由普通本科高校按新机制、新模式举办的本科层次的二级学院，一些普通本科高校按公办机制和模式建立的二级学院，“分校”或其他类似的二级办学机构不属此范畴。

研究与试验发展(R&D) 指在科学技术领域，为增加知识总量，以及运用这些知识去创造新的应用进行的系统的创造性的活动，包括基础研究、应用研究、试验发展三类活动。国际上通常采用R&D活动的规模和强度指标反映一国的科技实力和核心竞争力。

R&D人员 指参与研究与试验发展项目研究、管理和辅助工作的人员，包括项目(课题)组人员，企业科技行政管理人员和直接为项目(课题)活动提供服务的辅助人员。反映投入从事拥有自主知识产权的研究开发活动的人力规模。

R&D人员全时当量 指全时人员数加非全时人员按工作量折算为全时人员数的总和。例如：有两个全时人员和三个非全时人员(工作时间分别为20%、30%和70%)，则全时当量为2+0.2+0.3+0.7=3.2人年。为国际上比较科技人力投入而制定的可比指标。

R&D经费支出合计 指调查单位用于内部开展R&D活动（基础研究、应用研究和试验发展）的实际支出。包括用于R&D项目（课题）活动的直接支出，以及间接用于R&D活动的管理费、服务费、与R&D有关的基本建设支出以及外协加工费等。不包括生产性活动支出、归还贷款支出以及与外单位合作或委托外单位进行R&D活动而转拨给对方的经费支出。

专业技术人员 指从事专业技术工作和专业技术管理工作的人员，即企事业单位中已经聘任专业技术职务从事专业技术工作和专业技术管理工作的人员，以及未聘任专业技术职务，现在专业技术岗位上工作的人员。包括工程技术人员，农业技术人员，科学研究人员，卫生技术人员，教学人员，经济人员，会计人员，统计人员，翻译人员，图书资料、档案、文博人员，新闻出版人员，律师、公证人员，广播电视播音人员，工艺美术人员，体育人员，艺术人员及企业政治思想工作人员，共十七个专业技术职务类别。用来反映科技人力资源情况。

专利 是专利权的简称，是对发明人的发明创造经审查合格后，由专利局依据专利法授予发明人和设计人对该项发明创造享有的专有权。包括发明、实用新型和外观设计。反映拥有自主知识产权的科技和设计成果情况。

发明（专利） 指对产品、方法或者其改进所提出的新的技术方案。是国际通行的反映拥有自主知识产权技术的核心指标。

广播/电视节目综合人口覆盖率 指根据原国家广电总局制定的《广播电视人口覆盖率统计技术标准和方法》进行统计调查的，在对象区内能接收到由中央、省、地市或县通过无线、有线或卫星等各种技术方式转播的各级广播/电视节目的人口数占全国总人口数的百分比。

十二、居民生活

资料整理：崇红碧　梁静波

资料校对：崇红碧　梁静波

12.居民生活

2016 年全市		
居民人均可支配收入	16265 元	比上年增长 8.7%
城镇居民人均可支配收入	27485 元	比上年增长 7.9%
农村居民人均可支配收入	9415 元	比上年增长 8.2%
居民人均生活消费支出	11217 元	比上年增长 6.6%
#食品支出	3767 元	比上年增长 6.4%
城镇居民人均生活消费支出	16770 元	比上年增长 3.0%
#食品支出	5610 元	比上年增长 2.9%
农村居民人均生活消费支出	7827 元	比上年增长 9.0%
#食品支出	2642 元	比上年增长 8.2%

12-1 分县市区城镇居民人均可支配收入（2010-2016 年）

单位：元、%

年 份	渭南市		临渭辖区		华州区		潼关县		大荔县		合阳县	
	绝对数	增速	绝对数	增速	绝对数	增速	绝对数	增速	绝对数	增速	绝对数	增速
2010	15918	16.6	16495	17.8	16364	15.1	15394	15.6	15431	15.9	15380	18.0
2011	18768	17.9	19679	19.3	19293	17.9	18196	18.2	18147	17.6	17902	16.4
2012	21808	16.2	23280	18.3	22438	16.3	21089	15.9	21200	16.8	20784	16.1
2013	24164	10.8	26143	12.3	24749	10.3	23346	10.7	23596	11.3	23133	11.3
2014	23470	10.6	24608	11.5	23321	10.5	22222	11.8	22281	10.9	21868	10.5
2015	25472	8.5	26897	9.3	25140	7.8	23911	7.6	24264	8.9	23749	8.6
2016	27485	7.9	29092	8.2	26963	7.3	25693	7.5	26193	8.0	25495	7.4

12-1 续表 1

单位：元、%

年 份	澄城县		蒲城县		白水县		富平县		韩城市		华阴市	
	绝对数	增速	绝对数	增速	绝对数	增速	绝对数	增速	绝对数	增速	绝对数	增速
2010	15751	17.3	16033	19.1	15389	17.6	15718	17.2	18042	16.4	15871	16.6
2011	18759	19.1	19031	18.7	17959	16.7	18673	18.8	21308	18.1	18712	17.9
2012	22079	17.7	22342	17.4	20922	16.5	22015	17.9	24717	16.0	21668	15.8
2013	24750	12.1	24800	11.0	23202	10.9	24591	11.7	27312	10.5	24246	11.9
2014	23243	10.6	23611	11.6	21988	11.3	23297	11.1	25420	10.1	22767	10.2
2015	25219	8.5	25476	7.9	23923	8.8	25417	9.1	27504	8.2	24611	8.1
2016	27124	7.6	27476	7.9	25754	7.7	27468	8.1	29784	8.3	26567	7.9

注：2013 年及之前为老口径城镇居民人均可支配收入，2014 年开始为新口径城镇居民人均可支配收入。

12-2 分县市区农村居民人均

年 份	渭南市		临渭辖区		华州区		潼关县		大荔县		合阳县	
	绝对数	增速	绝对数	增速	绝对数	增速	绝对数	增速	绝对数	增速	绝对数	增速
2010	4372	22.0	4565	22.2	4288	19.1	4302	22.1	4660	21.0	3761	25.0
2011	5571	27.4	5820	27.5	5480	27.8	5382	25.1	5969	28.1	4867	29.4
2012	6602	18.5	6887	18.3	6505	18.7	6388	18.7	7051	18.1	5912	21.5
2013	7565	14.6	7870	14.3	7487	15.1	7391	15.7	8070	14.5	6785	14.8
2014	7935	12.8	8200	13.6	7730	12.7	7677	13.4	8429	13.8	6964	12.3
2015	8705	9.7	9045	10.3	8430	9.1	8368	9.0	9306	10.4	7646	9.8
2016	9415	8.2	9805	8.4	9088	7.8	9063	8.3	10106	8.6	8311	8.7

注：2013年及之前为老口径农村居民人均纯收入，2014年开始为新口径农村居民人均可支配收入。

12-3 分县市区一体化城乡居民

县市区	全体居民人均可支配收入					城镇居民人均可支配收入	
	2014年	2015年	2016年	2015年比2014年增长	2016年比2015年增长	2014年	2015年
渭南市	13633	14958	16265	9.7	8.7	23470	25472
临渭辖区	15055	16616	18105	10.4	9.0	24608	26897
临渭区							
高新区							
经开区							
华州区	13264	14433	15632	8.8	8.3	23321	25140
潼关县	13167	14361	15606	9.1	8.7	22222	23911
大荔县	12464	13738	14990	10.2	9.1	22281	24264
合阳县	11814	12984	14143	9.9	8.9	21868	23749
澄城县	12598	13787	14959	9.4	8.5	23243	25219
蒲城县	13131	14262	15511	8.6	8.8	23611	25476
白水县	12687	14011	15308	10.4	9.3	21988	23923
富平县	12529	13748	14930	9.7	8.6	23297	25417
韩城市	18789	20447	22288	8.8	9.0	25420	27504
华阴市	15205	16622	18023	9.3	8.4	22767	24611

可支配收入（2010-2016 年）

单位：元、%

澄城县		蒲城县		白水县		富平县		韩城市		华阴市	
绝对数	增速	绝对数	增速	绝对数	增速	绝对数	增速	绝对数	增速	绝对数	增速
3936	20.3	4388	22.4	4070	26.8	4329	20.9	5854	20.8	4287	18.4
5007	27.2	5555	26.6	5250	29.0	5524	27.6	7499	28.1	5389	25.7
5938	18.6	6603	18.9	6242	18.9	6551	18.6	8852	18.0	6402	18.8
6800	14.5	7615	15.3	7215	15.6	7514	14.7	10179	15.0	7325	14.4
7030	13.1	7872	12.8	7524	13.9	7765	12.8	10505	12.0	7546	12.5
7687	9.4	8557	8.7	8314	10.5	8515	9.7	11429	8.8	8236	9.2
8302	8.0	9250	8.1	9046	8.8	9171	7.7	12400	8.5	8862	7.6

人均可支配收入（2014-2016 年）

单位：元、%

城镇居民人均可支配收入			农村居民人均可支配收入				
2016 年	2015 年比 2014 年增长	2016 年比 2015 年增长	2014 年	2015 年	2016 年	2015 年比 2014 年增长	2016 年比 2015 年增长
27485	8.5	7.9	7935	8705	9415	9.7	8.2
29092	9.3	8.2	8200	9045	9805	10.3	8.4
26963	7.8	7.3	7730	8430	9088	9.1	7.8
25693	7.6	7.5	7677	8368	9063	9.0	8.3
26193	8.9	8.0	8429	9306	10106	10.4	8.6
25495	8.6	7.4	6964	7646	8311	9.8	8.7
27124	8.5	7.6	7030	7687	8302	9.4	8.0
27476	7.9	7.9	7872	8557	9250	8.7	8.1
25754	8.8	7.7	7524	8314	9046	10.5	8.8
27468	9.1	8.1	7765	8515	9171	9.7	7.7
29784	8.2	8.3	10505	11429	12400	8.8	8.5
26567	8.1	7.9	7546	8236	8862	9.2	7.6

12-4 分县市区居民人均可支配收入及构成（2016 年）

单位：元/人

指标名称	渭南市			临渭辖区		
	全体	城镇	农村	全体	城镇	农村
可支配收入	16265.0	27485.2	9415.4	18105.3	29092.0	9805.0
一、工资性收入	9471.4	18374.8	4036.2	10684.6	21411.1	2580.8
(一)工资	8882.0	17435.6	3660.2	10332.3	20601.7	2573.9
(二)实物福利	11.5	24.8	3.5	0.9	1.6	0.3
(三)其他	577.9	914.4	372.5	351.4	807.8	6.7
二、经营净收入	2717.5	1275.7	3597.7	3425.5	1224.5	5088.3
(一)第一产业净收入	1700.5	14.2	2729.9	2323.6	-4.1	4082.1
1.农业	1525.1	16.4	2446.1	2212.2	-2.1	3885.1
2.林业	-28.1	-3.2	-43.3	-65.0	-2.0	-112.5
3.牧业	203.5	1.0	327.1	176.3		309.6
4.渔业	…		-0.1			
(二)第二产业净收入	127.3	45.9	177.0	9.5		16.7
(三)第三产业净收入	889.7	1215.5	690.8	1092.4	1228.6	989.6
三、财产净收入	1048.6	2487.8	170.0	298.4	615.8	58.6
(一)利息净收入	33.5	59.1	17.9	4.4	11.6	-1.0
(二)红利收入	51.0	122.5	7.4	21.6	50.1	
(三)储蓄性保险净收益	0.9	1.2	0.8	0.2		0.4
(四)转让承包土地经营权租金净收入	68.8	3.9	108.4	34.9		61.2
(五)出租房屋净收入	497.7	1299.0	8.6	8.9	20.7	
(六)出租其他资产净收入	29.1	37.3	24.2	0.3		0.6
(七)自有住房折算净租金	358.4	945.6		230.2	535.0	
(八)其他	8.9	19.2	2.7	-2.1	-1.6	-2.5
四、转移净收入	3027.5	5346.9	1611.5	3696.8	5840.6	2077.2
(一)转移性收入	3587.4	6413.5	1862.2	4562.0	7143.3	2611.8
1.养老金或离退休金	2573.4	5659.0	689.7	2764.3	5855.7	428.7
2.社会救济和补助	47.1	46.7	47.3	127.9		224.6
3.惠农补贴	9.2	4.0	12.3	0.8		1.4
4.政策性生活补贴	36.3	34.0	37.7	81.8	32.2	119.2
5.报销医疗费	152.3	137.2	161.5	331.9	73.7	526.9
6.外出从业人员寄回带回收入	509.6	194.3	702.1	1173.7	1034.3	1279.1
7.赡养收入	175.2	190.5	165.8	77.8	147.4	25.3
8.其他经常转移收入	83.6	146.6	45.1	3.7		6.6
(二)转移性支出	560.0	1066.6	250.7	865.1	1302.7	534.5
1.个人所得税	20.0	51.3	0.9	25.2	58.7	
2.社会保障支出	446.7	825.0	215.7	771.8	1199.2	448.9
3.外来从业人员寄给家人的支出	…	…	…			0.1
4.赡养支出	64.4	134.8	21.4	65.1	41.3	83.1
5.其他经常转移支出	28.9	55.4	12.6	2.9	3.5	2.5

12-4 续表 1

单位：元/人

指标名称	华州区			潼关县		
	全体	城镇	农村	全体	城镇	农村
可支配收入	15632.0	26963.0	9088.0	15606.0	25693.8	9063.0
一、工资性收入	7945.0	16363.0	3099.0	8812.2	15607.2	4409.2
(一)工资	7194.0	15752.0	2267.0	6567.1	14359.9	1509.7
(二)实物福利	5.0		7.6			
(三)其他	746.0	611.0	824.0	2245.1	1247.3	2899.5
二、经营净收入	3619.0	3233.0	3843.0	1207.2	1141.8	3021.8
(一)第一产业净收入	1946.0	15.0	3072.0	657.4		2784.7
1.农业	1863.0		2949.0	624.8		2063.2
2.林业	1.0		2.3	31.4		251.7
3.牧业	82.0	15.0	121.0	1.4		470.0
4.渔业				-0.1		-0.2
(二)第二产业净收入	87.0		137.0	-6.7		61.0
(三)第三产业净收入	1586.0	3218.0	634.0	556.5	1141.8	176.1
三、财产净收入	1662.0	4350.0	96.0	621.5	1559.4	212.0
(一)利息净收入	9.0		14.9	18.7	36.7	57.1
(二)红利收入				2.8		54.7
(三)储蓄性保险净收益						
(四)转让承包土地经营权租金净收入	48.0		76.0	0.3		50.5
(五)出租房屋净收入	1255.0	3408.0		383.0	972.2	
(六)出租其他资产净收入						50.0
(七)自有住房折算净租金	347.0	942.0		216.8	550.4	
(八)其他	3.0		5.0	-0.1		-0.2
四、转移净收入	2406.0	3017.0	2050.0	4965.1	7385.4	1420.0
(一)转移性收入	2964.0	3570.0	2612.0	5445.3	8450.7	1520.0
1.养老金或离退休金	1840.0	3275.0	1004.0	2895.5	6765.7	380.3
2.社会救济和补助	60.0	13.0	88.0	17.7		29.3
3.惠农补贴	60.0		95.0	8.8		14.5
4.政策性生活补贴	12.0		18.5	2.6		4.3
5.报销医疗费	187.0	155.0	206.2	39.4	98.2	1.2
6.外出从业人员寄回带回收入	621.0		983.0	1803.5	39.6	977.8
7.赡养收入	160.0	67.0	214.7	198.5	417.2	56.3
8.其他经常转移收入	24.0	60.0	3.0	479.2	1130.0	56.3
(二)转移性支出	558.0	553.0	561.5	480.2	1065.3	100.0
1.个人所得税	8.0	17.0	2.7	1.1	2.7	
2.社会保障支出	487.0	474.0	497.0	438.4	968.1	94.1
3.外来从业人员寄给家人的支出						
4.赡养支出	40.0	26.0	47.9	32.5	78.2	2.7
5.其他经常转移支出	23.0	36.0	13.9	8.3	16.3	3.1

12-4 续表 2

单位：元/人

指标名称	大荔县			合阳县		
	全体	城镇	农村	全体	城镇	农村
可支配收入	14990.0	26193.0	10106.0	14143.3	25495.1	8311.3
一、工资性收入	7289.4	11315.3	6182.4	7689.2	14957.9	3955.0
（一）工资	7263.5	11289.3	6147.8	7674.8	14939.8	3942.4
（二）实物福利				2.8	0.9	3.7
（三）其他	25.9	26.0	34.6	11.7	17.2	8.9
二、经营净收入	2543.4	2984.2	3016.9	2151.1	1552.5	2458.6
（一）第一产业净收入	120.5	-2.4	271.3	1064.0	99.2	1559.7
1. 农业	65.4	-2.4	148.1	947.7	100.4	1383.0
2. 林业				22.5	-1.2	34.6
3. 牧业	55.2		123.2	93.8		142.0
4. 渔业						
（二）第二产业净收入				237.4	52.4	332.4
（三）第三产业净收入	2422.9	2986.6	2745.6	849.7	1401.0	566.5
三、财产净收入	462.6	1158.0		290.6	638.1	112.0
（一）利息净收入				65.2	18.7	89.1
（二）红利收入				2.5	7.4	
（三）储蓄性保险净收益						
（四）转让承包土地经营权租金净收入				16.9	0.7	25.3
（五）出租房屋净收入				56.0	165.0	
（六）出租其他资产净收入				18.1	53.2	
（七）自有住房折算净租金	462.6	1158.0		120.5	355.0	
（八）其他				11.3	38.0	-2.4
四、转移净收入	4694.7	10735.5	906.7	4012.4	8346.6	1785.7
（一）转移性收入	5257.2	11751.3	1256.5	4365.2	8881.4	2045.0
1. 养老金或离退休金	4794.3	11115.9	789.9	3337.3	8573.3	647.3
2. 社会救济和补助	118.4	25.8	241.3	108.1	56.8	134.4
3. 惠农补贴				30.6		46.3
4. 政策性生活补贴	78.4	29.1	149.1	69.4	28.8	90.3
5. 报销医疗费				130.9	76.1	159.0
6. 外出从业人员寄回带回收入	106.4	266.3		405.7		614.2
7. 赡养收入	34.1		76.2	278.0	146.5	345.6
8. 其他经常转移收入	125.5	314.2		5.1		7.8
（二）转移性支出	562.5	1015.9	349.8	352.8	534.8	259.3
1. 个人所得税				0.7	2.1	0.0
2. 社会保障支出	219.3	274.3	245.1	304.6	437.3	236.4
3. 外来从业人员寄给家人的支出						
4. 赡养支出	331.4	713.6	103.4	42.0	90.4	17.1
5. 其他经常转移支出	11.8	28.0	1.3	5.5	5.0	5.7

12-4 续表 3

单位：元/人

指标名称	澄城县			蒲城县		
	全体	城镇	农村	全体	城镇	农村
可支配收入	14959.0	27124.0	8302.0	15511.0	27476.0	9250.0
一、工资性收入	7928.3	19049.8	3569.9	7905.9	18210.3	2455.6
(一)工资	7294.0	18089.4	3320.4	7849.7	18048.4	2455.6
(二)实物福利	79.3	75.1	56.3	53.7	154.8	
(三)其他	237.9	885.3	193.2	2.4	7.1	
二、经营净收入	3440.6	813.7	2988.7	4507.0	2178.1	5806.0
(一)第一产业净收入	2821.3	393.3	2689.9	3259.0	-16.3	5053.0
1.农业	2398.1	276.6	2394.0	3181.2	-8.3	4928.3
2.林业	14.6		26.9	-0.7	-8.0	3.2
3.牧业	408.6	116.8	269.0	78.5		121.5
4.渔业						
(二)第二产业净收入	516.1	360.1	240.0	54.0	131.0	13.2
(三)第三产业净收入	103.2	60.3	59.8	1194.0	2063.4	739.8
三、财产净收入	1495.9	2906.2	777.2	440.2	1197.2	38.4
(一)利息净收入	482.7	747.7	331.3	9.5	20.9	3.5
(二)红利收入	100.3	216.8	38.4			
(三)储蓄性保险净收益	161.3	255.8	60.6			
(四)转让承包土地经营权租金净收入	92.7	115.7	127.9	29.6	20.3	34.9
(五)出租房屋净收入	190.4	577.6	111.5	41.0	118.1	
(六)出租其他资产净收入	60.7	212.7	38.3			
(七)自有住房折算净租金	254.7	493.3	65.3			
(八)其他	153.2	286.8	3.9	360.2	1037.9	
四、转移净收入	2094.3	4354.2	966.2	2657.9	5890.4	950.0
(一)转移性收入	2583.9	5634.4	1346.7	2988.0	6555.5	1103.8
1.养老金或离退休金	1005.4	3444.8	446.3	2169.2	5805.9	239.0
2.社会救济和补助	78.9	311.5	25.6	1.3	2.3	0.8
3.惠农补贴	44.4	52.7	29.9	1.0		1.6
4.政策性生活补贴	25.6	60.6	17.6	9.5	5.1	11.9
5.报销医疗费	428.6	164.8	278.8	175.0	105.8	214.0
6.外出从业人员寄回带回收入	307.8	110.5	278.4	470.3	507.2	455.5
7.赡养收入	582.2	1217.0	236.7	161.3	129.2	180.3
8.其他经常转移收入	111.1	272.5	33.5	0.4		0.7
(二)转移性支出	489.7	1280.1	380.5	330.2	665.1	153.8
1.个人所得税	22.3	156.3	52.5	5.5	15.8	
2.社会保障支出	351.2	901.2	223.2	311.6	627.5	145.3
3.外来从业人员寄给家人的支出	10.7	6.5	17.3			
4.赡养支出	65.8	111.9	55.3	7.7	11.2	6.0
5.其他经常转移支出	39.6	104.2	32.2	5.3		2.5

12-4 续表 4

单位：元/人

指标名称	白水县			富平县		
	全体	城镇	农村	全体	城镇	农村
可支配收入	15308.0	25754.0	9046.1	14930.0	27468.0	9171.0
一、工资性收入	7893.4	15096.4	4325.3	10213.9	20567.5	6047.3
(一)工资	7833.1	14977.2	4288.8	10104.3	19909.7	6038.2
(二)实物福利	6.2	20.0	1.0			
(三)其他	54.1	99.2	35.5	109.6	657.8	9.1
二、经营净收入	3787.6	3056.2	3697.7	2379.1		2020.3
(一)第一产业净收入	1860.7	-30.7	2606.0	1994.8		1693.9
1.农业	1571.7	-30.7	2203.2	1427.7		1212.3
2.林业	24.3		33.8	38.8		33.0
3.牧业	264.7		369.0	528.2		448.6
4.渔业						
(二)第二产业净收入	719.6	292.0	91.1			
(三)第三产业净收入	1207.3	2794.9	1000.6	384.3		326.4
三、财产净收入	762.7	1658.5	136.1	230.1	1162.5	47.0
(一)利息净收入	-132.4	-104.3	-4.0	-1.8		-1.5
(二)红利收入						
(三)储蓄性保险净收益				6.0	40.0	
(四)转让承包土地经营权租金净收入	396.7		140.1	38.7		32.9
(五)出租房屋净收入	164.1	580.4		18.4		15.6
(六)出租其他资产净收入	8.8	31.0				
(七)自有住房折算净租金	323.7	1145.2		168.8	1122.5	
(八)其他	1.8	6.2				
四、转移净收入	2864.4	5942.8	887.0	2106.9	5738.0	1056.5
(一)转移性收入	2132.6	4039.7	617.0	2371.5	6318.1	1207.1
1.养老金或离退休金	1093.8	3295.7	91.9	1415.9	5933.3	444.8
2.社会救济和补助	28.9	2.7	29.3	12.0		10.2
3.惠农补贴	6.0		8.3	3.6		3.1
4.政策性生活补贴	113.8	100.7	118.9	30.5	57.7	18.5
5.报销医疗费	102.2		72.4	231.1	142.3	178.1
6.外出从业人员寄回带回收入	259.9		162.3	351.2		298.3
7.赡养收入	386.5	524.8	82.0	327.1	184.8	254.2
8.其他经常转移收入	141.6	115.8	51.8			
(二)转移性支出	731.7	1903.1	270.1	264.6	580.1	150.6
1.个人所得税	1.4	4.9		3.0	19.9	
2.社会保障支出	529.2	1411.6	181.3	214.7	389.4	132.6
3.外来从业人员寄给家人的支出						
4.赡养支出	109.2	340.1	18.3	46.7	170.8	17.8
5.其他经常转移支出	92.0	146.6	70.5	0.2		0.2

12-4 续表 5

单位：元/人

指标名称	韩城市			华阴市		
	全体	城镇	农村	全体	城镇	农村
可支配收入	22288.0	29784.0	12400.0	18023.5	26567.7	8862.3
一、工资性收入	15214.8	20997.1	7587.3	11340.5	19995.7	4100.2
(一)工资	13127.6	17561.7	7278.5	10281.2	17621.0	3607.5
(二)实物福利	21.0	36.9	0.1	703.1	1389.5	318.0
(三)其他	2066.2	3398.5	308.7	356.2	985.2	175.2
二、经营净收入	2532.2	1483.2	3916.0	3357.0	2339.2	3694.1
(一)第一产业净收入	1215.0	2.4	2814.6	1578.5	211.7	1368.7
1.农业	730.7	2.4	1691.3	1535.6	194.2	1299.0
2.林业	445.7		1033.6	17.2	5.8	28.5
3.牧业	38.7		89.7	15.2	6.5	25.1
4.渔业				10.5	5.2	16.1
(二)第二产业净收入	90.7		210.4	775.3	865.2	1120.5
(三)第三产业净收入	1169.4	1380.5	891.0	1003.2	1262.3	1204.5
三、财产净收入	2865.7	4947.9	119.0	1166.3	1674.6	612.0
(一)利息净收入	38.1	29.8	49.0	87.9	135.7	33.2
(二)红利收入	244.9	430.6		79.0	102.3	56.0
(三)储蓄性保险净收益				114.5	175.2	54.2
(四)转让承包土地经营权租金净收入	21.2	4.5	43.3	50.3	18.2	90.2
(五)出租房屋净收入	2036.3	3569.0	14.4	168.2	272.5	67.0
(六)出租其他资产净收入				235.6	333.1	113.2
(七)自有住房折算净租金	516.8	908.5		275.6	402.3	166.2
(八)其他	8.4	5.5	12.3	155.2	235.3	32.0
四、转移净收入	1675.5	2355.8	778.0	2159.7	2558.2	456.0
(一)转移性收入	2912.5	3930.6	1569.6	1820.7	2197.6	285.3
1.养老金或离退休金	2363.7	3431.0	955.9	1420.5	1738.5	28.0
2.社会救济和补助				8.1	7.5	9.8
3.惠农补贴	51.1	37.4	69.1	13.5	0.1	23.2
4.政策性生活补贴	11.2		25.9	5.2	4.1	5.7
5.报销医疗费	204.7	214.7	191.6	55.6	82.3	22.3
6.外出从业人员寄回带回收入	74.4	46.1	111.8	286.4	334.2	165.2
7.赡养收入	209.4	157.9	277.4	6.9	7.7	5.8
8.其他经常转移收入	24.7	43.4		24.5	23.2	25.3
(二)转移性支出	1237.0	1574.8	791.5	339.0	360.6	170.4
1.个人所得税	32.0	56.3		3.5	3.0	4.2
2.社会保障支出	961.1	1255.4	573.0	85.3	6.8	89.3
3.外来从业人员寄给家人的支出				202.3	295.3	52.6
4.赡养支出	140.0	223.3	30.2	12.3	13.5	6.8
5.其他经常转移支出	103.8	39.8	188.3	35.6	42.0	17.5

12-5 分县市区居民人均生活消费支出（2016 年）

单位：元/人

指标名称	渭南市			临渭辖区		
	全体	城镇	农村	全体	城镇	农村
居民生活消费支出	11216.9	16769.9	7826.5	13969.3	20939.1	8703.8
一、食品烟酒	3767.4	5610.6	2642.0	3960.0	5976.6	2436.4
(一)食品	2429.4	3482.4	1786.5	2753.9	4096.6	1739.5
(二)烟酒	460.4	565.7	396.2	447.3	388.1	492.1
(三)饮料	81.2	129.8	51.5	80.4	136.4	38.1
(四)饮食服务	796.3	1432.7	407.8	678.4	1355.5	166.8
二、衣着	957.1	1704.4	500.8	1057.1	1906.7	415.3
(一)衣类	736.6	1323.0	378.6	773.4	1403.3	297.5
(二)鞋类	220.5	381.4	122.2	283.7	503.4	117.8
三、居住	2092.2	2841.2	1634.8	2343.4	2523.2	2207.6
(一)租赁房房租	34.6	50.7	24.8	31.5	66.9	4.7
(二)住房维修及管理	403.7	404.8	403.1	467.5	205.6	665.4
(三)水电燃料及其他	580.9	878.7	399.1	759.5	1116.8	489.6
(四)自有住房折算租金	1072.9	1507.0	807.8	1084.9	1133.9	1047.9
四、生活用品及服务	732.5	1140.8	483.2	950.6	1345.4	652.4
(一)家具及室内装饰品	112.0	182.0	69.4	36.1	64.4	14.8
(二)家用器具	198.2	288.7	143.0	349.7	374.3	331.2
(三)家用纺织品	74.7	113.6	51.0	99.1	146.0	63.7
(四)家庭日用杂品	221.0	320.3	160.3	248.6	348.0	173.5
(五)个人用品	96.5	176.7	47.6	192.4	368.3	59.5
(六)家庭服务	30.0	59.6	12.0	24.7	44.4	9.8
五、交通通信	1289.5	2086.0	803.2	2047.2	3783.4	735.5
(一)交通	919.7	1584.0	514.2	1509.3	2976.0	401.3
(二)通信	369.8	502.0	289.1	537.9	807.4	334.2
六、教育文化娱乐	1088.3	1501.1	836.2	2545.9	4291.2	1227.4
(一)教育	743.1	880.6	659.1	1922.9	3194.6	962.1
(二)文化娱乐	345.2	620.4	177.1	623.1	1096.6	265.3
七、医疗保健	1104.4	1557.1	828.1	733.4	799.7	683.3
(一)医疗器具及药品	415.1	698.0	242.4	514.5	656.4	407.3
(二)医疗服务	689.4	859.1	585.7	218.9	143.3	276.0
八、其他用品及服务	185.6	328.8	98.2	331.6	312.8	345.8
(一)其他用品	91.0	148.1	56.0	132.2	122.6	139.4
(二)其他服务	94.7	180.7	42.1	199.4	190.2	206.4

12-5 续表 1

单位：元/人

指标名称	华州区			潼关县		
	全体	城镇	农村	全体	城镇	农村
居民生活消费支出	11370.0	19150.0	6835.0	8490.7	12690.3	5761.5
一、食品烟酒	3407.0	5506.0	2183.0	2553.5	3676.4	1823.7
(一)食品	2283.0	3479.0	1586.0	1707.7	2238.3	1362.9
(二)烟酒	322.0	477.0	232.0	277.7	322.9	248.3
(三)饮料	45.0	81.0	24.0	36.9	40.7	34.5
(四)饮食服务	756.0	1469.0	341.0	531.2	1074.5	178.1
二、衣着	1080.0	1945.0	575.7	802.0	1037.4	649.0
(一)衣类	862.0	1577.0	444.8	623.9	834.2	487.2
(二)鞋类	218.0	368.0	130.9	178.1	203.2	161.8
三、居住	2212.0	4281.0	1007.0	1477.6	2320.3	930.0
(一)租赁房房租	6.0	16.0		50.7	92.6	23.6
(二)住房维修及管理	463.0	881.0	220.0	73.4	47.7	90.2
(三)水电燃料及其他	571.0	932.0	361.0	525.0	884.8	291.1
(四)自有住房折算租金	1172.0	2452.0	426.0	828.5	1295.3	525.1
四、生活用品及服务	845.0	1272.0	594.6	654.9	898.5	496.5
(一)家具及室内装饰品	117.0	123.0	112.9	83.6	48.7	106.3
(二)家用器具	223.0	376.0	134.2	240.0	438.9	110.7
(三)家用纺织品	81.0	97.0	71.8	39.7	45.7	35.8
(四)家庭日用杂品	320.0	477.0	228.5	221.5	292.4	175.5
(五)个人用品	72.0	146.0	28.3	58.9	56.2	60.7
(六)家庭服务	32.0	55.0	19.0	11.2	16.7	706.0
五、交通通信	1292.0	2385.0	656.0	836.7	1140.9	638.9
(一)交通	909.0	1735.0	428.0	453.8	587.5	367.0
(二)通信	383.0	650.0	228.0	382.8	553.5	272.0
六、教育文化娱乐	1264.0	1988.0	841.0	872.8	1228.2	641.8
(一)教育	825.0	1093.0	668.0	604.8	806.9	473.4
(二)文化娱乐	439.0	895.0	173.0	268.0	421.4	168.4
七、医疗保健	1145.0	1574.0	895.0	1212.7	2249.0	539.3
(一)医疗器具及药品	396.0	627.0	262.0	604.6	1308.2	147.4
(二)医疗服务	749.0	947.0	633.0	608.1	940.8	391.9
八、其他用品及服务	125.0	199.0	82.0	80.5	139.4	42.2
(一)其他用品	59.0	84.0	44.0	34.6	71.4	10.7
(二)其他服务	66.0	115.0	37.8	45.9	68.1	31.5

12-5 续表 2

单位：元/人

指标名称	大荔县			合阳县		
	全体	城镇	农村	全体	城镇	农村
居民生活消费支出	12191.9	17340.7	5737.8	12360.4	19592.4	8645.0
一、食品烟酒	2741.9	3615.1	1647.3	2787.7	4526.4	1894.5
(一)食品	1931.2	2540.5	1167.3	1833.7	2914.6	1278.3
(二)烟酒	300.9	361.1	225.4	465.3	708.8	340.2
(三)饮料	65.1	101.7	19.1	59.7	103.7	37.1
(四)饮食服务	444.8	611.7	235.5	429.1	799.2	238.9
二、衣着	710.2	954.4	404.1	1076.9	2315.7	440.4
(一)衣类	542.6	713.0	329.0	863.1	1847.0	357.6
(二)鞋类	167.6	241.4	75.1	213.8	468.6	82.8
三、居住	2907.9	3711.4	1900.6	2081.4	2552.2	1839.5
(一)租赁房房租	1.1	1.9		170.1	468.5	16.9
(二)住房维修及管理	594.5	1025.3	54.6	526.1	348.9	617.1
(三)水电燃料及其他	810.2	1105.1	440.4	659.4	885.2	543.4
(四)自有住房折算租金	1502.1	1579.0	1405.6	725.8	849.7	662.1
四、生活用品及服务	1199.5	1886.7	338.0	1023.9	1955.2	545.4
(一)家具及室内装饰品	409.1	735.5		66.6	147.8	24.8
(二)家用器具	316.7	503.2	83.0	308.5	360.1	282.0
(三)家用纺织品	95.5	159.4	15.4	213.7	451.3	91.6
(四)家庭日用杂品	258.6	327.5	172.1	315.8	694.7	121.2
(五)个人用品	78.5	109.3	39.8	85.1	207.8	22.0
(六)家庭服务	41.1	51.7	27.8	34.2	93.5	3.8
五、交通通信	2468.8	3900.8	673.8	1789.1	3413.2	954.7
(一)交通	1898.7	3166.1	309.9	1272.6	2596.9	592.3
(二)通信	570.2	734.7	364.0	516.5	816.4	362.5
六、教育文化娱乐	1201.1	1692.0	585.8	2064.2	2717.6	1728.5
(一)教育	697.2	1017.6	295.7	1663.4	2018.2	1481.2
(二)文化娱乐	503.9	674.4	290.1	400.7	699.4	247.3
七、医疗保健	887.1	1460.9	167.8	1127.7	1727.3	819.7
(一)医疗器具及药品	333.8	546.6	67.0	576.0	1112.1	300.5
(二)医疗服务	553.3	914.3	100.8	551.7	615.1	519.1
八、其他用品及服务	75.5	119.4	20.3	409.6	384.8	422.3
(一)其他用品	29.4	48.1	5.9	240.5	111.0	307.0
(二)其他服务	46.1	71.3	14.4	169.1	273.8	115.3

12-5 续表 3

单位：元/人

指标名称	澄城县			蒲城县		
	全体	城镇	农村	全体	城镇	农村
居民生活消费支出	10024.7	18786.8	6226.5	9050.0	16014.9	5406.2
一、食品烟酒	2323.6	4566.7	1301.2	2027.6	3674.9	1164.5
(一)食品	1456.1	2862.8	1133.7	1343.4	2379.1	801.6
(二)烟酒	298.3	341.1	288.5	274.9	321.8	252.6
(三)饮料	22.5	44.3	17.5	57.8	89.9	41.1
(四)饮食服务	246.7	618.6	161.5	351.5	884.0	69.2
二、衣着	1063.4	2392.9	596.2	724.0	1561.4	282.0
(一)衣类	592.9	1175.8	459.3	549.9	1195.1	209.3
(二)鞋类	170.5	317.1	136.9	174.1	366.3	72.7
三、居住	1987.3	2780.6	1005.5	2133.1	3460.7	1442.9
(一)租赁房房租	62.7		77.0	38.8	111.8	
(二)住房维修及管理	240.1	162.0	257.9	308.0	526.0	194.2
(三)水电燃料及其他	587.0	785.8	541.4	625.6	1072.3	392.3
(四)自有住房折算租金	1097.6	1832.7	929.1	1160.7	1750.6	856.3
四、生活用品及服务	544.0	1428.5	433.0	523.4	933.0	309.0
(一)家具及室内装饰品	50.3	192.6	17.6	80.7	58.2	93.7
(二)家用器具	157.3	80.9	174.8	88.9	144.8	59.8
(三)家用纺织品	69.5	183.2	43.5	70.5	139.1	34.4
(四)家庭日用杂品	147.3	300.3	112.2	184.8	351.6	97.2
(五)个人用品	114.8	268.4	79.7	76.2	179.9	21.3
(六)家庭服务	4.8	3.2	5.2	22.3	59.4	2.5
五、交通通信	1132.0	1792.1	864.8	1069.1	2100.9	526.4
(一)交通	668.5	383.0	733.9	678.5	1376.9	310.7
(二)通信	463.6	606.0	430.9	390.6	724.0	215.7
六、教育文化娱乐	1544.0	2919.3	855.8	1352.4	2482.7	759.8
(一)教育	1025.4	1913.6	635.7	966.1	1622.6	623.9
(二)文化娱乐	518.6	1005.7	220.1	386.3	860.2	135.9
七、医疗保健	1245.0	1828.1	1028.9	1109.6	1546.0	887.1
(一)医疗器具及药品	496.9	1127.0	532.3	342.6	678.3	165.9
(二)医疗服务	748.2	1715.2	423.4	767.0	867.7	721.2
八、其他用品及服务	185.4	1078.6	141.2	110.9	255.2	34.6
(一)其他用品	132.6	692.3	113.6	46.1	108.1	13.2
(二)其他服务	52.8	386.3	27.6	64.8	147.1	21.4

12-5 续表 4

单位：元/人

指标名称	白水县			富平县		
	全体	城镇	农村	全体	城镇	农村
居民生活消费支出	7085.3	12181.5	4996.2	15936.1	24823.3	12290.1
一、食品烟酒	2622.2	4264.5	1974.6	12198.4	21209.4	8501.5
（一）食品	1360.2	2444.0	933.0	2521.3	3622.1	2069.7
（二）烟酒	262.0	347.3	228.1	1670.9	2223.5	1444.2
（三）饮料	38.5	63.9	28.3	375.5	414.4	359.5
（四）饮食服务	961.6	1409.3	785.1	82.4	119.2	67.3
二、衣着	920.5	1826.3	523.6	392.6	865.0	198.8
（一）衣类	723.5	1426.8	406.3	837.7	1729.7	471.7
（二）鞋类	197.0	399.4	117.3	639.4	1319.3	360.5
三、居住	1824.1	3436.3	1188.8	198.3	410.4	111.2
（一）租赁房房租	17.5	61.9		2925.8	2926.1	2925.7
（二）住房维修及管理	299.4	448.2	240.8	38.9	32.8	41.4
（三）水电燃料及其他	557.0	961.9	397.5	925.6	446.8	1122.1
（四）自有住房折算租金	950.2	1964.2	550.6	534.0	773.9	435.6
四、生活用品及服务	758.4	1297.6	488.3	1427.2	1672.6	1326.6
（一）家具及室内装饰品	78.9	166.0	44.5	844.3	1830.9	439.6
（二）家用器具	354.0	573.6	249.3	298.9	831.8	80.3
（三）家用纺织品	55.7	104.4	36.5	115.0	216.0	73.6
（四）家庭日用杂品	154.0	288.6	101.0	55.0	117.6	29.3
（五）个人用品	94.9	124.1	44.0	284.6	450.9	216.4
（六）家庭服务	21.0	41.0	13.1	86.3	210.7	35.3
五、交通通信	1263.8	2121.8	944.0	4.5	3.9	4.8
（一）交通	824.2	1328.3	604.3	2212.4	5936.5	684.6
（二）通信	439.6	793.5	339.6	1807.6	5296.5	376.3
六、教育文化娱乐	1575.6	2703.7	1270.4	404.8	639.9	308.3
（一）教育	1121.2	1478.2	1120.0	1366.7	2355.1	961.3
（二）文化娱乐	454.4	1225.5	150.5	977.4	1425.4	793.6
七、医疗保健	811.9	1352.7	538.2	389.3	929.6	167.6
（一）医疗器具及药品	315.6	745.5	185.6	1324.9	2497.3	843.9
（二）医疗服务	496.4	607.3	352.7	444.5	880.7	265.5
八、其他用品及服务	183.2	472.0	69.4	880.4	1616.6	578.3
（一）其他用品	101.0	245.8	44.0	165.2	311.8	105.1
（二）其他服务	82.2	226.2	25.5	73.5	88.3	67.4

12-5 续表 5

单位：元/人

指标名称	韩城市			华阴市		
	全体	城镇	农村	全体	城镇	农村
居民生活消费支出	15114.2	20511.1	7995.0	15340.1	21890.1	7714.9
一、食品烟酒	4637.1	6293.8	2451.7	5926.5	8396.9	3308.7
(一)食品	2721.2	3504.6	1687.9	4371.2	6203.2	2487.0
(二)烟酒	641.7	864.9	347.2	647.0	873.5	385.5
(三)饮料	131.7	205.9	33.9	133.8	185.2	75.0
(四)饮食服务	1142.5	1718.5	382.7	774.4	1135.0	361.2
二、衣着	1482.6	2053.1	730.1	1870.1	2890.4	701.0
(一)衣类	1206.7	1698.5	558.0	1198.4	1925.2	365.5
(二)鞋类	275.9	354.6	172.1	671.8	965.2	335.5
三、居住	2078.9	2783.2	1150.0	2655.4	3561.2	1391.7
(一)租赁房房租	40.0		92.7	310.9	455.2	145.5
(二)住房维修及管理	252.1	294.4	196.4	341.8	522.3	135.0
(三)水电燃料及其他	598.4	743.4	407.2	685.6	1013.2	310.2
(四)自有住房折算租金	1188.4	1745.4	453.7	1317.1	1570.5	801.0
四、生活用品及服务	875.0	1202.5	443.0	1028.7	1499.2	489.5
(一)家具及室内装饰品	55.5	82.1	20.3	96.7	153.2	32.0
(二)家用器具	238.7	302.0	155.3	268.7	350.5	175.0
(三)家用纺织品	76.3	98.9	46.5	134.0	216.0	40.0
(四)家庭日用杂品	274.8	363.7	157.5	382.1	547.5	192.5
(五)个人用品	158.6	242.8	47.5	83.4	130.0	30.0
(六)家庭服务	71.1	113.0	16.0	63.8	102.0	20.0
五、交通通信	2894.3	4103.2	1299.6	1566.7	2261.0	771.0
(一)交通	2331.6	3406.0	914.4	929.4	1325.5	475.5
(二)通信	562.7	697.2	385.2	637.3	935.5	295.5
六、教育文化娱乐	1737.5	2396.2	868.6	980.8	1412.7	379.0
(一)教育	1168.2	1490.5	743.0	559.6	850.2	226.5
(二)文化娱乐	569.3	905.7	125.6	421.2	562.5	152.5
七、医疗保健	1187.8	1370.0	947.2	1108.2	1537.7	616.0
(一)医疗器具及药品	654.9	804.9	457.0	689.7	985.2	351.0
(二)医疗服务	532.9	565.1	490.2	418.5	552.5	265.0
八、其他用品及服务	221.0	309.1	104.8	203.8	331.0	58.0
(一)其他用品	129.0	186.6	53.2	107.7	175.5	30.0
(二)其他服务	91.9	122.5	51.6	96.1	155.5	28.0

12-6 分县市区居民人均居住情况（2016 年）

指标名称	单位	渭南市			临渭辖区		
		全体	城镇	农村	全体	城镇	农村
一、现住房情况	—						
(一)人均住房建筑面积	平方米/人	41.5	38.3	42.5	46.9	38.6	50.7
(二)按居住空间样式分的户数比重	—						
1.单栋楼房	%	13.1	16.8	11.8	24.4	9.7	32.3
2.单栋平房	%	59.9	15.3	75.5	45.6	7.2	66.4
3.单元房	%	20.6	67.5	4.3	29.2	83.1	
4.筒子楼或连片平房	%	2.3	0.3	3.1			
5.其他	%	4.0	0.2	5.3	0.8		1.3
(三)按主要建筑材料分的户数比重	—						
1.钢筋混凝土	%	9.3	14.8	7.4	12.1	28.6	3.2
2.砖混材料	%	77.2	83.9	74.9	82.0	71.4	87.7
3.砖瓦砖木	%	12.2	1.3	16.0	5.9		9.1
4.竹草土坯	%	0.1		0.1			
5.其他	%	1.2		1.6			
(三)按房屋来源分的户数比重	—						
1.租赁住房	%	3.5	2.1	4.0	2.9	3.5	2.6
2.自建住房	%	75.7	23.8	93.7	68.0	13.7	97.4
3.购买商品房	%	14.1	50.7	1.3	10.5	29.9	
4.购买房改住房	%	4.0	14.3	0.4	16.3	46.5	
5.购买保障性住房	%	0.4	0.1	0.5			
6.拆迁安置房	%	0.1	0.3		0.4	1.3	
7.继承或获赠住房	%						
8.其他	%	2.3	8.7	0.1	1.8	5.1	
(四)住房外道路为硬化路面的户比重	%	93.7	99.7	91.6	93.7	100.0	90.4
二、生活设施状况	—						
(一)饮用水状况	—						
1.是否有管道设施	—						
①管道供水入户	%	96.6	100.0	95.4	98.9	100.0	98.3
②管道供水至公共取水点	%	0.6		0.8			
③没有管道设施	%	2.8		3.8	1.1		1.7
2.主要饮用水来源	—						
①经过净化处理的自来水	%	83.3	89.7	81.1	93.8	84.8	98.7
②受保护的井水和泉水	%	8.2	8.8	8.0	5.3	13.9	0.6
③不受保护的井水和泉水	%	6.4	1.1	8.2			
④江河湖泊水	%	0.1	0.3		0.5	1.3	
⑤其他饮用水来源	%	2.0	0.1	2.6	0.4		0.6
3.获取饮用水存在的主要困难	—						
①单次取水往返时间超过半小时	%	0.3		0.4			

12-6 续表 1

指标名称	单位	渭南市			临渭辖区		
		全体	城镇	农村	全体	城镇	农村
②间断或定时供水	%	5.6	1.9	6.8	4.0	8.0	1.9
③当年连续缺水超过 15 天	%	1.4		1.9			
④获取饮用水无困难	%	92.7	98.1	90.9	96.0	92.0	98.1
4.饮用前家里采取的主要处理措施							
①煮沸	%	90.2	92.9	89.3	87.5	82.5	90.3
②加漂白剂/氯等	%	3.4	2.9	3.5	8.6	12.2	6.7
③使用水过滤器	%	1.2	1.6	1.0	0.6	1.8	
④其他处理措施	%	0.4	0.3	0.4			
⑤没有任何水处理措施	%	4.9	2.2	5.8	3.2	3.5	3.0
(二)住宅内厕所状况							
1.水冲式卫生厕所	%	33.0	95.4	11.3	33.1	86.1	4.4
2.水冲式非卫生厕所	%	2.1	1.2	2.5	2.2	3.8	1.4
3.卫生旱厕	%	11.6	0.3	15.5	23.9	0.0	36.8
4.普通旱厕	%	52.3	2.9	69.5	40.8	10.1	57.4
5.无厕所	%	1.0	0.2	1.3			
(三)主要炊用能源							
1.天然气、煤气、液化石油气	%	17.9	46.4	7.9	35.4	84.5	8.8
2.煤炭	%	20.9	3.4	27.0	7.4	1.7	10.5
3.电	%	33.1	50.0	27.2	9.3	13.9	6.8
4.沼气	%	0.4		0.5			
5.其他	%	27.7	0.1	37.3	47.9		73.9
三、每百户耐用消费品拥有情况							
(一)家用汽车	辆	18.9	35.5	13.2	18.1	30.5	11.4
(二)摩托车	辆	64.8	35.2	75.0	54.9	18.2	74.8
(三)电冰箱(柜)	台	92.5	97.7	90.7	92.4	95.4	90.8
(四)洗衣机	台	98.3	100.5	97.5	99.8	96.3	101.7
(五)热水器	台	61.4	82.9	54.0	70.0	80.9	64.1
其中：太阳能热水器	台	46.5	56.9	42.8	57.1	52.3	59.7
(六)空调	台	71.5	129.2	51.4	75.5	130.8	45.5
(七)彩色电视机	台	116.2	113.2	117.3	109.1	103.9	111.9
(八)摄像机	台	1.8	4.9	0.7	0.5	1.6	
(九)照相机	台	8.7	24.2	3.4	11.0	29.9	0.8
(十)计算机	台	45.1	75.5	34.5	44.9	74.4	28.9
其中：接入互联网的计算机	台	35.7	65.6	25.3	40.8	69.8	25.1
(十一)中高档乐器	架	1.9	5.0	0.8	2.4	6.9	
(十二)固定电话	部	32.6	40.0	30.1	22.9	25.8	21.3
(十三)移动电话	部	256.4	239.0	262.4	265.5	241.5	278.6
其中：接入互联网的移动电话	部	107.4	96.3	111.2	153.5	150.7	155.0

12-6 续表 2

指标名称	单位	华州区			潼关县		
		全体	城镇	农村	全体	城镇	农村
一、现住房情况							
(一)人均住房建筑面积	平方米/人	45.2	46.4	44.5	41.6	38.7	41.8
(二)按居住空间样式分的户数比重							
1.单栋楼房	%	26.0	43.5	17.3	10.2	59.6	6.5
2.单栋平房	%	55.7	35.0	66.1	88.0	35.8	91.9
3.单元房	%	16.7	21.5	14.2	0.3	4.6	
4.筒子楼或连片平房	%				1.5		1.6
5.其他	%	1.6		2.4			
(三)按主要建筑材料分的户数比重							
1.钢筋混凝土	%	16.7	21.5	14.2	4.6	44.2	1.6
2.砖混材料	%	79.6	78.5	80.2	89.3	55.8	91.8
3.砖瓦砖木	%	3.8		5.6	6.1		6.6
4.竹草土坯	%						
5.其他	%						
(三)按房屋来源分的户数比重							
1.租赁住房	%	1.4	3.2	0.5			
2.自建住房	%	81.9	74.3	85.8	95.3	38.8	99.5
3.购买商品房	%	15.6	19.3	13.7	4.4	56.6	0.5
4.购买房改住房	%	0.3	1.0		0.3	4.6	
5.购买保障性住房	%	0.4	1.3				
6.拆迁安置房	%						
7.继承或获赠住房	%						
8.其他	%	0.3	1.0				
(四)住房外道路为硬化路面的户比重	%	100.0	100.0	100.0	100.0	100.0	100.0
二、生活设施状况							
(一)饮用水状况							
1.是否有管道设施							
①管道供水入户	%	100.0	100.0	100.0	100.0	100.0	100.0
②管道供水至公共取水点	%						
③没有管道设施	%						
2.主要饮用水来源							
①经过净化处理的自来水	%	48.6	99.0	23.3	94.3	100.0	93.9
②受保护的井水和泉水	%				5.7		6.1
③不受保护的井水和泉水	%	51.1		76.7			
④江河湖泊水	%						
⑤其他饮用水来源	%	0.3	1.0				
3.获取饮用水存在的主要困难							
①单次取水往返时间超过半小时	%						

12-6 续表 3

指标名称	单位	华州区			潼关县		
		全体	城镇	农村	全体	城镇	农村
②间断或定时供水	%	1.0		1.4			
③当年连续缺水超过 15 天	%						
④获取饮用水无困难	%	99.0	100.0	98.6	100.0	100.0	100.0
4. 饮用前家里采取的主要处理措施							
①煮沸	%	99.7	99.0	100.0	83.4	86.8	83.2
②加漂白剂/氯等	%				4.6		4.9
③使用水过滤器	%						
④其他处理措施	%				0.3	4.6	
⑤没有任何水处理措施	%	0.3	1.0		11.7	8.7	11.9
(二)住宅内厕所状况							
1. 水冲式卫生厕所	%	41.4	95.5	14.2	24.6	93.3	19.6
2. 水冲式非卫生厕所	%	11.1	1.3	16.1	2.0	6.7	1.6
3. 卫生旱厕	%	9.7	3.2	12.9	7.5		8.1
4. 普通旱厕	%	37.8		56.8	65.9		70.7
5. 无厕所	%						
(三)主要炊用能源							
1. 天然气、煤气、液化石油气	%	35.4	57.3	24.4	6.7	5.6	6.8
2. 煤炭	%	2.7	8.2		26.0	38.6	25.1
3. 电	%	13.4	34.5	2.8	47.6	55.8	47.0
4. 沼气	%						
5. 其他	%	48.5		72.8	19.7		21.1
三、每百户耐用消费品拥有情况							
(一)家用汽车	辆	11.5	15.3	9.6	16.1	32.7	14.9
(二)摩托车	辆	48.6	51.9	46.9	71.9	27.1	75.2
(三)电冰箱(柜)	台	93.4	95.9	92.1	91.8	99.0	91.3
(四)洗衣机	台	99.6	101.3	98.8	98.8	111.3	97.9
(五)热水器	台	79.3	94.8	71.5	65.9	79.7	64.9
其中：太阳能热水器	台	64.2	88.4	52.1	48.2	29.1	49.6
(六)空调	台	86.3	106.1	76.3	63.9	114.8	60.1
(七)彩色电视机	台	114.1	114.7	113.9	134.5	128.1	134.9
(八)摄像机	台						
(九)照相机	台	16.6	39.4	5.2	3.2	26.0	1.5
(十)计算机	台	52.1	71.6	42.3	50.1	64.3	49.0
其中：接入互联网的计算机	台	36.2	57.2	25.7	41.4	58.8	40.1
(十一)中高档乐器	架	1.8	5.4				
(十二)固定电话	部	39.6	47.6	35.5	78.0	70.5	78.6
(十三)移动电话	部	260.5	279.4	251.1	283.8	271.5	284.7
其中：接入互联网的移动电话	部	43.7	62.6	34.2	226.8	262.3	224.1

12-6 续表 4

指标名称	单位	大荔县			合阳县		
		全体	城镇	农村	全体	城镇	农村
一、现住房情况							
(一)人均住房建筑面积	平方米/人	41.6	38.7	41.8	43.6	43.3	43.6
(二)按居住空间样式分的户数比重							
1.单栋楼房	%	10.2	59.6	6.5	3.2	30.3	1.1
2.单栋平房	%	88.0	35.8	91.9	87.0	5.5	93.3
3.单元房	%	0.3	4.6		7.4	64.2	3.0
4.筒子楼或连片平房	%	1.5		1.6			
5.其他	%				2.4		2.6
(三)按主要建筑材料分的户数比重							
1.钢筋混凝土	%	4.6	44.2	1.6	6.0	44.4	3.0
2.砖混材料	%	89.3	55.8	91.8	73.9	55.6	75.3
3.砖瓦砖木	%	6.1		6.6	20.1		21.7
4.竹草土坯	%						
5.其他	%						
(三)按房屋来源分的户数比重							
1.租赁住房	%				0.3		0.3
2.自建住房	%	95.3	38.8	99.5	92.6	35.8	97.0
3.购买商品房	%	4.4	56.6	0.5	7.1	64.2	2.7
4.购买房改住房	%	0.3	4.6				
5.购买保障性住房	%						
6.拆迁安置房	%						
7.继承或获赠住房	%						
8.其他	%						
(四)住房外道路为硬化路面的户比重	%	100.0	100.0	100.0	100.0	100.0	100.0
二、生活设施状况							
(一)饮用水状况							
1.是否有管道设施							
①管道供水入户	%	100.0	100.0	100.0	100.0	100.0	100.0
②管道供水至公共取水点	%						
③没有管道设施	%						
2.主要饮用水来源							
①经过净化处理的自来水	%	94.3	100.0	93.9	100.0	100.0	100.0
②受保护的井水和泉水	%	5.7		6.1			
③不受保护的井水和泉水	%						
④江河湖泊水	%						
⑤其他饮用水来源	%						
3.获取饮用水存在的主要困难							
①单次取水往返时间超过半小时	%						

12-6 续表 5

指标名称	单位	大荔县			合阳县		
		全体	城镇	农村	全体	城镇	农村
②间断或定时供水	%						
③当年连续缺水超过 15 天	%						
④获取饮用水无困难	%	100.0	100.0	100.0	100.0	100.0	100.0
4.饮用前家里采取的主要处理措施							
①煮沸	%	83.4	86.8	83.2	99.7	96.5	100.0
②加漂白剂/氯等	%	4.6		4.9			
③使用水过滤器	%						
④其他处理措施	%	0.3	4.6		0.3	3.5	
⑤没有任何水处理措施	%	11.7	8.7	11.9			
(二)住宅内厕所状况							
1.水冲式卫生厕所	%	24.6	93.3	19.6	9.8	96.5	3.0
2.水冲式非卫生厕所	%	2.0	6.7	1.6			
3.卫生旱厕	%	7.5		8.1			
4.普通旱厕	%	65.9		70.7	89.2	3.5	95.8
5.无厕所	%				1.1		1.2
(三)主要炊用能源							
1.天然气、煤气、液化石油气	%	6.7	5.6	6.8	0.5	6.5	
2.煤炭	%	26.0	38.6	25.1	8.7	10.5	8.6
3.电	%	47.6	55.8	47.0	90.8	83.0	91.4
4.沼气	%						
5.其他	%	19.7		21.1			
三、每百户耐用消费品拥有情况							
(一)家用汽车	辆	16.1	32.7	14.9	16.7	51.7	14.0
(二)摩托车	辆	71.9	27.1	75.2	67.3	38.0	69.6
(三)电冰箱(柜)	台	91.8	99.0	91.3	98.5	100.0	98.4
(四)洗衣机	台	98.8	111.3	97.9	94.3	124.5	92.0
(五)热水器	台	65.9	79.7	64.9	56.7	160.7	48.6
其中：太阳能热水器	台	48.2	29.1	49.6	21.9	49.9	19.7
(六)空调	台	63.9	114.8	60.1	35.1	91.9	30.7
(七)彩色电视机	台	134.5	128.1	134.9	116.0	129.2	115.0
(八)摄像机	台				0.7	6.5	0.3
(九)照相机	台	3.2	26.0	1.5	7.6	36.8	5.3
(十)计算机	台	50.1	64.3	49.0	50.7	108.2	46.3
其中：接入互联网的计算机	台	41.4	58.8	40.1	41.8	96.5	37.5
(十一)中高档乐器	架				1.9	22.2	0.3
(十二)固定电话	部	78.0	70.5	78.6	23.0	10.0	24.0
(十三)移动电话	部	283.8	271.5	284.7	280.0	373.2	272.8
其中：接入互联网的移动电话	部	226.8	262.3	224.1	94.6	91.0	94.8

12-6 续表 6

指标名称	单位	澄城县			蒲城县		
		全体	城镇	农村	全体	城镇	农村
一、现住房情况							
(一)人均住房建筑面积	平方米/人	42.0	28.2	48.3	45.0	36.1	46.5
(二)按居住空间样式分的户数比重							
1.单栋楼房	%				19.8	20.4	19.7
2.单栋平房	%	5.7	5.6	5.7	71.7	22.1	80.3
3.单元房	%	31.3	94.4	0.9	7.8	53.2	
4.筒子楼或连片平房	%	27.2		40.4	0.6	4.3	
5.其他	%	35.8		53.0			
(三)按主要建筑材料分的户数比重							
1.钢筋混凝土	%	1.8	3.6	0.9	3.8	7.8	3.1
2.砖混材料	%	39.4	93.1	13.5	87.2	89.7	86.8
3.砖瓦砖木	%	43.7	3.3	63.2	8.4	2.5	9.4
4.竹草土坯	%				0.6		0.7
5.其他	%	15.1		22.4			
(三)按房屋来源分的户数比重							
1.租赁住房	%	2.4		3.6	0.8	5.2	
2.自建住房	%	63.8		94.6	90.5	35.1	100.0
3.购买商品房	%	32.6	96.4	1.8	8.8	59.6	
4.购买房改住房	%						
5.购买保障性住房	%						
6.拆迁安置房	%						
7.继承或获赠住房	%						
8.其他	%	1.2	3.6				
(四)住房外道路为硬化路面的户比重	%	87.3	100.0	81.2	95.6	95.7	95.5
二、生活设施状况							
(一)饮用水状况							
1.是否有管道设施							
①管道供水入户	%	100.0	100.0	100.0	100.0	100.0	100.0
②管道供水至公共取水点	%						
③没有管道设施	%						
2.主要饮用水来源							
①经过净化处理的自来水	%	96.6	100.0	95.0	100.0	100.0	100.0
②受保护的井水和泉水	%	1.2		1.8			
③不受保护的井水和泉水	%	2.1		3.2			
④江河湖泊水	%						
⑤其他饮用水来源	%						
3.获取饮用水存在的主要困难							
①单次取水往返时间超过半小时	%						

12-6 续表 7

指标名称	单位	澄城县			蒲城县		
		全体	城镇	农村	全体	城镇	农村
②间断或定时供水	%	1.2		1.8			
③当年连续缺水超过 15 天	%						
④获取饮用水无困难	%	98.8	100.0	98.2	100.0	100.0	100.0
4. 饮用前家里采取的主要处理措施							
①煮沸	%	92.9	96.4	91.3	98.6	100.0	98.4
②加漂白剂/氯等	%						
③使用水过滤器	%				1.4		1.6
④其他处理措施	%	1.7		2.5			
⑤没有任何水处理措施	%	5.4	3.6	6.2			
(二)住宅内厕所状况							
1. 水冲式卫生厕所	%	33.1	100.0	0.9	16.4	95.1	2.8
2. 水冲式非卫生厕所	%				1.2		1.5
3. 卫生旱厕	%				17.2		20.1
4. 普通旱厕	%	58.2		86.2	63.8	4.9	74.0
5. 无厕所	%	8.7		12.9	1.4		1.6
(三)主要炊用能源							
1. 天然气、煤气、液化石油气	%	2.9	8.8		9.5	54.5	1.7
2. 煤炭	%	9.0		13.4	9.9	6.7	10.4
3. 电	%	47.1	91.2	25.8	22.1	38.8	19.2
4. 沼气	%						
5. 其他	%	41.0		60.8	58.6		68.7
三、每百户耐用消费品拥有情况							
(一)家用汽车	辆	15.5	25.0	10.9	18.2	36.7	15.1
(二)摩托车	辆	59.8	30.0	74.2	58.1	22.3	64.2
(三)电冰箱(柜)	台	90.8	96.7	87.9	99.9	100.0	99.9
(四)洗衣机	台	93.3	96.7	91.6	101.2	100.0	101.5
(五)热水器	台	58.9	95.1	41.5	67.9	74.5	66.7
其中：太阳能热水器	台	42.6	66.7	31.0	58.1	56.9	58.4
(六)空调	台	36.9	89.8	11.4	80.9	138.9	70.9
(七)彩色电视机	台	107.7	103.7	109.6	109.2	106.7	109.6
(八)摄像机	台	1.9	5.9		1.3	8.8	
(九)照相机	台	2.9	8.8		5.2	25.8	1.6
(十)计算机	台	40.2	64.6	28.4	32.7	84.3	23.8
其中：接入互联网的计算机	台	35.9	57.7	25.4	27.9	80.1	19.0
(十一)中高档乐器	架	0.3		0.4			
(十二)固定电话	部	37.8	39.5	36.9	21.0	52.9	15.5
(十三)移动电话	部	248.4	214.5	264.7	261.5	238.8	265.3
其中：接入互联网的移动电话	部	56.7	43.7	63.0	148.9	136.0	151.1

12-6 续表 8

指标名称	单位	白水县			富平县		
		全体	城镇	农村	全体	城镇	农村
一、现住房情况							
(一)人均住房建筑面积	平方米/人	32.9	39.2	31.1	45.5	52.7	44.5
(二)按居住空间样式分的户数比重							
1.单栋楼房	%	9.6	29.6	2.2	16.1	57.9	9.6
2.单栋平房	%	72.0	13.1	93.8	70.6		81.5
3.单元房	%	15.2	54.5	0.7	8.5	42.1	3.3
4.筒子楼或连片平房	%						
5.其他	%	3.1	2.7	3.3	4.8		5.6
(三)按主要建筑材料分的户数比重							
1.钢筋混凝土	%	6.2	22.9		11.6	24.3	9.6
2.砖混材料	%	52.3	71.7	45.1	80.2	75.7	80.9
3.砖瓦砖木	%	41.6	5.4	54.9	8.2	0.0	9.5
4.竹草土坯	%						
5.其他	%						
(三)按房屋来源分的户数比重							
1.租赁住房	%	1.5	5.4		1.9	2.9	1.7
2.自建住房	%	77.1	19.4	98.5	86.4	47.8	92.3
3.购买商品房	%	21.4	75.2	1.5	6.2	46.1	
4.购买房改住房	%				2.5	1.7	2.6
5.购买保障性住房	%				2.9		3.3
6.拆迁安置房	%						
7.继承或获赠住房	%						
8.其他	%				0.2	1.5	
(四)住房外道路为硬化路面的户比重	%	71.0	100.0	60.2	92.4	100.0	91.3
二、生活设施状况							
(一)饮用水状况							
1.是否有管道设施							
①管道供水入户	%	95.1	100.0	93.3	88.9	100.0	87.2
②管道供水至公共取水点	%				4.8		5.6
③没有管道设施	%	4.9		6.7	6.2		7.2
2.主要饮用水来源							
①经过净化处理的自来水	%	73.3	97.2	64.4	64.3	70.1	63.4
②受保护的井水和泉水	%	24.5	2.8	32.6	26.1	28.2	25.8
③不受保护的井水和泉水	%	2.2		3.0	3.4	1.7	3.7
④江河湖泊水	%						
⑤其他饮用水来源	%				6.2		7.2
3.获取饮用水存在的主要困难							
①单次取水往返时间超过半小时	%						

12-6 续表 9

指标名称	单位	白水县			富平县		
		全体	城镇	农村	全体	城镇	农村
②间断或定时供水	%	4.1		5.6	19.0		21.9
③当年连续缺水超过 15 天	%				6.2		7.2
④获取饮用水无困难	%	95.9	100.0	94.4	74.8	100.0	70.9
4.饮用前家里采取的主要处理措施							
①煮沸	%	100.0	100.0	100.0	66.9	77.1	65.4
②加漂白剂/氯等	%				7.2		8.3
③使用水过滤器	%				6.4	10.6	5.7
④其他处理措施	%				1.2	1.7	1.1
⑤没有任何水处理措施	%				18.3	10.6	19.5
(二)住宅内厕所状况							
1.水冲式卫生厕所	%	27.5	97.3	1.7	32.3	98.5	22.1
2.水冲式非卫生厕所	%	6.0		8.3	2.8		3.3
3.卫生旱厕	%	2.4		3.3	11.9		13.8
4.普通旱厕	%	63.3		86.8	52.9	1.5	60.9
5.无厕所	%	0.7	2.7				
(三)主要炊用能源							
1.天然气、煤气、液化石油气	%	3.6	13.2		15.0	91.2	3.3
2.煤炭	%	40.4		55.4	63.3	1.5	72.8
3.电	%	25.5	86.8	2.9	8.7	7.3	8.9
4.沼气	%				3.2		3.7
5.其他	%	30.4		41.7	9.8		11.3
三、每百户耐用消费品拥有情况							
(一)家用汽车	辆	16.3	36.8	8.7	17.3	35.4	14.5
(二)摩托车	辆	79.1	39.4	93.8	78.6	33.2	85.6
(三)电冰箱(柜)	台	80.9	100.1	73.8	82.0	98.5	79.5
(四)洗衣机	台	98.2	108.4	94.3	94.9	98.5	94.3
(五)热水器	台	48.5	90.7	32.9	49.7	55.9	48.8
其中：太阳能热水器	台	38.8	63.2	29.7	36.8	8.3	41.2
(六)空调	台	21.7	68.3	4.4	63.9	112.8	56.4
(七)彩色电视机	台	107.4	113.7	105.0	125.4	101.7	129.0
(八)摄像机	台	1.2		1.7	1.7	6.5	0.9
(九)照相机	台	7.3	23.0	1.5	7.3	14.5	6.2
(十)计算机	台	53.8	73.6	46.5	23.2	46.5	19.6
其中：接入互联网的计算机	台	21.1	62.1	5.9	22.0	41.6	19.0
(十一)中高档乐器	架	0.6	2.4		0.9	4.8	0.3
(十二)固定电话	部	27.7	58.5	16.3	17.8	61.5	11.0
(十三)移动电话	部	261.2	225.5	274.5	211.0	174.2	216.7
其中：接入互联网的移动电话	部	134.6	117.8	140.8	54.7	123.4	44.2

12-6 续表 10

指标名称	单位	韩城市			华阴市		
		全体	城镇	农村	全体	城镇	农村
一、现住房情况							
(一)人均住房建筑面积	平方米/人	33.1	38.1	29.4	28.6	31.2	26.9
(二)按居住空间样式分的户数比重							
1.单栋楼房	%	3.3	3.0	3.6			
2.单栋平房	%	35.6	4.5	62.3	75.2	50.1	100.0
3.单元房	%	61.1	92.5	34.1	24.8	49.9	
4.筒子楼或连片平房	%						
5.其他	%						
(三)按主要建筑材料分的户数比重							
1.钢筋混凝土	%	1.4		2.6	36.5		72.5
2.砖混材料	%	92.0	97.4	87.3	63.5	100.0	27.5
3.砖瓦砖木	%	6.7	2.6	10.2			
4.竹草土坯	%						
5.其他	%						
(三)按房屋来源分的户数比重							
1.租赁住房	%	19.8		36.8			
2.自建住房	%	41.6	18.0	61.9	56.3	12.0	100.0
3.购买商品房	%	25.8	55.8		24.8	49.9	
4.购买房改住房	%				12.5	25.1	
5.购买保障性住房	%						
6.拆迁安置房	%						
7.继承或获赠住房	%						
8.其他	%	12.8	26.2	1.3	6.4	12.9	
(四)住房外道路为硬化路面的户比重	%	91.1	100.0	83.4	100.0	100.0	100.0
二、生活设施状况							
(一)饮用水状况							
1.是否有管道设施							
①管道供水入户	%	88.9	100.0	79.4	100.0	100.0	100.0
②管道供水至公共取水点	%						
③没有管道设施	%	11.1		20.6			
2.主要饮用水来源							
①经过净化处理的自来水	%	54.7	76.4	36.1	100.0	100.0	100.0
②受保护的井水和泉水	%	15.2	18.3	12.6			
③不受保护的井水和泉水	%	23.1	5.2	38.5			
④江河湖泊水	%						
⑤其他饮用水来源	%	6.9		12.9			
3.获取饮用水存在的主要困难							
①单次取水往返时间超过半小时	%	2.1		3.9			

12-6 续表 11

指标名称	单位	韩城市			华阴市		
		全体	城镇	农村	全体	城镇	农村
②间断或定时供水	%	19.5		36.2			
③当年连续缺水超过 15 天	%	4.3		8.0			
④获取饮用水无困难	%	74.2	100.0	52.0	100.0	100.0	100.0
4. 饮用前家里采取的主要处理措施							
①煮沸	%	96.7	97.4	96.0	93.3	100.0	86.7
②加漂白剂/氯等	%				6.7		13.3
③使用水过滤器	%	1.2	2.6				
④其他处理措施	%						
⑤没有任何水处理措施	%	2.1		4.0			
(二) 住宅内厕所状况							
1. 水冲式卫生厕所	%	66.3	100.0	37.4	49.7	100.0	
2. 水冲式非卫生厕所	%						
3. 卫生旱厕	%	5.9		11.0	6.7		13.3
4. 普通旱厕	%	27.8		51.7	43.6		86.7
5. 无厕所	%						
(三) 主要炊用能源							
1. 天然气、煤气、液化石油气	%	22.8	46.5	2.4	47.5	8.6	85.8
2. 煤炭	%	32.1	1.5	58.4	2.9		5.7
3. 电	%	34.2	52.0	18.9	49.7	91.4	8.5
4. 沼气	%						
5. 其他	%	10.9		20.2			
三、每百户耐用消费品拥有情况							
(一) 家用汽车	辆	45.9	71.9	23.7	5.3	10.7	
(二) 摩托车	辆	56.7	31.8	78.2	84.3	80.2	88.4
(三) 电冰箱(柜)	台	99.5	100.3	98.8	97.2	95.9	98.5
(四) 洗衣机	台	100.0	102.6	97.7	99.9	97.1	102.7
(五) 热水器	台	60.9	77.3	46.8	55.4	84.3	27.0
其中：太阳能热水器	台	47.1	62.1	34.2	40.8	59.2	22.7
(六) 空调	台	105.0	159.2	58.5	136.5	169.2	104.2
(七) 彩色电视机	台	113.6	121.1	107.2	113.6	124.6	102.8
(八) 摄像机	台	5.2	6.6	4.0	7.0	11.2	2.8
(九) 照相机	台	15.9	23.1	9.7	10.1	17.4	2.8
(十) 计算机	台	66.2	87.3	48.1	47.2	82.1	12.7
其中：接入互联网的计算机	台	52.5	73.0	34.9	41.7	76.7	7.1
(十一) 中高档乐器	架	8.8	9.6	8.1	0.6	1.2	
(十二) 固定电话	部	31.5	38.5	25.4	43.2	45.9	40.6
(十三) 移动电话	部	243.1	241.9	244.3	225.1	224.7	225.4
其中：接入互联网的移动电话	部	62.6	73.0	53.7	2.4	3.4	1.4

12-7 分县市区居民食品及能源消费情况（2016 年）

指标名称	单位	渭南市			临渭辖区		
		全体	城镇	农村	全体	城镇	农村
一、粮食	公斤/人	112.1	103.1	114.8	127.5	90.9	144.2
(一)谷物	公斤/人	104.0	92.2	107.6	118.1	79.8	135.6
1.大米	公斤/人	85.1	71.8	89.2	98.1	59.2	115.9
2.面粉	公斤/人	10.2	15.9	8.5	13.6	17.4	11.9
3.玉米	公斤/人	6.6	0.8	8.4	4.9	0.8	6.8
4.其他谷物及制品	公斤/人	2.1	3.8	1.6	1.4	2.4	1.0
(二)薯类	公斤/人	1.7	2.1	1.6	2.3	2.9	2.0
1.红薯	公斤/人	0.6	0.7	0.6	0.8	0.8	0.7
2.马铃薯	公斤/人	0.8	0.9	0.7	1.1	1.5	0.9
3.其他薯类及制品	公斤/人	0.4	0.5	0.3	0.4	0.5	0.4
(三)豆类	公斤/人	6.3	8.7	5.5	7.1	8.2	6.5
1.大豆	公斤/人	0.2	0.2	0.1	0.2	0.5	0.1
2.其他豆类及制品	公斤/人	6.1	8.5	5.4	6.8	7.8	6.4
二、食用油	公斤/人	10.3	12.0	9.9	10.5	10.1	10.6
(一)食用植物油	公斤/人	10.3	11.8	9.8	10.4	10.0	10.5
(二)食用动物油	公斤/人	0.1	0.1	0.1	0.1	0.1	0.1
三、蔬菜及食用菌	公斤/人	71.4	99.0	63.0	80.9	94.9	74.5
(一)鲜菜	公斤/人	68.9	95.7	60.8	78.0	90.2	72.4
(二)干菜及菜制品	公斤/人	1.5	1.2	1.7	1.0	1.3	0.9
(三)鲜菌	公斤/人	0.9	1.9	0.5	1.8	3.2	1.1
(四)干菌及制品	公斤/人	0.1	0.1	0.1	0.1	0.1	0.1
四、肉禽及制品	公斤/人	8.7	12.9	7.4	9.3	12.5	7.9
(一)肉类	公斤/人	7.6	11.1	6.6	7.4	9.5	6.4
1.猪肉	公斤/人	5.9	7.6	5.4	5.6	6.4	5.2
2.牛肉	公斤/人	0.3	0.5	0.2		0.1	
3.羊肉	公斤/人	0.3	0.6	0.2	0.2	0.4	0.1
4.其他肉类及制品	公斤/人	1.2	2.4	0.8	1.6	2.7	1.1
(二)禽类	公斤/人	1.1	1.9	0.8	2.0	3.0	1.5
1.鸡	公斤/人	0.8	1.4	0.7	1.4	2.2	1.0
2.鸭	公斤/人		0.1				
3.鹅	公斤/人						
4.其他禽类及制品	公斤/人	0.2	0.4	0.2	0.5	0.8	0.4
五、水产品	公斤/人	1.1	2.2	0.8	1.6	3.1	1.0
(一)鱼类	公斤/人	0.8	1.6	0.6	1.1	2.0	0.7
(二)虾蟹贝类	公斤/人	0.1	0.2		0.2	0.3	0.1
(三)藻类	公斤/人	0.1	0.1	0.1		0.1	
(四)其他水产品及制品	公斤/人	0.1	0.3	0.1	0.3	0.6	0.1
六、蛋类	公斤/人	6.3	8.8	5.6	7.8	9.5	7.0
(一)鲜蛋	公斤/人	6.2	8.5	5.5	7.6	9.2	6.9
(二)蛋制品	公斤/人	0.1	0.3	0.1	0.2	0.3	0.1

12-7 续表 1

指标名称	单位	渭南市			临渭辖区		
		全体	城镇	农村	全体	城镇	农村
七、奶类	公斤/人	9.3	18.9	6.5	11.9	21.0	7.8
(一)鲜奶	公斤/人	4.7	11.2	2.7	3.7	8.6	1.5
(二)酸奶	公斤/人	1.9	3.3	1.4	1.6	3.3	0.9
(三)奶粉	公斤/人	0.9	1.0	0.8	0.5	0.7	0.4
(四)其他奶制品	公斤/人	1.9	3.4	1.5	6.0	8.4	5.0
八、干鲜瓜果类	公斤/人	34.8	59.9	27.2	45.1	70.4	33.5
(一)鲜瓜果	公斤/人	31.3	53.5	24.5	40.9	64.2	30.3
(二)瓜果制品	公斤/人	0.8	1.3	0.6	1.0	1.4	0.8
(三)坚果类	公斤/人	2.7	5.0	2.1	3.2	4.9	2.4
九、糖果糕点类	公斤/人	3.9	6.7	3.0	5.3	7.9	4.1
(一)食糖	公斤/人	0.9	1.1	0.8	0.9	1.1	0.8
(二)糖果	公斤/人	0.3	0.5	0.3	0.3	0.5	0.3
(三)糕点	公斤/人	2.1	4.0	1.5	3.8	5.9	2.9
(四)其他糖果糕点	公斤/人	0.6	1.2	0.4	0.2	0.4	0.1
十、生活用电	度/人	473.8	721.8	398.9	463.0	661.0	372.5
金额	元/人	244.1	375.9	204.3	238.6	350.0	187.6
十一、生活用燃料							
(一)燃气							
1.罐装液化石油气	公斤/人	3.3	6.1	2.5	3.6	0.9	4.8
金额	元/人	16.7	20.4	15.6	29.5	8.3	39.1
2.管道液化石油气	立方米/人	0.6	2.4		3.0	9.5	
金额	元/人	1.2	5.1	0.1	5.9	18.8	
3.管道煤气	立方米/人	0.4	0.3	0.4			
金额	元/人	2.0	1.2	2.3			
4.管道天然气	立方米/人	19.5	80.8	0.9	25.3	80.2	0.2
金额	元/人	28.4	116.9	1.7	50.4	159.4	0.6
(二)燃料用油							
1.汽油	升/人	0.3	0.9	0.1			
金额	元/人	2.0	6.8	0.6			
2.柴油	升/人						
金额	元/人		0.1				
3.其他油	升/人						
金额	元/人		0.1				
(三)其他燃料							
1.煤炭	公斤/人	177.1	77.4	207.2	113.6	37.6	148.3
金额	元/人	161.3	84.1	184.6	116.0	40.1	150.7
2.柴	公斤/人						
金额	元/人	0.1		0.1			
3.草	公斤/人						
金额	元/人						
4.沼气	公斤/人	0.1	0.2				
金额	元/人	0.1	0.5				
5.其他	元/人	0.1	0.1		0.1		0.2

12-7 续表 2

指标名称	单位	华州区			潼关县		
		全体	城镇	农村	全体	城镇	农村
一、粮食	公斤/人	109.4	131.8	96.7	97.0	100.7	95.5
(一)谷物	公斤/人	99.9	120.1	88.6	86.2	92.1	83.9
1.大米	公斤/人	77.1	88.2	70.8	64.3	71.8	61.3
2.面粉	公斤/人	18.7	23.7	15.9	12.5	15.6	11.2
3.玉米	公斤/人	1.1	2.3	0.5	5.6	0.1	7.8
4.其他谷物及制品	公斤/人	3.0	5.9	1.4	3.9	4.7	3.6
(二)薯类	公斤/人	1.1	1.7	0.8	2.2	1.3	2.5
1.红薯	公斤/人	0.6	0.6	0.6	0.9	0.5	1.1
2.马铃薯	公斤/人	0.1	0.2	0.1	0.7	0.4	0.8
3.其他薯类及制品	公斤/人	0.4	1.0	0.1	0.6	0.5	0.6
(三)豆类	公斤/人	8.3	10.0	7.3	8.6	7.2	9.1
1.大豆	公斤/人	0.1		0.2	0.4		0.6
2.其他豆类及制品	公斤/人	8.2	10.0	7.1	8.1	7.2	8.5
二、食用油	公斤/人	10.5	14.2	8.4	9.5	11.5	8.6
(一)食用植物油	公斤/人	10.5	14.2	8.4	9.4	11.5	8.6
(二)食用动物油	公斤/人			0.1			
三、蔬菜及食用菌	公斤/人	94.3	110.6	85.1	74.7	85.1	70.5
(一)鲜菜	公斤/人	90.6	106.3	81.8	73.3	83.9	69.1
(二)干菜及菜制品	公斤/人	1.8	1.2	2.2	0.8	0.7	0.8
(三)鲜菌	公斤/人	1.7	2.9	1.0	0.6	0.4	0.6
(四)干菌及制品	公斤/人	0.2	0.2	0.1	0.1	0.1	
四、肉禽及制品	公斤/人	11.5	14.5	9.9	9.5	11.3	8.8
(一)肉类	公斤/人	9.9	11.7	8.8	8.5	9.8	7.9
1.猪肉	公斤/人	6.7	7.4	6.3	5.8	6.1	5.6
2.牛肉	公斤/人	0.8	1.1	0.6	0.3	0.6	0.1
3.羊肉	公斤/人	0.3	0.4	0.2	0.2	0.6	0.1
4.其他肉类及制品	公斤/人	2.1	2.8	1.7	2.2	2.5	2.1
(二)禽类	公斤/人	1.7	2.7	1.1	1.0	1.5	0.8
1.鸡	公斤/人	0.9	1.8	0.4	0.7	0.9	0.7
2.鸭	公斤/人	0.1	0.1	0.1			
3.鹅	公斤/人						
4.其他禽类及制品	公斤/人	0.7	0.8	0.6	0.3	0.6	0.1
五、水产品	公斤/人	1.6	2.6	1.1	1.2	2.0	0.9
(一)鱼类	公斤/人	1.2	1.7	0.9	0.9	1.4	0.7
(二)虾蟹贝类	公斤/人	0.2	0.5			0.1	
(三)藻类	公斤/人				0.1		0.1
(四)其他水产品及制品	公斤/人	0.2	0.4	0.1	0.2	0.6	0.1
六、蛋类	公斤/人	7.1	8.1	6.6	5.7	6.4	5.5
(一)鲜蛋	公斤/人	6.8	7.5	6.4	5.6	6.0	5.4
(二)蛋制品	公斤/人	0.3	0.6	0.2	0.2	0.4	

12-7 续表 3

指标名称	单位	华州区			潼关县		
		全体	城镇	农村	全体	城镇	农村
七、奶类	公斤/人	12.3	20.1	7.8	10.0	11.0	9.6
(一)鲜奶	公斤/人	7.2	15.3	2.5	3.9	6.1	3.0
(二)酸奶	公斤/人	2.1	3.9	1.1	3.3	3.3	3.3
(三)奶粉	公斤/人	0.6	0.4	0.7	0.7	0.5	0.7
(四)其他奶制品	公斤/人	2.4	0.5	3.5	2.1	1.1	2.5
八、干鲜瓜果类	公斤/人	47.1	63.8	37.6	37.7	42.8	35.6
(一)鲜瓜果	公斤/人	42.6	57.8	34.1	34.9	39.7	33.1
(二)瓜果制品	公斤/人	0.5	0.7	0.4	0.4	0.5	0.4
(三)坚果类	公斤/人	4.0	5.4	3.2	2.3	2.7	2.2
九、糖果糕点类	公斤/人	3.1	4.2	2.5	3.7	4.4	3.4
(一)食糖	公斤/人	1.3	1.5	1.1	1.5	1.0	1.6
(二)糖果	公斤/人	0.5	1.1	0.2	0.3	0.4	0.2
(三)糕点	公斤/人	1.0	1.4	0.8	1.9	2.9	1.5
(四)其他糖果糕点	公斤/人	0.3	0.2	0.4	0.1	0.1	
十、生活用电	度/人	627.6	909.3	469.0	565.2	861.9	447.0
金额	元/人	319.2	465.4	237.0	283.7	433.8	223.9
十一、生活用燃料							
(一)燃气							
1.罐装液化石油气	公斤/人	11.6	18.9	7.5	4.6	3.6	5.1
金额	元/人	45.2	49.4	42.8	13.6	26.8	8.4
2.管道液化石油气	立方米/人	0.3	0.7	0.1	0.4	1.4	
金额	元/人	0.7	1.5	0.2	1.2	4.4	
3.管道煤气	立方米/人	0.5	0.5	0.5			
金额	元/人	1.7	1.9	1.6			
4.管道天然气	立方米/人	6.1	15.3	0.9	2.0	1.7	2.1
金额	元/人	17.5	44.1	2.6	6.6	6.2	6.8
(二)燃料用油							
1.汽油	升/人				0.1	0.4	
金额	元/人				0.7	2.5	
2.柴油	升/人						
金额	元/人	0.1		0.2			
3.其他油	升/人				0.1	0.3	
金额	元/人				0.3	1.2	
(三)其他燃料							
1.煤炭	公斤/人	124.3	187.7	88.6	135.4	134.5	135.8
金额	元/人	113.9	169.1	82.9	127.1	179.5	106.3
2.柴	公斤/人	0.1		0.2			
金额	元/人	1.1		1.8			
3.草	公斤/人						
金额	元/人						
4.沼气	公斤/人	0.1		0.1			
金额	元/人	0.2		0.3			
5.其他	元/人				0.7	2.5	

12-7 续表 4

指标名称	单位	大荔县			合阳县		
		全体	城镇	农村	全体	城镇	农村
一、粮食	公斤/人	131.7	121.8	132.4	140.2	91.2	144.0
(一)谷物	公斤/人	124.1	106.7	125.3	135.8	83.1	139.9
1. 大米	公斤/人	98.3	85.6	99.2	123.0	65.9	127.4
2. 面粉	公斤/人	8.9	15.7	8.4	4.6	10.8	4.2
3. 玉米	公斤/人	15.8	0.5	16.9	5.4		5.8
4. 其他谷物及制品	公斤/人	1.0	4.8	0.8	2.8	6.4	2.5
(二)薯类	公斤/人	1.8	3.4	1.7	0.4	0.8	0.4
1. 红薯	公斤/人	0.4	1.1	0.4	0.2	0.5	0.1
2. 马铃薯	公斤/人	1.0	1.8	1.0			
3. 其他薯类及制品	公斤/人	0.4	0.5	0.4	0.3	0.3	0.2
(三)豆类	公斤/人	5.8	11.7	5.4	4.0	7.3	3.7
1. 大豆	公斤/人	0.3	0.2	0.3		0.2	
2. 其他豆类及制品	公斤/人	5.6	11.5	5.1	4.0	7.1	3.7
二、食用油	公斤/人	9.4	9.5	9.4	7.2	11.1	6.9
(一)食用植物油	公斤/人	9.4	9.4	9.4	7.2	11.1	6.9
(二)食用动物油	公斤/人		0.1				
三、蔬菜及食用菌	公斤/人	49.0	95.8	45.7	55.2	78.5	53.4
(一)鲜菜	公斤/人	48.0	92.2	44.9	46.3	74.6	44.1
(二)干菜及菜制品	公斤/人	0.4	0.8	0.3	8.4	1.9	8.9
(三)鲜菌	公斤/人	0.6	2.5	0.4	0.4	1.8	0.3
(四)干菌及制品	公斤/人	0.1	0.3			0.2	
四、肉禽及制品	公斤/人	7.1	12.4	6.7	7.1	11.7	6.7
(一)肉类	公斤/人	5.8	9.6	5.5	6.2	10.3	5.9
1. 猪肉	公斤/人	4.5	7.3	4.3	5.3	7.1	5.2
2. 牛肉	公斤/人	0.4	0.9	0.4	0.3	1.3	0.2
3. 羊肉	公斤/人	0.1	0.4	0.1	0.2	0.5	0.2
4. 其他肉类及制品	公斤/人	0.8	1.1	0.8	0.4	1.4	0.4
(二)禽类	公斤/人	1.3	2.7	1.2	0.8	1.5	0.8
1. 鸡	公斤/人	1.2	2.3	1.1	0.7	1.1	0.7
2. 鸭	公斤/人		0.2			0.1	
3. 鹅	公斤/人						
4. 其他禽类及制品	公斤/人		0.2		0.1	0.3	0.1
五、水产品	公斤/人	1.1	1.6	1.0	0.6	2.1	0.5
(一)鱼类	公斤/人	0.8	1.1	0.8	0.4	1.4	0.4
(二)虾蟹贝类	公斤/人		0.2			0.1	
(三)藻类	公斤/人	0.1	0.3	0.1	0.1		0.1
(四)其他水产品及制品	公斤/人	0.1	0.1	0.1	0.1	0.6	
六、蛋类	公斤/人	5.5	9.3	5.2	5.2	8.6	4.9
(一)鲜蛋	公斤/人	5.4	9.2	5.1	5.1	8.4	4.9
(二)蛋制品	公斤/人	0.1	0.1	0.1		0.2	

12-7续表5

指标名称	单位	大荔县			合阳县		
		全体	城镇	农村	全体	城镇	农村
七、奶类	公斤/人	7.4	24.9	6.2	6.6	33.9	4.6
(一)鲜奶	公斤/人	3.5	19.0	2.4	3.0	7.6	2.7
(二)酸奶	公斤/人	1.1	3.3	0.9	2.5	24.1	0.8
(三)奶粉	公斤/人	1.6	0.6	1.7	1.0	1.8	1.0
(四)其他奶制品	公斤/人	1.2	1.9	1.2	0.1	0.5	0.1
八、干鲜瓜果类	公斤/人	18.7	46.3	16.7	30.5	65.8	27.8
(一)鲜瓜果	公斤/人	16.0	40.1	14.2	29.0	59.6	26.7
(二)瓜果制品	公斤/人	0.5	1.8	0.4	0.5	1.9	0.4
(三)坚果类	公斤/人	2.2	4.3	2.0	1.0	4.4	0.7
九、糖果糕点类	公斤/人	2.0	4.5	1.8	2.1	5.6	1.8
(一)食糖	公斤/人	1.0	0.8	1.0	0.4	0.6	0.4
(二)糖果	公斤/人	0.1	0.2	0.1	0.2	0.5	0.2
(三)糕点	公斤/人	0.8	2.4	0.7	1.4	4.4	1.2
(四)其他糖果糕点	公斤/人	0.1	1.1	0.1		0.1	
十、生活用电	度/人	478.7	1279.3	422.4	484.1	828.0	457.9
金额	元/人	251.8	653.6	223.5	245.0	430.6	230.9
十一、生活用燃料							
(一)燃气							
1.罐装液化石油气	公斤/人	4.9	42.8	2.3	0.3	1.1	0.3
金额	元/人	16.8	73.2	12.8	2.9	6.6	2.6
2.管道液化石油气	立方米/人					0.5	
金额	元/人				0.1	1.2	
3.管道煤气	立方米/人	1.5	0.2	1.6			
金额	元/人	9.9	1.6	10.5			
4.管道天然气	立方米/人				6.2	24.9	4.8
金额	元/人				9.0	43.8	6.4
(二)燃料用油							
1.汽油	升/人						
金额	元/人	0.1		0.1			
2.柴油	升/人						
金额	元/人						
3.其他油	升/人						
金额	元/人	0.1		0.1			
(三)其他燃料							
1.煤炭	公斤/人	178.7	188.2	178.0	253.4	112.9	264.1
金额	元/人	232.5	227.2	232.9	237.2	134.8	245.0
2.柴	公斤/人						
金额	元/人						
3.草	公斤/人						
金额	元/人						
4.沼气	公斤/人						
金额	元/人						
5.其他	元/人		0.1				

12-7 续表 6

指标名称	单位	澄城县			蒲城县		
		全体	城镇	农村	全体	城镇	农村
一、粮食	公斤/人	83.6	96.0	77.9	99.8	96.0	100.5
(一)谷物	公斤/人	76.9	84.9	73.3	93.2	90.2	93.7
1.大米	公斤/人	65.4	63.8	66.2	79.2	77.9	79.3
2.面粉	公斤/人	8.6	15.2	5.6	7.5	10.1	7.1
3.玉米	公斤/人	0.4	0.6	0.3	5.2	0.1	6.1
4.其他谷物及制品	公斤/人	2.5	5.3	1.2	1.3	2.1	1.2
(二)薯类	公斤/人	1.5	2.9	0.8	1.1	0.6	1.2
1.红薯	公斤/人	0.2	0.6	0.1	0.4	0.3	0.4
2.马铃薯	公斤/人	0.9	1.4	0.6	0.4	0.2	0.5
3.其他薯类及制品	公斤/人	0.3	0.8	0.1	0.3	0.1	0.3
(三)豆类	公斤/人	5.2	8.2	3.8	5.5	5.2	5.5
1.大豆	公斤/人		0.1				
2.其他豆类及制品	公斤/人	5.2	8.1	3.8	5.5	5.2	5.5
二、食用油	公斤/人	7.8	9.1	7.2	12.2	14.8	11.8
(一)食用植物油	公斤/人	7.8	9.1	7.2	12.1	14.1	11.7
(二)食用动物油	公斤/人				0.1	0.7	
三、蔬菜及食用菌	公斤/人	69.1	103.3	53.3	64.5	97.7	59.1
(一)鲜菜	公斤/人	67.7	101.5	52.2	63.1	96.5	57.7
(二)干菜及菜制品	公斤/人	0.8	0.4	1.0	0.8	0.4	0.9
(三)鲜菌	公斤/人	0.5	1.3	0.2	0.5	0.7	0.5
(四)干菌及制品	公斤/人	0.1	0.1				
四、肉禽及制品	公斤/人	9.0	13.3	7.0	5.2	8.1	4.8
(一)肉类	公斤/人	7.8	10.9	6.4	4.7	7.2	4.3
1.猪肉	公斤/人	6.5	8.2	5.7	3.9	5.2	3.7
2.牛肉	公斤/人	0.5	0.9	0.4		0.1	
3.羊肉	公斤/人	0.2	0.5	0.1	0.2	0.3	0.1
4.其他肉类及制品	公斤/人	0.6	1.2	0.3	0.6	1.5	0.4
(二)禽类	公斤/人	1.2	2.4	0.6	0.5	0.9	0.5
1.鸡	公斤/人	1.1	2.1	0.6	0.5	0.8	0.4
2.鸭	公斤/人		0.1				
3.鹅	公斤/人						
4.其他禽类及制品	公斤/人	0.1	0.1		0.1	0.1	0.1
五、水产品	公斤/人	1.6	2.5	1.2	0.6	1.3	0.5
(一)鱼类	公斤/人	1.0	2.1	0.6	0.5	1.1	0.4
(二)虾蟹贝类	公斤/人	0.2	0.1	0.2			
(三)藻类	公斤/人	0.2		0.3			
(四)其他水产品及制品	公斤/人	0.1	0.3			0.1	
六、蛋类	公斤/人	5.4	7.8	4.3	4.7	6.9	4.4
(一)鲜蛋	公斤/人	5.3	7.5	4.3	4.7	6.8	4.3
(二)蛋制品	公斤/人	0.1	0.3		0.1	0.1	0.1

12-7 续表 7

指标名称	单位	澄城县			蒲城县		
		全体	城镇	农村	全体	城镇	农村
七、奶类	公斤/人	7.6	13.0	5.1	10.5	21.6	8.7
(一)鲜奶	公斤/人	6.5	11.2	4.4	5.4	12.7	4.3
(二)酸奶	公斤/人	0.6	1.1	0.3	2.4	3.9	2.2
(三)奶粉	公斤/人	0.5	0.6	0.5	0.8	0.6	0.9
(四)其他奶制品	公斤/人				1.8	4.3	1.4
八、干鲜瓜果类	公斤/人	29.9	50.7	20.3	28.2	52.0	24.4
(一)鲜瓜果	公斤/人	27.3	46.6	18.5	25.9	48.4	22.3
(二)瓜果制品	公斤/人	0.7	1.2	0.4	0.7	0.7	0.7
(三)坚果类	公斤/人	1.9	2.9	1.4	1.6	2.9	1.4
九、糖果糕点类	公斤/人	3.0	4.6	2.3	3.7	5.3	3.4
(一)食糖	公斤/人	0.4	0.6	0.3	0.5	0.4	0.5
(二)糖果	公斤/人	0.2	0.2	0.1	0.3	0.5	0.3
(三)糕点	公斤/人	2.2	3.5	1.6	1.0	1.9	0.8
(四)其他糖果糕点	公斤/人	0.3	0.2	0.3	1.9	2.5	1.7
十、生活用电	度/人	492.1	651.2	418.9	389.0	643.5	347.6
金额	元/人	247.4	329.6	209.5	197.0	336.4	174.4
十一、生活用燃料							
(一)燃气							
1.罐装液化石油气	公斤/人	1.5	2.3	1.1	1.1	0.5	1.2
金额	元/人	15.5	26.3	10.5	8.5	3.6	9.3
2.管道液化石油气	立方米/人				0.1	0.6	
金额	元/人				0.5	1.9	0.2
3.管道煤气	立方米/人				0.3	0.1	0.3
金额	元/人				1.8	1.2	1.9
4.管道天然气	立方米/人				1.1	7.9	
金额	元/人				3.8	26.9	
(二)燃料用油							
1.汽油	升/人				0.1	0.4	0.1
金额	元/人	0.1		0.1	0.7	2.3	0.4
2.柴油	升/人						
金额	元/人						
3.其他油	升/人						
金额	元/人						
(三)其他燃料							
1.煤炭	公斤/人	220.0	2.5	320.0	290.0	144.2	313.7
金额	元/人	166.5	1.5	242.5	233.8	124.8	251.5
2.柴	公斤/人						
金额	元/人	0.1		0.1			
3.草	公斤/人						
金额	元/人						
4.沼气	公斤/人						
金额	元/人						
5.其他	元/人						

12-7 续表 8

指标名称	单位	白水县			富平县		
		全体	城镇	农村	全体	城镇	农村
一、粮食	公斤/人	80.6	88.3	78.5	108.9	97.6	110.4
(一)谷物	公斤/人	73.1	72.7	73.2	100.5	90.3	101.8
1.大米	公斤/人	55.5	58.2	54.7	80.2	78.6	80.5
2.面粉	公斤/人	4.4	9.2	3.0	7.1	10.0	6.7
3.玉米	公斤/人	10.8	0.3	13.7	12.1		13.7
4.其他谷物及制品	公斤/人	2.4	5.0	1.7	1.0	1.7	0.9
(二)薯类	公斤/人	1.4	3.0	0.9	2.4	1.5	2.5
1.红薯	公斤/人	0.5	1.0	0.3	1.2	0.5	1.2
2.马铃薯	公斤/人	0.7	1.7	0.5	0.9	0.7	1.0
3.其他薯类及制品	公斤/人	0.2	0.4	0.1	0.3	0.3	0.3
(三)豆类	公斤/人	6.2	12.6	4.3	6.0	5.8	6.1
1.大豆	公斤/人	0.2	0.1	0.2	0.2	0.1	0.3
2.其他豆类及制品	公斤/人	6.0	12.5	4.2	5.8	5.7	5.8
二、食用油	公斤/人	6.8	8.9	6.2	11.4	12.0	11.3
(一)食用植物油	公斤/人	6.8	8.9	6.1	11.4	11.9	11.3
(二)食用动物油	公斤/人			0.1		0.1	
三、蔬菜及食用菌	公斤/人	53.0	75.1	46.7	80.6	104.8	77.4
(一)鲜菜	公斤/人	51.3	72.2	45.4	78.7	102.5	75.5
(二)干菜及菜制品	公斤/人	1.2	1.4	1.1	1.5	1.2	1.5
(三)鲜菌	公斤/人	0.4	1.5	0.1	0.3	1.0	0.2
(四)干菌及制品	公斤/人				0.1	0.1	0.2
四、肉禽及制品	公斤/人	5.8	10.5	4.5	8.6	11.5	8.3
(一)肉类	公斤/人	5.3	9.7	4.1	7.9	10.6	7.6
1.猪肉	公斤/人	4.5	7.6	3.7	6.3	8.7	6.0
2.牛肉	公斤/人	0.3	0.7	0.2	0.5	0.7	0.4
3.羊肉	公斤/人	0.1	0.2	0.1	0.1	0.2	0.1
4.其他肉类及制品	公斤/人	0.4	1.2	0.2	1.1	1.0	1.1
(二)禽类	公斤/人	0.5	0.8	0.4	0.7	0.8	0.7
1.鸡	公斤/人	0.4	0.6	0.3	0.6	0.8	0.6
2.鸭	公斤/人						
3.鹅	公斤/人						
4.其他禽类及制品	公斤/人	0.1	0.2				
五、水产品	公斤/人	0.4	1.1	0.2	0.8	1.0	0.8
(一)鱼类	公斤/人	0.3	0.8	0.2	0.8	0.9	0.7
(二)虾蟹贝类	公斤/人					0.1	
(三)藻类	公斤/人		0.2				
(四)其他水产品及制品	公斤/人		0.1		0.1		0.1
六、蛋类	公斤/人	4.7	8.4	3.7	6.3	11.0	5.7
(一)鲜蛋	公斤/人	4.7	8.4	3.6	6.3	10.8	5.7
(二)蛋制品	公斤/人	0.1		0.1		0.2	

12-7 续表 9

指标名称	单位	白水县			富平县		
		全体	城镇	农村	全体	城镇	农村
七、奶类	公斤/人	6.2	18.5	2.7	7.9	13.7	7.1
(一)鲜奶	公斤/人	3.2	10.9	1.1	2.9	5.9	2.6
(二)酸奶	公斤/人	1.3	3.2	0.7	3.3	2.6	3.4
(三)奶粉	公斤/人	0.5	0.8	0.4	0.7	0.1	0.8
(四)其他奶制品	公斤/人	1.2	3.6	0.6	0.9	5.2	0.4
八、干鲜瓜果类	公斤/人	22.6	56.1	13.1	36.1	44.7	35.0
(一)鲜瓜果	公斤/人	19.7	49.8	11.1	32.4	41.3	31.3
(二)瓜果制品	公斤/人	1.2	2.7	0.8	0.9	1.3	0.8
(三)坚果类	公斤/人	1.7	3.5	1.2	2.9	2.1	2.9
九、糖果糕点类	公斤/人	2.2	4.7	1.5	4.5	5.6	4.4
(一)食糖	公斤/人	0.7	1.0	0.6	1.0	0.7	1.1
(二)糖果	公斤/人	0.2	0.3	0.1	0.5		0.5
(三)糕点	公斤/人	1.0	2.7	0.6	2.5	1.2	2.7
(四)其他糖果糕点	公斤/人	0.3	0.6	0.2	0.5	3.7	0.1
十、生活用电	度/人	381.6	818.8	257.6	465.0	975.7	397.4
金额	元/人	193.4	420.3	129.0	235.9	505.1	200.3
十一、生活用燃料							
(一)燃气							
1.罐装液化石油气	公斤/人	0.7	2.0	0.3	1.3		1.5
金额	元/人	6.0	18.3	2.6	1.7		1.9
2.管道液化石油气	立方米/人		0.1		0.1		0.2
金额	元/人	0.2	0.9		0.1		0.2
3.管道煤气	立方米/人	1.0	1.3	0.9	0.4		0.5
金额	元/人	5.2	11.5	3.4	0.4		0.5
4.管道天然气	立方米/人	1.7	7.3	0.2	12.4	87.8	2.4
金额	元/人	5.2	22.4	0.3	25.1	177.5	5.0
(二)燃料用油							
1.汽油	升/人						
金额	元/人	0.1		0.1	0.2		0.2
2.柴油	升/人						
金额	元/人						
3.其他油	升/人						
金额	元/人		0.1				
(三)其他燃料							
1.煤炭	公斤/人	296.1	211.3	320.1	190.4	34.8	211.0
金额	元/人	195.6	120.6	216.8	160.3	39.0	176.4
2.柴	公斤/人						
金额	元/人						
3.草	公斤/人						
金额	元/人						
4.沼气	公斤/人				0.4	3.6	
金额	元/人				0.8	7.2	
5.其他	元/人						

12-7 续表 10

指标名称	单位	韩城市			华阴市		
		全体	城镇	农村	全体	城镇	农村
一、粮食	公斤/人	129.4	118.7	137.4	62.3	96.8	40.2
(一)谷物	公斤/人	116.5	103.2	126.6	60.4	94.3	38.7
1. 大米	公斤/人	96.4	83.9	105.8	43.4	66.9	28.4
2. 面粉	公斤/人	13.4	13.6	13.3	14.4	24.1	8.3
3. 玉米	公斤/人	2.1	1.2	2.8	0.4	0.6	0.2
4. 其他谷物及制品	公斤/人	4.6	4.4	4.7	2.2	2.7	1.9
(二)薯类	公斤/人	2.7	2.3	3.0	0.6	0.7	0.6
1. 红薯	公斤/人	0.9	1.1	0.7	0.2	0.3	0.1
2. 马铃薯	公斤/人	1.3	0.6	1.9			
3. 其他薯类及制品	公斤/人	0.5	0.6	0.4	0.4	0.4	0.5
(三)豆类	公斤/人	10.2	13.3	7.8	1.3	1.9	0.9
1. 大豆	公斤/人	0.1	0.1		0.2	0.5	0.1
2. 其他豆类及制品	公斤/人	10.1	13.2	7.8	1.1	1.5	0.8
二、食用油	公斤/人	12.0	10.6	13.0	14.4	20.7	10.4
(一)食用植物油	公斤/人	11.9	10.5	12.9	14.3	20.7	10.2
(二)食用动物油	公斤/人	0.1	0.1	0.1	0.2	0.1	0.2
三、蔬菜及食用菌	公斤/人	87.9	106.1	74.3	76.2	103.1	59.1
(一)鲜菜	公斤/人	85.2	101.9	72.6	75.4	101.6	58.6
(二)干菜及菜制品	公斤/人	1.1	1.6	0.7	0.7	1.3	0.4
(三)鲜菌	公斤/人	1.5	2.3	0.9	0.1	0.2	0.1
(四)干菌及制品	公斤/人	0.1	0.2	0.1			
四、肉禽及制品	公斤/人	11.8	14.3	10.0	13.0	16.1	10.9
(一)肉类	公斤/人	11.1	13.4	9.4	12.1	14.3	10.7
1. 猪肉	公斤/人	7.4	7.8	7.0	10.6	11.1	10.2
2. 牛肉	公斤/人	0.2	0.3	0.2	0.5	0.7	0.4
3. 羊肉	公斤/人	1.0	1.3	0.7	0.2	0.4	
4. 其他肉类及制品	公斤/人	2.6	4.1	1.5	0.9	2.1	0.1
(二)禽类	公斤/人	0.7	0.9	0.6	0.8	1.8	0.2
1. 鸡	公斤/人	0.3	0.5	0.2	0.7	1.6	0.2
2. 鸭	公斤/人				0.1	0.1	
3. 鹅	公斤/人						
4. 其他禽类及制品	公斤/人	0.4	0.4	0.4		0.1	
五、水产品	公斤/人	1.2	1.8	0.6	1.1	2.4	0.3
(一)鱼类	公斤/人	0.8	1.2	0.5	1.0	2.3	0.2
(二)虾蟹贝类	公斤/人	0.1	0.2		0.1	0.1	
(三)藻类	公斤/人						
(四)其他水产品及制品	公斤/人	0.2	0.4	0.1			
六、蛋类	公斤/人	7.1	8.4	6.2	9.3	10.1	8.8
(一)鲜蛋	公斤/人	6.9	8.1	6.0	8.9	9.9	8.2
(二)蛋制品	公斤/人	0.2	0.3	0.2	0.4	0.2	0.6

12-7 续表 11

指标名称	单位	韩城市			华阴市		
		全体	城镇	农村	全体	城镇	农村
七、奶类	公斤/人	12.2	20.2	6.3	7.6	15.0	2.9
(一)鲜奶	公斤/人	8.1	13.4	4.1	5.5	11.9	1.5
(二)酸奶	公斤/人	1.8	2.7	1.1	1.0	1.5	0.7
(三)奶粉	公斤/人	1.5	2.4	0.8	0.6	0.6	0.5
(四)其他奶制品	公斤/人	0.9	1.7	0.3	0.5	1.0	0.2
八、干鲜瓜果类	公斤/人	53.8	72.5	39.8	26.4	43.3	15.5
(一)鲜瓜果	公斤/人	46.8	61.3	35.9	23.6	38.8	13.9
(二)瓜果制品	公斤/人	0.9	1.8	0.2	0.6	0.7	0.6
(三)坚果类	公斤/人	6.1	9.3	3.7	2.1	3.9	1.0
九、糖果糕点类	公斤/人	4.8	9.0	1.7	6.7	8.1	5.8
(一)食糖	公斤/人	0.8	1.1	0.6	1.6	2.0	1.4
(二)糖果	公斤/人	0.3	0.4	0.2	0.9	0.6	1.1
(三)糕点	公斤/人	3.2	6.5	0.8	1.2	2.0	0.6
(四)其他糖果糕点	公斤/人	0.4	1.0		3.0	3.6	2.7
十、生活用电	度/人	566.2	605.4	536.8	370.0	546.3	257.4
金额	元/人	293.8	315.7	277.3	214.2	302.4	157.9
十一、生活用燃料							
(一)燃气							
1.罐装液化石油气	公斤/人	4.9	8.1	2.4	5.2	5.1	5.3
金额	元/人	16.3	15.7	16.7	31.4	33.4	30.1
2.管道液化石油气	立方米/人				0.1	0.1	0.1
金额	元/人				0.8	1.0	0.7
3.管道煤气	立方米/人	0.3	0.7		0.3	0.6	0.2
金额	元/人		0.1		1.2	1.9	0.8
4.管道天然气	立方米/人	117.0	273.1		0.4	1.1	
金额	元/人	130.7	305.1		1.7	4.3	
(二)燃料用油							
1.汽油	升/人				4.3	8.8	1.4
金额	元/人				31.9	65.7	10.3
2.柴油	升/人					0.1	
金额	元/人				0.3	0.9	
3.其他油	升/人					0.1	
金额	元/人				0.1	0.4	
(三)其他燃料							
1.煤炭	公斤/人	97.9	7.4	165.7	70.3	119.0	39.2
金额	元/人	63.0	7.0	105.0	105.3	221.5	31.0
2.柴	公斤/人						
金额	元/人						
3.草	公斤/人						
金额	元/人						
4.沼气	公斤/人						
金额	元/人						
5.其他	元/人	0.1		0.1			

主要统计指标解释

住户　指居住在一个住宅内，共同分享生活开支或收入的一群人。居住在同一房间内、不共同分享生活开支的人群，每个人都视为一个住户。住家保姆、住家家庭帮工视为单独的住户。

常住居民　指住户成员中，经常在家居住、或者调查期内居住时间超过一半的人员，以及本住户供养的学生。常住居民是住户收支的调查对象。

居民人均可支配收入　指调查期内居民家庭成员人均获得的、可用于最终消费支出和储蓄的总和，即居民可以用来自由支配的收入，既包括现金收入，也包括实物收入。全体居民可支配收入可以体现各地区城乡一体的居民收入及生活水平变化情况。按照收入的来源，可支配收入包含四项，分别为：工资性收入、经营净收入、财产净收入、转移净收入。

工资性收入　指就业人员通过各种途径得到的全部劳动报酬和各种福利，包括受雇于单位或个人、从事各种自由职业、兼职和零星劳动得到的全部劳动报酬和福利。

经营净收入　指住户或住户成员从事生产经营活动所获得的净收入，是全部经营收入中扣除经营费用、生产性固定资产折旧和生产税净额（生产税减去生产补贴）之后得到的净收入。计算公式为：

经营净收入 = 经营收入 - 经营费用 - 生产性固定资产折旧 - 生产税净额（生产税-生产补贴）

财产净收入　指住户或住户成员将其所拥有的金融资产和自然资源交由其他机构单位、住户或个人支配而获得的回报并扣除相关的费用之后得到的净收入。计算公式为：财产净收入 = 财产性收入 - 财产性支出

转移净收入　指国家、单位、社会团体对住户的各种经常性转移支付和住户之间的经常性收入转移。包括政府、非行政事业单位、社会团体对居民转移的养老金或退休金、社会救济和补助、政策性生活补贴、救灾款、经常性捐赠和赔偿以及报销医疗费等；住户之间的赡养收入、经常性捐赠和赔偿以及农村地区（村委会）在外（含国外）工作的本住户非常住成员寄回带回的收入等。计算公式为：转移净收入=转移性收入-转移性支出

居民人均生活消费支出　指住户用于满足家庭日常生活消费需要的全部支出，包括用于消费品的支出和用于服务性消费的支出。根据用途不同，消费支出可划分为食品烟酒、衣着、居住、生活用品及服务、交通通信、教育文化娱乐、医疗保健、其他用品及服务八大类。

十三、价格指数

资料整理：崇红碧　赵 文

资料校对：崇红碧　赵 文

13.价格指数

2016 年全市	
居民消费价格总指数	101.1 %
商品零售价格总指数	100.5 %
农业生产资料价格总指数	101.7 %

13-1　全市商品零售价格和居民消费价格指数（2011—2016 年）

年　份	上年价格=100		2010 年价格=100	
	商品零售价格指数	居民消费价格指数	商品零售价格指数	居民消费价格指数
2011	105.7	105.4	107.2	107.2
2012	102.9	103.1	109.6	109.8
2013	102.1	102.8	111.6	112.9
2014	101.0	101.7	112.0	114.1
2015	100.1	101.0	112.3	115.3
2016	100.5	101.1	112.9	116.5

13-2　全市居民消费价格分类指数（2016 年）

项目名称	上月=100	上年同月=100	上年同期=100
居民消费价格总指数	100.6	100.9	101.1
非食品烟酒价格指数	100.4	100.6	100.5
食品（原口径）指数	101.2	102.0	102.7
非食品（原口径）指数	100.4	100.5	100.5
服务价格指数	100.6	100.5	100.9
工业品价格指数	100.3	100.7	100.0
鲜活食品价格指数	103.0	103.7	106.0
消费品价格指数	100.6	101.2	101.2
能源价格指数	100.6	101.2	98.9
非食品价格指数	100.4	100.6	100.6
扣除食品和能源价格指数	100.4	100.6	100.7
扣除鲜菜鲜果价格指数	100.4	100.8	100.9
扣除自有住房价格指数	100.7	101.0	101.2
居住（扣自有住房）价格指数	100.2	100.1	100.2
一、食品烟酒	101.1	101.8	102.5
1. 食品	101.6	102.3	103.2
（1）粮食	100.1	101.4	100.5
（2）薯类	103.6	111.7	111.7
（3）豆类	100.0	100.5	100.3
（4）食用油	100.5	100.9	99.5
（5）菜	107.3	104.3	109.0

13-2 续表 1

项目名称	上月=100	上年同月=100	上年同期=100
（6）畜肉类	101.3	105.9	110.4
（7）禽肉类	100.4	104.5	101.4
（8）水产品	101.0	100.0	98.8
（9）蛋类	98.8	92.6	94.5
（10）奶类	99.6	98.8	99.4
（11）干鲜瓜果类	100.5	102.6	98.5
（12）糖果糕点类	100.5	100.3	100.2
（13）调味品	100.1	100.5	101.2
（14）其他食品类	100.2	100.2	100.0
2.茶及饮料	100.0	100.5	99.8
3.烟酒	100.1	100.0	101.1
（1）烟草	100.0	100.0	102.0
（2）酒类	100.2	99.9	99.7
4.在外餐饮	100.0	101.3	101.5
二、衣着	100.5	100.4	100.3
1.服装	100.4	100.0	99.9
（1）男式服装	100.6	99.8	99.6
（2）女式服装	100.3	101.0	100.7
（3）儿童服装	100.2	96.7	97.8
2.服装材料	100.0	100.3	100.3
3.其他衣着及配件	100.0	99.8	100.0
4.衣着加工服务费	101.6	107.7	102.1
5.鞋类	100.7	101.3	101.3
（1）鞋	100.7	101.2	101.4
（2）鞋类加工服务	100.0	102.3	100.6
三、居住	100.1	100.1	100.1
1.租赁房房租	100.1	100.0	100.0
2.住房保养维修及管理	100.5	101.0	100.1
（1）住房装潢材料	100.4	101.0	100.1
（2）物业管理费	100.0	100.0	100.0
（3）住房装潢维修	100.9	101.4	100.2
3.水电燃料	100.0	99.7	100.2
（1）水	100.0	100.6	104.5
（2）电	100.0	100.0	100.0
（3）燃气	100.0	98.2	98.8
（4）取暖费	100.0	100.0	100.1

13-2 续表 2

项目名称	上月=100	上年同月=100	上年同期=100
（5）其他燃料	100.0	100.0	99.8
4. 自有住房	100.0	100.1	100.0
四、生活用品及服务	100.2	99.6	99.6
1. 家具及室内装饰品	100.6	100.8	99.9
（1）家具	100.7	100.8	99.8
（2）室内装饰品	100.0	100.6	100.2
2. 家用器具	100.1	98.6	98.2
（1）大型家用器具	100.1	98.5	98.0
（2）小家电	100.0	98.8	99.3
3. 家用纺织品	100.1	100.2	100.7
（1）床上用品	100.2	99.2	99.0
（2）窗帘门帘	100.0	104.2	100.7
（3）其他家用纺织品	100.0	98.1	111.2
4. 家庭日用杂品	100.3	100.1	100.1
（1）洗涤卫生用品	99.9	98.5	99.5
（2）厨具餐具茶具	101.0	101.7	100.9
（3）家用手工工具	100.0	100.1	100.0
（4）其他家庭日用杂品	100.2	100.1	99.8
5. 个人护理用品	99.8	98.5	99.1
（1）化妆品	99.7	98.2	99.4
（2）其他护理用品类	99.8	98.8	98.8
6. 家庭服务	100.0	100.0	99.9
五、交通和通信	102.0	101.0	100.0
1. 交通	103.1	102.5	100.6
（1）交通工具	100.0	99.3	99.6
（2）交通工具用燃料	102.3	107.4	96.8
（3）交通工具使用和维修	106.9	107.2	100.7
（4）交通费	107.5	101.9	105.9
2. 通信	100.0	98.6	99.0
（1）通信工具	100.0	95.2	96.6
（2）通信服务	100.0	100.0	100.0
（3）邮递服务	100.0	100.0	100.0
六、教育文化和娱乐	100.0	99.8	101.4
（1）教育用品	100.1	100.0	100.6
2. 文化娱乐	100.1	100.0	99.8
（1）文娱耐用消费品	100.2	96.8	96.7

13-2 续表 3

项目名称	上月=100	上年同月=100	上年同期=100
（2）其他文娱用品	100.0	100.0	100.4
（3）文化娱乐服务	99.5	100.1	100.1
（4）旅游	100.3	103.1	102.2
七、医疗保健	100.3	102.4	101.1
1.药品及医疗器具	100.7	105.8	102.6
（1）中药	100.0	110.1	103.0
（2）西药	101.2	105.2	103.1
（3）滋补保健品	100.0	101.9	101.0
（4）医疗卫生器具	100.0	100.3	100.0
（5）保健器具	100.0	100.1	100.1
2.医疗服务	100.0	100.0	100.0
（1）综合医疗类	100.0	100.0	100.0
（2）诊断类	100.0	100.0	100.0
（3）治疗类	100.0	100.0	100.0
（4）康复类	100.0	100.0	100.0
（5）中医医疗服务类	100.0	100.0	100.0
（6）其他医疗服务	100.0	100.0	100.0
八、其他用品和服务	99.5	102.7	101.7
1.其他用品类	98.7	104.7	103.2
（1）首饰手表	97.8	109.6	106.0
（2）其他杂项用品	99.8	99.1	99.8
2.其他服务类	100.2	101.0	100.4
（1）旅馆住宿	100.0	100.8	100.3
（2）美容美发洗浴	101.1	103.8	101.7
（3）养老服务	100.0	100.3	100.3
（4）金融保险	100.0	100.0	100.0
（5）其他服务类	100.0	100.0	100.0

13-3　全市商品零售价格分类指数（2016 年）

项目名称	上月=100	上年同月=100	上年同期=100
商品零售价格指数	100.4	100.6	100.5
一、食品	100.9	102.0	103.0
1. 粮食	100.0	102.5	101.2
2. 薯类	106.7	113.2	109.3
3. 豆类	99.9	100.4	100.3
4. 食用油	100.8	101.4	99.9
5. 菜	105.9	103.6	111.3
6. 畜肉类	101.0	105.2	112.0
7. 禽肉类	99.4	102.6	101.7
8. 水产品	101.6	100.4	98.1
9. 蛋类	98.3	92.7	95.1
10. 奶类	99.5	98.8	99.4
11. 干鲜瓜果类	99.7	103.9	98.0
12. 糖果糕点类	100.3	100.0	100.0
13. 调味品	100.1	100.1	100.5
14. 其他食品类	100.2	100.2	99.9
15. 在外餐饮	100.0	101.3	101.1
二、饮料、烟酒	100.1	100.5	101.5
1. 茶及饮料	100.1	101.6	101.9
2. 烟草	100.0	100.0	103.0
3. 酒类	100.3	100.2	99.3
三、服装、鞋帽	100.3	99.3	99.5
1. 服装	100.4	99.2	99.2
（1）男士服装	100.6	99.5	99.0
（2）女士服装	100.4	100.7	100.3
（3）儿童服装	100.3	94.6	96.4
2. 鞋帽袜	100.1	99.4	100.2
（1）鞋	100.2	99.3	100.2
（2）袜子	100.0	98.5	99.0
（3）帽子	100.0	102.0	102.0
3. 其他衣着配件	100.0	98.9	99.5
四、纺织品	100.1	99.1	99.0
1. 服装材料	100.0	100.5	100.1
2. 床上用品	100.1	98.7	98.7

13-3 续表 1

项目名称	上月=100	上年同月=100	上年同期=100
五、家用电器及音像器材	100.0	96.9	97.4
1.家庭设备	100.0	98.8	98.3
2.文娱用耐用消费品	100.1	93.6	95.6
3.专业音像器材	100.0	98.4	99.4
六、文化办公用品	99.5	100.5	100.0
七、日用品	100.1	99.7	99.9
1.日用百货	99.7	99.5	99.3
2.厨具餐具茶具	100.7	101.2	100.6
3.清洗用品	100.1	98.9	100.1
4.其他日用品	100.0	98.7	99.3
八、体育娱乐用品	99.9	99.4	100.1
1.体育户外用品	100.0	100.2	100.2
2.娱乐用品	99.9	98.9	100.0
九、交通、通信用品	100.1	97.4	99.6
1.交通运输机械	100.1	98.3	100.9
2.通信器材	99.8	94.8	95.9
十、家具	100.2	99.5	99.4
十一、化妆品	99.7	97.7	98.8
十二、金银饰品	97.0	111.3	106.7
十三、中西药品及医疗保健用品	100.0	104.5	102.2
1.医疗卫生器具	100.0	100.4	100.0
2.中药	99.0	107.1	102.1
3.西药	100.7	103.8	102.8
4.保健器具及用品	100.0	101.2	100.7
十四、书报杂志及电子出版物	100.6	100.6	100.2
1.教材及参考书	100.1	100.1	100.4
2.书报杂志	100.2	100.2	100.0
3.计算机办公软件	103.3	103.2	100.2
十五、燃料	101.3	102.7	96.5
1.煤炭及制品	100.2	101.2	98.9
2.石油及制品	101.7	103.2	95.7
十六、建筑材料及五金电料	100.6	101.9	100.7
1.建筑装璜材料	100.9	102.6	100.9
2.五金水暖	100.1	100.3	100.1

13-4　全市农业生产资料价格分类指数（2016 年）

项目名称	上月=100	上年同月=100	上年同期=100
农业生产资料价格指数	100.6	106.5	101.7
一、农用手工工具	100.0	99.8	100.4
二、饲料	100.2	102.2	96.5
混合饲料	100.1	101.7	100.4
其他饲料	100.5	103.1	90.1
三、仔畜幼禽及产品畜	99.7	127.9	137.0
仔畜	99.5	148.8	163.3
幼禽	100.0	100.0	100.0
产品畜	100.0	100.8	101.8
四、半机械化农具	100.0	94.5	96.8
五、机械化农具	100.0	99.2	99.6
六、化学肥料	102.1	118.4	100.7
氮肥	102.1	141.0	103.5
磷肥	99.5	92.4	96.3
钾肥	100.4	97.2	98.0
复合肥料	104.3	103.7	99.7
七、农药及农药器械	100.0	100.9	100.4
1.化学农药	100.0	101.0	100.3
杀虫剂	100.0	101.7	100.6
杀菌剂	100.0	101.0	100.3
除草剂	100.0	100.0	100.0
生长调节剂	100.7	100.7	100.1
2.农药器械	100.0	100.0	100.7
农药器械	100.0	100.0	100.7
八、农机用油	100.4	105.4	97.0
农用柴油	100.3	106.5	96.3
润滑油	100.7	100.9	100.1
九、其他农用生产资料	100.0	100.1	99.0
农用种子	100.1	100.1	98.3
农用薄膜	100.0	100.0	100.0
未列名的其他农用生产资料	100.0	100.0	100.0
十、农业生产服务	100.0	96.3	99.3
排灌费	100.0	100.0	100.0
机械作业费	100.0	89.1	97.9
农业用电	100.0	100.0	100.0
农业用工	100.0	100.0	100.0

主要统计指标解释

居民消费价格指数 是反映一定时期内城乡居民所购买的生活消费品价格和服务项目价格变动趋势和程度的相对数，是对城市居民消费价格指数和农村居民消费价格指数进行综合汇总计算的结果。该指数可以观察和分析消费品的零售价格和服务项目价格变动对城乡居民实际生活费支出的影响程度。

城市居民消费价格指数 是反映一定时期内城市居民家庭所购买的生活消费品价格和服务项目价格变动趋势和程度的相对数。该指数可以观察和分析消费品的零售价格和服务项目价格变动对城镇职工货币工资的影响，作为研究职工生活和确定工资政策的依据。

农村居民消费价格指数 是反映一定时期内农村居民家庭所购买的生活消费品价格和服务项目价格变动趋势和程度的相对数。该指数可以观察农村消费品的零售价格和服务项目价格变动对农村居民生活消费支出的影响，直接反映农村居民生活水平的实际变化情况，为分析和研究农村居民生活问题提供依据。

商品零售价格指数 是反映一定时期内城乡商品零售价格变动趋势和程度的相对数。商品零售价格的变动直接影响到城乡居民的生活支出和国家的财政收入，影响居民购买力和市场供需的平衡，影响到消费与积累的比例关系。因此，该指数可以从一个侧面对上述经济活动进行观察和分析。

农业生产资料价格指数 指反映一定时期内农业生产资料价格变动趋势和程度的相对数。其编制目的是了解农业生产中物质资料投入价格的变动状况，服务于国民经济核算。1994 年以前，农业生产资料价格指数仅仅是商品零售价格指数的一个类别，此后，从商品零售价格指数中分离出来，单独编制。

农产品生产价格指数 是反映一定时期内，农产品生产者出售农产品价格水平变动趋势及幅度的相对数。该指数可以客观反映全国农产品生产价格水平和结构变动情况，满足农业与国民经济核算需要。其中某代表品生产价格指数是通过对全部有出售该产品行为的调查单位的个体指数进行几何平均求得的，类价格指数是通过对其所属的类（或代表品）的价格指数进行加权平均求得的。季度累计价格指数的计算方法与分季指数的计算方法相同。

工业生产者价格 包括工业企业产品第一次出售时的出厂价格和企业作为中间投入的原材料、燃料、动力购进价格（简称工业生产者购进价格）。

工业生产者出厂价格指数 是反映一定时期内全部工业产品出厂价格总水平的变动趋势和程度的相对数，包括工业企业销售给本企业以外所有单位的各种产品和直接售给居民用于生活消费的产品。该指数可以观察出厂价格变动对工业总产值及增加值的影响。

工业生产者购进价格指数 是反映工业企业作为生产投入，而从物资交易市场和能源、原材料生产企业购买原材料、燃料和动力产品时，所支付的价格水平变动趋势和程度的统计指标，是扣除工业企业物质消耗成本中的价格变动影响的重要依据。

固定资产投资价格指数 是反映一定时期内固定资产投资品及取费项目的价格变动趋势和程度的相对数。固定资产投资额是由建筑安装工程投资完成额、设备工器具购置投资完成额和其他费用投资完成额三部分组成的。编制固定资产投资价格指数应首先分别编制上述三部分投资的价格指数，然后采用加权算术平均法求出固定资产投资价格总指数。

该指数可以准确地反映固定资产投资中涉及的各类投资品和取费项目价格变动趋势和变动幅度，消除按现价计算的固定资产投资指标中的价格变动因素，真实地反映固定资产投资的规模、速度、结构和效益，为国家科学地制定、检查固定资产投资计划并提高宏观调控水平，为完善国民经济核算体系提供科学的、可靠的依据。

十四、县域监测

资料整理：原亚红

资料校对：原亚红

14-1 陕西省县域经济社会发展十强县（2004-2016 年）

位次	（首届）2004 年	（第二届）2005 年	（第三届）2006 年	（第四届）2007 年	（第五届）2008 年	（第六届）2009 年
1	神木县	神木县	神木县	神木县	神木县	府谷县
2	宝塔区	宝塔区	宝塔区	靖边县	靖边县	神木县
3	长安区	长安区	长安区	志丹县	府谷县	靖边县
4	临潼区	靖边县	榆阳区	吴起县	志丹县	志丹县
5	靖边县	吴起县	靖边县	府谷县	吴起县	高陵县
6	韩城市	临潼区	临潼区	安塞县	韩城市	吴起县
7	汉台区	志丹县	吴起县	韩城市	高陵县	韩城市
8	户　县	榆阳区	志丹县	高陵县	黄陵县	黄陵县
9	陈仓区	汉台区	汉台区	洛川县	安塞县	凤　县
10	志丹县	陈仓区	陈仓区	凤翔县	凤翔县	安塞县

14-1 续表 1

位次	（第七届）2010 年	（第八届）2011 年	（第九届）2012 年	（第九届）2013 年	（第十届）2014 年	（第十一届）2015 年	（第十二届）2016 年
1	府谷县	府谷县	神木县	府谷县	府谷县	神木县	神木县
2	神木县	神木县	府谷县	神木县	神木县	韩城市	韩城市
3	靖边县	靖边县	靖边县	靖边县	靖边县	府谷县	府谷县
4	吴起县	高陵县	吴起县	吴起县	高陵县	靖边县	凤　县
5	高陵县	吴起县	高陵县	高陵县	吴起县	凤　县	彬　县
6	志丹县	志丹县	志丹县	韩城市	韩城市	吴起县	靖边县
7	黄陵县	彬　县	彬　县	彬　县	彬　县	彬　县	兴平市
8	凤　县	凤　县	韩城市	志丹县	志丹县	志丹县	凤翔县
9	彬　县	韩城市	凤　县	凤　县	凤　县	兴平市	岐山县
10	安塞县	安塞县	安塞县	兴平市	兴平市	定边县	定边县

注：2004-2006 年监测范围为全部 83 个县（市）及农业成分较大的 10 个市辖区；2007-2014 年监测范围为全部 83 个县（市）；2015 年高陵县变为区，监测范围为 82 个县（市）；2016 年华县和横山县变为区，监测范围为 80 个县(市)。

14-2 陕西省城区经济社会发展五强区（2007-2016 年）

位次	2007 年	2008 年	2009 年	2010 年	2011 年	2012 年	2013 年	2014 年	2015 年	2016 年
1	雁塔区	雁塔区	雁塔区	雁塔区	雁塔区	雁塔区	雁塔区	雁塔区	雁塔区	雁塔区
2	莲湖区	未央区	未央区	未央区	未央区	碑林区	未央区	未央区	未央区	未央区
3	新城区	碑林区	莲湖区	莲湖区	碑林区	未央区	莲湖区	莲湖区	碑林区	碑林区
4	未央区	莲湖区	碑林区	碑林区	莲湖区	莲湖区	碑林区	碑林区	莲湖区	莲湖区
5	渭滨区	渭滨区	新城区	新城区	新城区	新城区	秦都区	秦都区	秦都区	秦都区

注：2007 年为综合排位前五名，2008-2016 年为五强区。

14-3 陕西省县域经济社会发展争先进位前十县（2008-2016 年）

位次	2008 年	2009 年	2010 年	2011 年	2012 年	2013 年	2014 年	2015 年	2016 年
1	宜川县	太白县	吴堡县	大荔县	镇安县	佛坪县	延川县	宁陕县	蓝田县
2	清涧县	麟游县	合阳县	佛坪县	佳　县	山阳县	汉阴县	留坝县	石泉县
3	永寿县	西乡县	延长县	宜君县	洛南县	汉阴县	紫阳县	岚皋县	宁强县
4	富　县	潼关县	富平县	山阳县	陇　县	平利县	富　县	旬阳县	延川县
5	横山县	洋　县	白水县	富平县	洋　县	延川县	西乡县	镇坪县	子洲县
6	子洲县	千阳县	洛南县	商南县	白河县	子洲县	佛坪县	武功县	镇坪县
7	洛南县	米脂县	镇安县	旬阳县	紫阳县	周至县	宜川县	宜君县	吴堡县
8	麟游县	留坝县	柞水县	洛川县	留坝县	合阳县	千阳县	商南县	黄陵县
9	陇　县	汉阴县	永寿县	旬邑县	太白县	潼关县	洋　县	太白县	扶风县
10	平利县	白河县	丹凤县	南郑县	华　县	绥德县	丹凤县	山阳县	洛南县

注：2007-2014 年监测范围为全部 83 个县（市）；2015 年高陵县变为区，监测范围为 82 个县（市）；2016 年华县和横山县变为区，监测范围为 80 个县(市)。

14-4 陕西省城区经济社会发展争先进位区（2008-2016 年）

序号	2008 年	2009 年	2010 年	2011 年	2012 年	2013 年	2014 年	2015 年	2016 年
1	阎良区	王益区	临渭区	临渭区	临渭区	榆阳区	宝塔区	长安区	汉滨区
2	杨陵区	长安区	渭城区	杨陵区	耀州区	金台区	汉滨区	杨陵区	金台区
3	耀州区	秦都区	榆阳区	汉台区	渭城区	王益区	渭城区	汉台区	榆阳区
4	商州区	陈仓区	杨陵区	秦都区	榆阳区	汉台区	杨陵区	渭滨区	临渭区
5	榆阳区	汉滨区	耀州区	临潼区	王益区	陈仓区	王益区	宝塔区	高陵区
6		灞桥区					汉台区		
7		印台区							
8		耀州区							

注：2007-2014 年监测范围为 24 区；2015 年高陵县变为区，监测范围为 25 区；2016 年华县和横山县变为区，监测范围为 27 区。

14-5 陕西省工业增长速度前十名（2009-2014 年）

位次	2009 年	2010 年	2011 年	2012 年	2013 年	2014 年
1	子洲县	富　县	麟游县	麟游县	麟游县	麟游县
2	清涧县	佳　县	千阳县	平利县	镇巴县	千阳县
3	千阳县	吴堡县	大荔县	千阳县	千阳县	富　县
4	石泉县	麟游县	宁强县	宁陕县	合阳县	丹凤县
5	平利县	宁陕县	平利县	佳　县	山阳县	山阳县
6	高陵县	长武县	淳化县	洋　县	淳化县	宁强县
7	白河县	旬邑县	西乡县	白河县	白河县	镇巴县
8	彬　县	平利县	富平县	洛南县	城固县	白河县
9	城固县	永寿县	彬　县	永寿县	榆阳区	眉　县
10	淳化县	横山县	紫阳县	乾　县	岚皋县	汉阴县
10				华　县		

注：从 2009 年开始设立工业增加值增长速度前十名奖项，2014 年后取消了该奖项。

14-6　陕西省县域经济社会发展监测分市综合排名（2004-2006 年）

县市名称	2004 年	2005 年	2006 年
西安市			
临潼区	4	6	6
长安区	3	3	3
蓝田县	37	41	41
周至县	45	44	45
户　县	8	13	13
高陵县	19	18	17
铜川市			
耀州区	32	47	35
宜君县	86	69	66
宝鸡市			
陈仓区	9	10	10
凤翔县	18	22	20
岐山县	17	16	16
扶风县	38	39	37
眉　县	31	30	30
陇　县	51	50	51
千阳县	57	42	49
麟游县	72	72	69
凤　县	36	31	31
太白县	65	59	82
咸阳市			
三原县	26	23	22
泾阳县	28	25	24
乾　县	34	32	32
礼泉县	33	29	29
永寿县	85	70	62
彬　县	55	40	34
长武县	74	65	65
旬邑县	69	54	64
淳化县	77	56	63
武功县	46	36	36
兴平市	20	19	21

14-6 续表 1

县市名称	2004 年	2005 年	2006 年
渭南市			
临渭区	14	24	25
华　县	48	20	28
潼关县	49	60	60
大荔县	42	49	47
合阳县	62	76	83
澄城县	50	61	55
蒲城县	29	51	42
白水县	67	75	74
富平县	41	53	59
韩城市	6	11	11
华阴市	35	46	39
延安市			
宝塔区	2	2	2
延长县	61	33	46
延川县	13	14	12
子长县	27	27	33
安塞县	25	15	15
志丹县	10	7	8
吴起县	16	5	7
甘泉县	24	17	19
富　县	44	37	44
洛川县	15	12	14
宜川县	80	57	71
黄龙县	56	48	58
黄陵县	12	21	18
汉中市			
汉台区	7	9	9
南郑县	22	28	26
城固县	30	38	40
洋　县	52	62	76
西乡县	83	83	70
勉　县	43	43	38
宁强县	81	81	92
略阳县	40	52	52
镇巴县	93	90	86
留坝县	82	84	91
佛坪县	89	79	77

14-6 续表 2

县市名称	2004 年	2005 年	2006 年
榆林市			
榆阳区	11	8	4
神木县	1	1	1
府谷县	21	35	23
横山县	75	55	48
靖边县	5	4	5
定边县	39	34	43
绥德县	59	66	57
米脂县	64	82	56
佳　县	92	92	93
吴堡县	70	63	53
清涧县	90	88	78
子洲县	88	71	81
安康市			
汉滨区	23	26	27
汉阴县	63	67	67
石泉县	54	91	84
宁陕县	91	78	89
紫阳县	87	87	85
岚皋县	68	80	87
平利县	71	93	80
镇坪县	79	77	73
旬阳县	47	45	50
白河县	78	89	88
商洛市			
商州区	53	58	54
洛南县	60	74	75
丹凤县	66	73	72
商南县	84	86	89
山阳县	73	85	79
镇安县	58	64	68
柞水县	76	68	61

注：2004-2006 年监测范围为全部 83 个县（市）及农业成分较大的 10 个市辖区。

14-7 陕西省县域经济社会发展监测分市综合排名（2007-2016 年）

县市名称	2007 年	2008 年	2009 年	2010 年	2011 年	2012 年	2013 年	2014 年	2015 年	2016 年
西安市										
蓝田县	36	39	32	39	48	47	47	44	58	39
周至县	37	38	48	43	57	55	46	69	54	61
户　县	11	17	17	16	17	20	25	25	19	19
高陵县	8	7	5	5	4	5	5	4		
铜川市										
宜君县	50	47	59	53	43	40	37	36	33	36
宝鸡市										
凤翔县	10	10	14	14	14	14	13	12	12	8
岐山县	12	12	15	15	19	18	15	13	13	9
扶风县	25	28	23	24	31	35	29	28	35	26
眉　县	20	26	20	23	22	21	19	16	16	14
陇　县	55	45	37	57	55	41	48	55	55	55
千阳县	52	50	35	42	42	39	39	30	32	33
麟游县	75	64	40	33	34	30	27	26	20	20
凤　县	13	13	9	8	8	9	9	9	5	4
太白县	79	78	50	59	62	53	61	61	49	47
咸阳市										
三原县	16	19	16	17	16	15	14	14	11	11
泾阳县	23	21	19	18	18	17	16	15	15	13
乾　县	21	23	22	22	21	22	21	20	21	21
礼泉县	29	22	21	21	20	19	18	18	23	22
永寿县	71	43	63	50	54	52	50	53	60	59
彬　县	24	20	11	9	7	7	7	7	7	5
长武县	40	32	39	30	29	29	32	32	40	46
旬邑县	38	31	29	28	23	23	22	22	31	31
淳化县	66	60	61	56	56	50	52	56	71	67
武功县	26	25	25	25	28	33	31	27	25	27
兴平市	18	15	12	12	12	12	10	10	9	7

14-7 续表 1

县市名称	2007 年	2008 年	2009 年	2010 年	2011 年	2012 年	2013 年	2014 年	2015 年	2016 年
渭南市										
华　县	17	18	27	36	35	27	44	54	65	
潼关县	64	62	45	51	47	67	59	52	70	68
大荔县	49	58	51	67	44	42	35	35	64	62
合阳县	77	72	77	52	49	51	43	63	69	66
澄城县	41	41	44	34	37	44	41	62	74	78
蒲城县	35	29	31	32	30	28	26	29	28	25
白水县	72	74	71	54	53	58	57	68	68	77
富平县	56	63	58	40	32	34	34	33	38	40
韩城市	7	6	7	11	9	8	6	6	2	2
华阴市	32	36	34	38	36	37	33	41	26	45
延安市										
延长县	39	48	67	44	40	77	81	77	72	80
延川县	31	37	55	55	52	79	67	43	43	29
子长县	30	30	28	26	26	32	28	34	27	28
安塞县	6	9	10	10	10	10	17	21	14	34
志丹县	3	4	4	6	6	6	8	8	8	16
吴起县	4	5	6	4	5	4	4	5	6	18
甘泉县	22	24	36	31	38	68	80	73	77	79
富　县	65	42	42	37	50	49	66	51	57	52
洛川县	9	16	18	20	15	16	20	19	24	42
宜川县	78	49	49	64	72	81	78	67	75	71
黄龙县	63	79	80	83	82	76	79	78	63	76
黄陵县	14	8	8	7	11	11	12	17	22	12
汉中市										
南郑县	19	27	24	29	24	24	23	23	18	17
城固县	34	35	30	27	27	25	24	24	17	15
洋　县	48	69	53	61	69	56	54	45	34	51
西乡县	57	75	52	60	64	63	62	50	42	38
勉　县	28	40	33	35	33	31	40	38	51	57
宁强县	62	55	66	66	63	61	60	59	61	44
略阳县	45	52	47	45	45	48	65	71	81	74
镇巴县	76	81	78	76	75	71	69	65	53	63
留坝县	81	83	70	74	80	70	68	72	52	60
佛坪县	80	82	73	80	67	73	51	39	37	37

14-7 续表 2

县市名称	2007 年	2008 年	2009 年	2010 年	2011 年	2012 年	2013 年	2014 年	2015 年	2016 年
榆林市										
神木县	1	1	2	2	2	1	2	2	1	1
府谷县	5	3	1	1	1	2	1	1	3	3
横山县	27	14	26	19	25	26	30	31	44	
靖边县	2	2	3	3	3	3	3	3	4	6
定边县	15	11	13	13	13	13	11	11	10	10
绥德县	44	61	65	68	81	82	74	74	73	70
米脂县	42	51	38	49	46	74	72	75	78	73
佳 县	73	70	83	75	73	57	76	83	80	75
吴堡县	47	68	72	46	68	83	82	82	82	69
清涧县	82	53	74	82	79	78	77	76	76	72
子洲县	46	33	54	73	76	80	70	79	79	65
安康市										
汉阴县	58	57	46	65	65	72	56	40	36	30
石泉县	51	46	43	62	60	60	63	58	41	24
宁陕县	68	76	76	71	71	64	75	81	62	58
紫阳县	61	65	69	79	77	66	73	57	56	50
岚皋县	83	80	81	77	78	75	71	70	50	48
平利县	69	59	57	72	70	65	53	60	39	32
镇坪县	59	77	75	81	83	69	83	80	67	54
旬阳县	33	34	41	47	41	36	42	42	29	23
白河县	60	73	62	78	74	62	64	64	47	41
商洛市										
洛南县	67	56	64	48	58	43	55	66	66	56
丹凤县	70	71	82	70	66	59	58	49	59	64
商南县	54	66	60	58	51	46	45	47	45	49
山阳县	74	67	68	69	59	54	38	37	30	35
镇安县	43	54	79	63	61	45	49	48	48	53
柞水县	53	44	56	41	39	38	36	46	46	43

注：2007-2014 年监测范围为全部 83 个县（市）；2015 年高陵县变为区，监测范围为 82 个县（市）；2016 年华县和横山县变为区，监测范围为 80 个县(市)。

14-8 陕西省城区经济社会发展监测分市综合排名（2007-2016 年）

城区名称	2007 年	2008 年	2009 年	2010 年	2011 年	2012 年	2013 年	2014 年	2015 年	2016 年
西安市										
新城区	3	6	5	5	5	5	7	8	7	7
碑林区	6	3	4	4	3	2	4	4	3	3
莲湖区	2	4	3	3	4	4	3	3	4	4
灞桥区	14	13	12	12	12	12	12	13	8	11
未央区	4	2	2	2	2	3	2	2	2	2
雁塔区	1	1	1	1	1	1	1	1	1	1
阎良区	15	12	13	13	15	16	15	15	18	22
临潼区	13	14	14	14	13	17	20	21	25	26
长安区	8	8	7	7	8	10	11	11	9	8
高陵区									20	18
铜川市										
王益区	20	21	19	20	20	19	17	16	16	15
印台区	23	23	22	22	22	22	22	23	24	23
耀州区	21	19	18	17	17	15	14	14	14	16
宝鸡市										
渭滨区	5	5	6	6	6	6	10	10	6	6
金台区	7	7	9	11	11	11	9	9	11	9
陈仓区	16	17	16	18	21	21	19	20	21	20
咸阳市										
秦都区	9	9	8	8	7	7	5	5	5	5
渭城区	10	10	10	9	9	8	8	7	10	12
渭南市										
临渭区	18	20	21	19	16	13	16	18	19	17
华州区										27
延安市										
宝塔区	11	15	15	15	18	18	21	19	17	21
汉中市										
汉台区	17	18	20	21	19	20	18	17	15	14
榆林市										
榆阳区	12	11	11	10	10	9	6	6	12	10
横山区										25
安康市										
汉滨区	22	24	23	23	23	23	24	22	22	19
商洛市										
商州区	24	22	24	24	24	24	23	24	23	24
杨凌示范区										
杨陵区	19	16	17	16	14	14	13	12	13	13

注：2007-2014 年监测范围为 24 区；2015 年高陵县变为区，监测范围为 25 区；2016 年华县和横山县变为区，监测范围为 27 区。

14-9 陕西省县域经济社会发展监测综合排名进退位情况（2015 年）

进退位排序	县市名称	2014 年位次	2015 年位次	2015 年进退位
1	宁陕县	77	62	15
2	留坝县	66	52	14
3	岚皋县	63	50	13
4	旬阳县	40	29	11
5	镇坪县	78	67	11
6	武功县	35	25	10
7	宜君县	43	33	10
8	商南县	54	45	9
9	太白县	58	49	9
10	山阳县	38	30	8
11	平利县	46	39	7
12	周至县	61	54	7
13	黄龙县	69	63	6
14	汉阴县	41	36	5
15	石泉县	45	41	4
16	白河县	51	47	4
17	凤　县	8	5	3
18	城固县	20	17	3
19	南郑县	21	18	3
20	麟游县	23	20	3
21	蒲城县	31	28	3
22	紫阳县	59	56	3
23	清涧县	79	76	3
24	韩城市	4	2	2
25	西乡县	44	42	2
26	镇巴县	55	53	2
27	子洲县	81	79	2
28	佳　县	82	80	2
29	岐山县	14	13	1
30	泾阳县	16	15	1
31	眉　县	17	16	1
32	乾　县	22	21	1
33	礼泉县	24	23	1
34	富平县	39	38	1
35	柞水县	47	46	1
36	陇　县	56	55	1
37	合阳县	70	69	1
38	绥德县	74	73	1
39	神木县	1	1	0
40	彬　县	7	7	0
41	兴平市	9	9	0
42	定边县	10	10	0
43	三原县	11	11	0

14-9 续表 2

进退位排序	县市名称	2014 年位次	2015 年位次	2015 年进退位
44	凤翔县	12	12	0
45	户　县	19	19	0
46	华阴市	26	26	0
47	千阳县	32	32	0
48	镇安县	48	48	0
49	永寿县	60	60	0
50	华　县	65	65	0
51	白水县	68	68	0
52	延长县	72	72	0
53	府谷县	2	3	-1
54	靖边县	3	4	-1
55	吴起县	5	6	-1
56	安塞县	13	14	-1
57	佛坪县	36	37	-1
58	志丹县	6	8	-2
59	子长县	25	27	-2
60	宜川县	73	75	-2
61	吴堡县	80	82	-2
62	旬邑县	28	31	-3
63	长武县	37	40	-3
64	澄城县	71	74	-3
65	米脂县	75	78	-3
66	黄陵县	18	22	-4
67	洋　县	30	34	-4
68	宁强县	57	61	-4
69	洛南县	62	66	-4
70	淳化县	67	71	-4
71	略阳县	76	81	-5
72	扶风县	29	35	-6
73	丹凤县	52	59	-7
74	蓝田县	50	58	-8
75	洛川县	15	24	-9
76	延川县	34	43	-9
77	甘泉县	64	77	-13
78	富　县	42	57	-15
79	大荔县	49	64	-15
80	横山县	27	44	-17
81	潼关县	53	70	-17
82	勉　县	33	51	-18

注：2014 年位次是去掉高陵县后按照 2016 年《陕西省县域经济社会发展监测考评办法》指标体系重新排序，“–”表示退位。

14-10 陕西省城区经济社会发展监测综合排名进退位情况（2015 年）

进退位排序	城区名称	2014 年位次	2015 年位次	2015 年进退位
1	长安区	12	9	3
2	杨陵区	16	13	3
3	汉台区	18	15	3
4	渭滨区	8	6	2
5	宝塔区	19	17	2
6	灞桥区	9	8	1
7	渭城区	11	10	1
8	王益区	17	16	1
9	临渭区	20	19	1
10	汉滨区	23	22	1
11	商州区	24	23	1
12	印台区	25	24	1
13	雁塔区	1	1	0
14	未央区	2	2	0
15	碑林区	3	3	0
16	莲湖区	4	4	0
17	秦都区	5	5	0
18	耀州区	14	14	0
19	陈仓区	21	21	0
20	新城区	6	7	-1
21	金台区	10	11	-1
22	阎良区	15	18	-3
23	临潼区	22	25	-3
24	榆阳区	7	12	-5
25	高陵区	13	20	-7

注：2014 年位次是加上高陵区后按照 2016 年《陕西省县域经济社会发展监测考评办法》指标体系重新排序，“-”表示退位。

14-11　陕西省县域经济社会发展监测综合排名进退位情况（2016 年）

进退位排序	县市名称	2015 年位次	2016 年位次	2016 年进退位
1	蓝田县	57	39	18
2	石泉县	41	24	17
3	宁强县	60	44	16
4	延川县	43	29	14
5	子洲县	77	65	12
6	镇坪县	65	54	11
7	吴堡县	80	69	11
8	黄陵县	22	12	10
9	扶风县	35	26	9
10	洛南县	64	56	8
11	平利县	39	32	7
12	旬阳县	29	23	6
13	汉阴县	36	30	6
14	白河县	46	41	5
15	紫阳县	55	50	5
16	略阳县	79	74	5
17	凤翔县	12	8	4
18	岐山县	13	9	4
19	西乡县	42	38	4
20	富　县	56	52	4
21	蒲城县	28	25	3
22	宁陕县	61	58	3
23	米脂县	76	73	3
24	佳　县	78	75	3
25	彬　县	7	5	2
26	兴平市	9	7	2
27	泾阳县	15	13	2

14-11 续表 1

进退位排序	县市名称	2015 年位次	2016 年位次	2016 年进退位
28	眉　县	16	14	2
29	城固县	17	15	2
30	柞水县	45	43	2
31	淳化县	69	67	2
32	宜川县	73	71	2
33	清涧县	74	72	2
34	凤　县	5	4	1
35	南郑县	18	17	1
36	礼泉县	23	22	1
37	太白县	48	47	1
38	岚皋县	49	48	1
39	大荔县	63	62	1
40	合阳县	67	66	1
41	绥德县	71	70	1
42	神木县	1	1	0
43	韩城市	2	2	0
44	府谷县	3	3	0
45	定边县	10	10	0
46	三原县	11	11	0
47	户　县	19	19	0
48	麟游县	20	20	0
49	乾　县	21	21	0
50	旬邑县	31	31	0
51	佛坪县	37	37	0
52	永寿县	59	59	0
53	潼关县	68	68	0
54	子长县	27	28	-1
55	千阳县	32	33	-1

14-11 续表 2

进退位排序	县市名称	2015 年位次	2016 年位次	2016 年进退位
56	陇　县	54	55	-1
57	靖边县	4	6	-2
58	武功县	25	27	-2
59	富平县	38	40	-2
60	宜君县	33	36	-3
61	甘泉县	75	79	-4
62	山阳县	30	35	-5
63	商南县	44	49	-5
64	长武县	40	46	-6
65	镇安县	47	53	-6
66	丹凤县	58	64	-6
67	澄城县	72	78	-6
68	勉　县	50	57	-7
69	志丹县	8	16	-8
70	周至县	53	61	-8
71	留坝县	51	60	-9
72	延长县	70	80	-10
73	镇巴县	52	63	-11
74	白水县	66	77	-11
75	吴起县	6	18	-12
76	黄龙县	62	76	-14
77	洋　县	34	51	-17
78	洛川县	24	42	-18
79	华阴市	26	45	-19
80	安塞县	14	34	-20

注：2015 年位次是按去掉华县、横山县后 80 个县市重新排序，“-”表示退位。

14-12 陕西省城区经济社会发展监测排名综合进退位情况（2016 年）

进退位排序	城区名称	2015 年位次	2016 年位次	2016 年进退位
1	汉滨区	22	19	3
2	金台区	11	9	2
3	榆阳区	12	10	2
4	临渭区	19	17	2
5	高陵区	20	18	2
6	长安区	9	8	1
7	汉台区	15	14	1
8	王益区	16	15	1
9	陈仓区	21	20	1
10	印台区	24	23	1
11	横山区	26	25	1
12	雁塔区	1	1	0
13	未央区	2	2	0
14	碑林区	3	3	0
15	莲湖区	4	4	0
16	秦都区	5	5	0
17	渭滨区	6	6	0
18	新城区	7	7	0
19	杨陵区	13	13	0
20	华州区	27	27	0
21	商州区	23	24	-1
22	临潼区	25	26	-1
23	渭城区	10	12	-2
24	耀州区	14	16	-2
25	灞桥区	8	11	-3
26	宝塔区	17	21	-4
27	阎良区	18	22	-4

注：2015 年位次是按增加华州区、横山区后 27 个区重新排序，“-”表示退位。

中国统计出版社最新图书简目

（仅供参考，以实际出版为准）

统计资料

中国统计年鉴　中国统计摘要　中国发展报告
中国经济普查年鉴　国际统计年鉴　金砖国家联合统计手册
中国-东盟国家统计手册　中国农村统计年鉴　中国县域统计年鉴
中国城市统计年鉴　中国对外直接投资统计公报　中国地区经济监测报告
中国贸易外经统计年鉴　中国零售和餐饮连锁企业统计年鉴　中国商品交易市场统计年鉴
大中型批发零售和住宿餐饮企业统计年鉴　中国农产品价格调查年鉴　中国住户调查年鉴
中国价格统计年鉴　中国能源统计年鉴　全国农产品成本收益资料汇编
中国环境统计年鉴　中国建筑业统计年鉴　国外资源、能源和环境统计资料汇编
中国工业统计年鉴　中国城乡建设统计年鉴　中国县城建设统计年鉴
中国城市建设统计年鉴　中国科技统计年鉴　中国房地产统计年鉴
中国证券期货统计年鉴　中国劳动统计年鉴　中国第三产业统计年鉴
工业企业科技活动资料　中国社会统计年鉴　中国高技术产业统计年鉴
中国人才资源统计报告　中国教育统计年鉴　中国人口和就业统计年鉴
文化及相关产业统计概览　中国文化及相关产业统计年鉴　中国教育经费统计年鉴
中国民族统计年鉴　中国残疾人事业统计年鉴　中国民政统计年鉴
中国乡镇街道行政区域简册　中国基本单位统计年鉴　中国妇女儿童状况统计资料（英）

省级综合统计年鉴系列

北京　天津　山西　内蒙古　辽宁　吉林　上海　福建　江西　河南　湖北　湖南　广西　重庆　四川　云南　甘肃　宁夏　新疆

市（县）级综合统计年鉴系列

滨海新区　石家庄　唐山　邯郸　保定　沧州　邢台　廊坊　承德　衡水　秦皇岛　张家口　太原　大同　阳泉　长治　晋城　朔州　晋中　运城　忻州　临汾　吕梁　呼和浩特　呼和浩特　新城区　鄂尔多斯　包头　沈阳　大连　长春　吉林　延吉　四平　通化　松原　哈尔滨　齐齐哈尔　黑龙江垦区　上海浦东新区　南京　无锡　徐州　常州　苏州　南通　连云港　淮安　盐城　扬州　镇江　泰州　宿迁　江阴　丹阳　海门　杭州　宁波　温州　嘉兴　湖州　绍兴　金华　衢州　舟山　台州　丽水　合肥　安庆　马鞍山　福州　厦门　宁德　漳州　龙岩　南昌　九江　上饶　新余　抚州　萍乡　赣州　吉安　景德镇　济南　青岛　潍坊　枣庄　日照　滕州　郑州　洛阳　平顶山　三门峡　商丘　信阳　济源　汝州　武汉　十堰　荆州　宜昌　荆门　咸宁　长沙　广州　深圳　惠州　东莞　汕尾　南宁　柳州　桂林　来宾　河池　防城港　海口　三亚　成都　贵阳　黔南　毕节　昆明　西安　咸阳　延安　宝鸡　安康　铜川　汉中　榆林　渭南　兰州　庆阳　银川　乌鲁木齐　兵团一师　兵团十师

调查年鉴系列

天津　山西　内蒙古　辽宁　吉林　上海　福建　江西　河南　湖北　湖南　广西　重庆　四川　云南　甘肃　宁夏　新疆

统计方法应用/实用手册

实用 SAS 统计分析教程　马克威统计分析与数据挖掘应用案例　统计公文知识问答
乡镇统计人员岗位知识培训系列教材：辅助调查员岗位基础知识　乡镇统计人员岗位基础知识
县级统计人员岗位知识培训系列教材：Excel 在统计工作中的应用　简明统计分析
地市级统计人员岗位知识培训系列教材：统计报告与演示　Excel 在统计工作中的应用

统计通俗读物/统计科普图书

国家统计局核心统计指标变迁　货架上的统计　账本里的统计

重点图书

砥砺奋进的五年——从十八大到十九大　新编英汉汉英统计大词典　中华医学统计百科全书
新常态下的中国服务业：理论与实践　新动能新产业发展报告-2017
挑大学选专业 2018—考研择校指南　挑大学选专业 2018—高考志愿填报指南

ISBN 978-7-5037-8336-4

9 787503 783364 >

定价：298.00元